大 学 问

始 于 问 而 终 于 明

朱孝远文集

学史之道

朱孝远 著

广西师范大学出版社
·桂林·

项目策划：罗文波
项目负责：梁鑫磊
责任编辑：罗文波
助理编辑：尤晓澍
责任技编：伍先林
书籍设计：刘　凛

图书在版编目（CIP）数据

学史之道 / 朱孝远著．—桂林：广西师范大学出版社，2019.10
（朱孝远文集）
ISBN 978-7-5598-2051-8

Ⅰ．①学… Ⅱ．①朱… Ⅲ．①世界史－文集 Ⅳ．①K107-53

中国版本图书馆 CIP 数据核字（2019）第 171375 号

广西师范大学出版社出版发行

（广西桂林市五里店路 9 号　邮政编码：541004

　网址：http://www.bbtpress.com ）

出版人：张艺兵
全国新华书店经销
广西民族印刷包装集团有限公司印刷
（南宁市高新区高新三路 1 号　邮政编码：530007）
开本：880 mm ×1 240 mm　1/32
印张：13.875　　　　字数：275 千字
2019 年 10 月第 1 版　　2019 年 10 月第 1 次印刷
定价：88.00 元

如发现印装质量问题，影响阅读，请与出版社发行部门联系调换。

序

本卷名为"学史之道",主要在谈学习和研究世界史的方法。附录中有《学史之道》一文,是专论老师们是如何教我学习历史学的。撰写史学文章,要弄通承、懂、思、新、专、通六个字。"承"是继承和传承,指一位作者在学术史方面的造诣。许多问题,往往是前人已经研究过的,对于前人的研究成果,先要吸收,再要继承,再要发展,所以说掌握史学动态很重要。"懂"的意思非常明白,只写真正弄懂了的东西,不写自己不懂的东西。《孟子·尽心下》中说:"贤者以其昭昭使人昭昭,今以其昏昏使人昭昭"。写文章的人当然不能去当后者。"思"是思考,懂了学术史,又阅读了一些新的材料,就要进入思考的阶段。写篇文章,写本书,是要把自己认真思考过的东西写下来,把观点和结论写下来,这样,才能掷地有声。"新"的意思很多,除了要有新史料、新观点、新思维、新方法外,更重要的是要有亮点,要有观点,要有命题意识。有了这些之后,要又一个围绕着核心理念(命题)而展开的解释体系。世界史研究中命题很多,如"宗教改革和德国农民战争是早期资产阶级革命""没有穆罕默德就没有查理曼""拉伯雷不可能不信教"等。解释体系还应当上升到理论高度，涉及到对规律和方法论的讨论。"专"的意思是指专业精神，符合规范，又有思想，这样文字才能够经得住推敲，经得住时间的考验。最后是"通"，文笔要好，行文要流畅，我们的读者才愿意一读。

目 录

第一章　世界史的学习　1
　　第一节　略说入学　1
　　第二节　略说读书　5
　　第三节　略说历史　15
　　第四节　略说世界　27
　　第五节　略说世界史　34
　　第六节　略说教材　40
　　第七节　略说动态　48
　　第八节　略说习题　54
　　第九节　略说学习兴趣　59

第二章　学科的概念与分支　66
　　第一节　关于史料　66
　　第二节　关于时间　80

第三节　关于理论　85

第四节　关于比较　104

第五节　关于数字　113

第六节　关于政治史　121

第七节　关于社会史　127

第八节　关于心理史　151

第九节　关于新史学　172

第十节　关于全球文化　191

第三章　创作的一般性质　207

第一节　优秀学位论文的要求　208

第二节　研究的步骤　221

第三节　关于立论　228

第四节　关于课题设计　232

第五节　关于历史分析　241

第六节　关于历史综合　250

第七节　关于原因分析　261

第八节　关于历史逻辑　265

第四章　关于历史感　276

第一节　历史感与克服偏见　279

第二节　历史感与秩序　285

第三节　历史感与整体的把握　290

第四节　历史感与空间　296

第五节　历史感与文明　301

第五章　史学作品的风格　308

第一节　希腊人的诗　308

第二节　中世纪的神　323

第三节　马基雅维里的求善　328

第四节　兰克的求真　332

第五节　库恩的科学结构革命说　337

第六章　史学作品的感染力　343

第一节　心灵激动、碰撞的原因　344

第二节　主题的感染力　351

第三节　材料提炼与感染力　363

第四节　感染力与风格　368

第七章　史学作品的分析　372

第一节　小约翰·威尔斯的"1688年"　372

第二节　布瑞克教授的"1525年"　375

第三节　约翰·巴克勒的《西方社会史》　385

第四节　袁禾的舞蹈史　389

第五节　埃里克·吉尔伯特的《非洲史》　397

第六节　谢里尔·E.马丁的《拉丁美洲史》　400

第七节　阅读霍布斯鲍姆：一个世纪的透视　405

附录：学史之道——兼论史家的"萧散简远，妙在笔画之外"　413

第一章

世界史的学习

第一节 略说入学

大学是创造新知识、为社会提供公益服务的地方。在绿荫环绕的校园之中，每每有一幢小楼，那就是一群伟大学者的故里。在那里工作的人，被称为历史学家。

大学的历史系通常并不是很大，像北京大学历史系，拥有66位教师，那就属于相当庞大的阵容了。与之相比，加利福尼亚大学伯克利校区的历史系，拥有55位教师。加利福尼亚大学圣地亚哥校区，拥有37位教师。坐落在美国西部尤金小城的俄勒冈大学，历史系有26位教师。在南加州洛杉矶市著名的南加州大学，历史系仅有20位教师。尽管人数不多，历史系却是一藏龙卧虎之处。在幽静的校园里，这里拥有最优秀的师资，向社会提供着最优秀的服务。

世界著名大学的历史系，它的美，是刻在人们心目中的。它的美，不是靠学校的排名、专业的排名来决定的。它的美，产生于历史学家勤劳的工作和他们的精神魅力。

一个引人注目并且不断优化的优秀教师群，是大学历史系最为显著的标志。在这里，随便访问哪位教师，你都会觉得他见识非凡，学识渊博，并且友好，富有同情心。有些教师的名字是举世闻名的，如曾在加州大学伯克利校区任教过的托马斯·库恩（Thomas Samuel Kuhn），如曾经担任过加州大学伯克利校区副校长和教务长的鲍斯曼（William J. Bouwsma），都是不久前陨落的世界级的巨星。当然，这里也有一大群著名学者，一大群讲座教授，还有一大批血气方刚、刚刚起步的青年学者。这些学者，尽管专业不一，尽管富有个性，但其智慧、善良和认真的治学态度，都是完全一致的。这些人来自五湖四海，走到了一起，就算是非常有缘分的一群了。

大学历史系的学生群，当仁不让是些天之骄子们组成的团体。这些人抱负非凡，皆是因为喜欢历史才汇聚到历史系中来的。在美国，本科生前两年是不分专业的，后两年，通过自我的挑选，才进入历史系，保证了来这里学习的同学，都是真心实意爱好史学的。学生的人数也不少，例如加利福尼亚伯克利校区历史系有本科生四百多名，博士研究生近三百名（美国重点院校的研究生往往都直接攻读博士学位，历时7—8年）。他们富有朝气和好奇心，最热衷于谈论时事，喜欢同教师争论课内、课外听到的各种观点。他们非常刻苦，挑灯夜战那是家常便饭。他们是十里挑一，甚至是二十里挑一选拔进来的。作为优胜者中的优胜者，他们将在这里接受最好的教育，形成最具创造性的思想，成全一段最为珍贵的人生经历！

如果说优秀的教师和优秀的学生形成一个群星璀璨的世界的话，那么，系主任就是一位愿意奉献的、为大家服务的领袖者。在美国，历史系设一名由教师兼任的系主任，任期一般为三年，就任后通常要承担整个历史系繁重的管理重任。他要承担所有的系，还要负责沟通系与学校各部门乃至社会各界的交往，并且要去沟通、解决系内外师生们的各种问题。系里的工作过于繁重，于是就设置各种教授委员会，分别管理聘任教师、研究生招生、课程设置、图书馆管理、办公室管理等事项。这些委员会又分常设的和临时设立的两种，常设机构有研究生招生委员会、课程设置委员会等，非常设的机构有教授职称评定工作小组、考核进人委员会等。各种教授委员会的主任往往由系主任聘任，或者由教师们选出。教授委员会拥有很大的权力，他们做出的决定，系主任一般不多改变，遇到重大问题时，系里也召开全体教授大会，由大家来投票解决。这种民主集中的管理模式，在各个高校已经成为一种传统。

重点大学历史系的使命，在于建立优秀的教学体系和完善的课程设置。不仅要求课程齐全，还要具有特色，有变化，有辅导。一个教师每年通常开设四门课程，可以是向本科生讲授的大课，也可以是小型的本科生、研究生讨论课。北京大学、加州大学、俄勒冈大学的教授高度重视教学工作，不断开出众多非常新颖的课程。大学的课程设置和讲课的质量，是吸引众多学生来历史系就读的最为重要的手段之一。

这个由历史学家组成的星座，同样也是高质量历史著作和优秀史学论文的诞生地。这种优秀的学术成果，是著名大学历史系最引人注目、也最值得骄傲的标志。当然，还要提及系里的图书资料问题。优秀大学的历史系，资源充分，图书资料相当丰富。例如，北京大学历史系的藏书，都是可以用来做研究性学问的。如果没有这些最基本的建设，那么，要想讲好一门课，或者要想写出一流的学术著作，以及培养高质量的研究生，都是不可想象的。人们的共识为：大楼可以少造一栋，重要的书籍却不可少买一本。这就是标准，是著名大学里历史学家们的共有价值观。

组成我们这个团体的，不是房子，也不是设备，而是一个因学习目的结合起来的师生群和一种让你情不自禁想要高歌的校园文化。这里，师生们不能分开，互为表里，这一个就是另一个发出来的光。一些师生的话语，会像冰块和火焰那样，激起你心灵的震荡。这里有一种磁力，毫不费力地把自己最美妙的构思贡献出来。当然，这里也有造就伟大历史学者的非常珍贵的特点，那就是：人们对自己注定要达到的最高技巧和采用的形式具有正确的评价。同样，这个团体崇尚自由和想象，崇尚兼容并包，这足以激发人的能量，拓宽人的视野，提升人的精神境界。如果认为研究历史的人都摒弃了强烈的感情，那就错了。这里有的是充满热情、有着过度想象力的人，如果有一个题材使他神往，他就会锲而不舍，花费几年、十几年时间，直到研究出一个结果。不容争辩，我们这个团体的优越性表现在人们总是在拒绝平庸，并且要比任何人都更加深刻地"通过创造创造自己，同时，因为他创造自己，所以他创造"[1]。

记住，凡是对历史有过一番深入考察的人，就会知道它将引导你走上一条智慧之路。在这里，"思想"是个非常恰当的词汇。以往的智慧和现在的智慧一般总能告诉我们大概是在哪里。试想：当史学还没有被发明出来，或者还未能像现在这样完美时，我们人类其实是非常不安全的。我们没有参照物，我们容易迷路与走散。幸好有了史学，它是人类用无数的性命、无数的错误换来的经验，是它在光照人间。在历史面前，最骄傲的人，也会突然变得谦虚起来。因为，当身边的世界用她完美的姿态告诉我们平凡真理的时候，我们就知道，这就是大自然赋予我们人类的根本目的——竭尽所能，孕育幸福。

第二节　略说读书

在我们的现实生活里，怀着通达、开朗的心情，汲取各种灵性，都将有助于提高生活的质量和幸福的程度。要培养一种优秀

---

[1] ［法］米·杜夫海纳著，韩树站译：《审美经验现象学》，文化艺术出版社1992年版，第57页。

的个性，一种把许多事情都做得极端精确的习惯，一种全面了解人类丰富情感的精神，这些东西最后都会汇拢起来，使人在深刻复杂的各种境地之中得到定性。初到一个新的环境，你会遇到各种困难，有时也不免忧愤无端，英雄气短。其实，人都有轻易绕不过去的问题，也总有哀愁、叹息和凄怆。重要的是，如何让生活总是气韵生动，不至于孤鸣历历或因缠绵而凄怆。人生的各种突出的不平衡性，经常让人感到难以把握情感细部全部丰富的价值。解决的办法之一是一切坦然，一切真诚，凡事商量，凡事理解。人的心情一旦走向自然之美，飘逝的瞬间也就是永恒的了。因为，人一旦有了自觉的意识，那么，风度、格调、意境最终总会通过一个优秀学子的善意而奔向自由。天下事，静、勤、诚、明则可，凄、乱、欲、迷则止。从犹豫到明快，从叹息到轻盈，虽只一步之遥，却并非每个人都跨得过去。总之，我更喜欢去寻找艰苦岁月中各种人的选择，以及去品味这种种选择化蛹为蝶后的生命的升华。从紧张到坦诚，从迷茫到坚决，往往让我在沉重压力下感到有所着落又无所着落，这就变成了"生命的不能承受之轻"。在清淡飘逸之中，人的内质、心智、能力、气度和品格却样样都保留着，人于是也就开始勇敢、正直、有激情，同时，也更加理解人。

　　至于你们的读书计划，我却不敢苟同。一下子挑选了那么多的伟大作品来读，你忙得过来吗？在你的书单里，有海德格尔，有萨特，有弗洛姆，有罗杰斯、黑格尔、康德……你像一只忙于采蜜的蜜蜂，周游于所有的大师身边——你快成了他们的崇拜者和评论家了。你是太注意奇妙的花了，她们的美丽确实让你心动。然而，这样的话，你是不能理解她们的。照我看来，你现在的问题不是忙于采花，而是考虑自己如何开出一朵花，而这就要松土、扎根、长出枝干和嫩叶。你一定需要接触土壤和肥料，当你自己开出一朵花了，你对那些大师们也就能够了解了。那时，"秋水共长天一色"，那时，你和大师们共享一个"精神的太阳"。在阅读《荷马史诗》的时候，我想起了"精神的太阳"这个词。我们不理解一些伟大的作者，往往不是史料考证得不够，也不是"历史移情"得不够，而是精神没有达到那个高度。如果你自己长高了，就能接触到那个精神的太阳——它照过你，也曾照过古代的伟人。这样，你和他就互相理解了。

　　我不敢保证自己能够完成你的任务：为你开出一份书单，并能保证我所列出的书都会对你有益。我以为，要学习历史，再也没有比进行广泛阅读更为有益的了。我的阅读范围非常广泛，涉及史学、传记、美学和艺术哲学等众多领域，但我对其他的作品也深有兴趣。这些天，我正在阅读斯·茨威格的散文集。那些文章写得那么动人，那么自然，我以为，即使只是为了欣赏文笔，阅读一本这样的书也是颇有教益的。学习历史的人需要通过广泛阅读来充实自己，这可以使我们接近各个专业的人群，也有助于我们能够在精神上与自己所描述的人物相契合。

　　读书是一件很快乐的事情。想想那些书的作者吧，在写作的时候，他们一定是有感而发的。我们读他们的书，不仅仅是在向他们学习知识，同时，也在同他们进行思想和方法论上的交流。读书的时候，人们总会自觉或不自觉地对所读之物进行评价。翻开一本好的书籍，我们会接触到那作者的高度，他的知识背景，他提出问题的重要性，以及他的理论框架是否具有合理性。当然，我们也会检查他所使用的材料，并看看他在逻辑上是否具有说服力。我们还会检查他的观点是否具有创见，他的文笔是否优美。最后，我们还会形成一个关于作者和作品的整体认识，我们会看作品是否真正体现了作者独特的风格和个性，是否与某种学术传统相契合。有的时候，我们还会继续追问：这是出于新手还是出于著名大师之手？这位作者究竟带给我们多少新知识，或者改变了我们多少旧结论？往往就是在进行这样的追问时，我们不仅认识了作品，同时也认识了作者，这真是一举两得啊！

在众多的历史书中，有一个大类是教材。我以为，教材是非常有用的，它能给你提供一个关于历史的整体概貌。如果你学习中国史，也许你可以先读一下顾颉刚先生的讲史录《中国史学入门》。这本书仅一百多页，但涉及中国史书、杂史、经学、汉学、清代的古学整理、考据学、史料学和考古学等众多学科，结合中国古代社会、中国古代文学、"中国"和"中华民族"之源、中国宗教史略、中国哲学史略、中国历代京都和北京小史等众多内容。这本书的文字相当平实，但一看就是大家风范，绝无矫揉造作之举。

另一类的历史书是史学专著，或论述一个问题，或提出一个见解，这些著作都可以把你引入历史研究之中。例如，周锡瑞（Joseph W. Esherick）先生写的《义和团运动的起源》，这本书我是非常喜欢的。周锡瑞先生是美国人，他对于中国近代社会了解得非常透彻，阅读这本书，你可以了解一个历史学家是如何发掘和驾驭史料，并且是如何通过村庄、地区、中外关系、民间文化等众多层面来叙述历史的。在如何把握事件和结构的关系问题上，我以为周先生讲得非常好，他说："从理论上讲，我们面临一个基本问题就是探讨稳定的社会结构与变动的历史变化之间的关系。社会结构的存在并非一日，从历史角度观察，它含有相当的稳定因素。而社会运动，在历史演变的过程中常常采取突变的形式，是历史变化的一种。因此，解释义和团运动，实际上是在解释历史的变化过程。这也是本书在理论上要解决的核心问题，即在稳定的社会结构和剧烈的历史变迁中，寻找到内在的合理的理论联系。"

在阅读一本历史书的时候，也许你要注意前言和结论。前言中往往要提出问题，要交代该课题的学术动态，还要简要论述一下作者想要运用的方法和该书的章节安排。在结论中，你能找到对于问题的最终的答案，这样你就等于有了一个整体的理解。你需要注意仔细阅读并且推敲该书的目录，要注意作者是如何一步一步开展讨论的。我总觉得，读书是一个读者和作者的交流过程，你甚至可以这么做：对于作者提出的问题，你自己不妨先想一想，再比较一下你的想法和作者的想法的异同。一本历史书往往就是一个世界将在你的面前展开，对此你要事先做好充分的思想准备。读书并不是被动地向书本学习知识，而是主动地参与历史问题的讨论。只有经过这样的过程，你阅读过的东西就永远不会忘记。当然，如果你善于在书本上作眉批的话，那是再好不过的了。这些批语，还有你随手摘录的那些卡片，都是你自己经过思索的财富。请你把阅读的速度放慢一点，多留一点时间来进行思考，或者消化，这样你就能够从书中找到你所期望的东西。我相信，阅读一本好的历史书，是一件非常值得做的精神的操练，你会从中体会到许多别人的经验和你自己的经验。你会加以比较，从而你将会得到很大的收获和很大的欢乐。

最后，我想说，你最好养成每天阅读的习惯。你先进入一个领域，它将把你引入一个系统。然后，你会感到自己的不足，你会继续去寻找其他的材料。阅读总是从不系统开始的，但最后的结果，是你知识的系统化、交叉化。如果你能找到一些同学一起阅读就最好了，你们可以定期就某一本著作的阅读开一个讨论会，大家谈谈阅读某一本书的体会。你会发现，作品一旦被印刷了出来，它就不属于作者了：人们对它的评价会是如此的不同。我相信读书是一种愉快的生活方式，我衷心祝愿书籍将永远伴随你的一生，我相信你，你是一定会这样做的，而这将使你受益无穷，终身明智。

一个史学工作者开始工作时，他仿佛是同时进入了两条互相平行的道路。一条道路是具体的，指向一个具体的需要研究的个人或特定的事件。另一条道路是广泛和无限宽阔的，它指向研究者人格所界定的他同世界的关系。第一条道路上，充满各种研究者所不熟悉的果子、树木、山水、河流，他在其中信步走着，但每走一步，都有一种发现的喜悦和知识困乏的遗憾，这就使他走上第二条宽阔的道路，那里有他的信仰、朋友、生活和各种食物的补充点。等他再一次走上第一条道路的时候，他开始有了一种新的勇气。他就这么一次又一次地走去，期待一个光亮点的出现。在那光亮之处，历史的真实和现实的真实出现共鸣，而那就是他将要开垦的处女地，他要在那里埋下他未来蓝图的奠基石。

就每个人各自的情况来说，三四年的读书生涯，终究是要完成人生的一些重要转变。我想其中有八种转变是至关重要的：

第一，完全有必要重新追问我们生命的目标和存在的意义。生命目标是"存在"中的最为普遍的问题，却又经常是模糊、不确定的。如何从摇摆不定、稍纵即逝之中摆脱出来，靠的是对生命的领悟。自古以来，能读书能欣赏书的大有人在，但是，对像司马迁那样"亦欲以究天人之际，通古今之变，成一家之言"的史学家来说，读书是为了达成明确和清晰的人生目标。唯当此目标存在，才有真理。当读书成为人对自己生命的领会和意义阐述时，知识就与热烈的人生相结合，那就会带来极高的工作效率。所以在大学时代关键的一点在于：要从生命目标的模糊、摇摆之中走出来，勇敢地站到"创"的敞开之中。在创造的光带中，书的召唤就变成人的召唤，而人成为书的牧者。

第二，智者动手。知识正在大面积地迅速荒疏，只有从"度测"走到"行动"的位置上，人才能够立足人寰、仰视云天。在我的构图中，每一位学生都是"主角"。生活在燕园，我们每天看到了多少的评判者、欣赏者？又见到过多少位伟大的法官——那些上穷碧落、下临大地的老师的批判者？正像读书如不动手就迅速腐烂一样，欣赏者和批判者难以进入真理之境。知识和读书人的对立常常是一场大战，但欣赏者并不在其中。因为，如果石子只是被置于天平上去不断称量，那么，海德格尔告诉我们："我们得到的就无非是一些数字，而石子的重量的重压还是躲开了我们。"相反，"作为作品存在的神殿，它建立了一个世界，却并不导致质料的消失，恰恰是神殿首次使建造神殿的质料涌现出来并进入作品世界的敞开之境。于是……一切这样的质料都涌现出来"。

第三，学子不能没有方法，但只有目标和动手都到场后，方法才发生。世上向来不缺乏有大志者，但若没有合适的方法，激情要隐退，隐藏的激荡无法显现。从没有行之有效的方法到具有优秀的方法的转变，也许是或早或晚必须考虑的事情。有良好方法的人一定事半功倍，因为他不是木雕泥塑，他既有美丽灵魂，又有高尚智性。

第四，为真正的美与和谐，我们要成全个性。个性是生命存在的稳定性，当你的品质、知识、方法都从某个方面显示出个性时，我想，天鹅、翡翠甚至顽石，都会因此动心而翩然起舞！个性能把真理带入本质的宽广道路，其中知的意志就不再与平庸妥协，它给自我受洗，生命涌现出喷泉般的生气。个性是生命意志的展现物，它系于一系列变化，它的特质让生命的魅力出现，自由用自己的本性揭示自身。

第五，真正需要去思考和铭刻于心的是生命的能量。创造的本质究竟在何处？让我们聆听你的底蕴和力度。能量的测度可问一下你的效率。大学时期，能量的培育往往要比知识的传授更为重要。学唱歌的人先要学会叫得响。如果叫得响都有困难，如何还能唱歌？唱歌，那就先是要能叫响，然后才有规则。天下的事情，总是先有语言，然后才有语法的。学习的一种本质，是电流的训练。能量训练就是要学会激发电流——一个专门的课题是串联在电流之中的一个电器。如果一个人的能量非常充足，那么，写一本书，讲一门课，是一个连接导线和开关的问题。

第六，这时，学科前沿的问题凸显了。任何一个富有满腔热情的人，都要从学科的后方大本营（里面装满了各种已被规范了的知识和结论）中走出来，进入到学科发展的最前沿（也许那里很荒凉）。就是说，在凡人驻足不前的阵地上，英雄要在那里寻找到安居的福祉。与陈旧知识签订的卖身契从此撕裂，但挣断锁链的呼声却并不是要把知识颠倒。同样，这只不过仍是生命发展的命题：大地要结些果实，溪流、河岸都要聚集。风和日丽下，植物种子在发芽、生长，尽管它正以自己的方式，把与人生命相亲的一切，都重新解放，并使其臻于纯粹和谐的自圆之境。

第七，这时，反思要来缔造一个能够承受真理光辉的世界。人们要赋予自身一个更完美的体魄。人已经化蛹为蝶，却仍然需要承受自己的自知之明。在美德的召唤下，天职要求的非常之少，只不过要人向自我敞开。一切需要弄明白的都应当变得清晰无误，就像人直接被置于阳光底下，任何阴晴圆缺都暴露无遗。这就是赤身与真理的交融，一切懦夫都绝无此般勇气。要把自己的一切丑陋盘剥殆尽，为的是迎接与真理的同住。夜深人静或朝阳初现时，存在者要把真理置入己身。要完成个体反思，自身就被置于批判之中。人人只要能够承受自己的自知之明，那就一定纯洁如明镜。激动与宁静融为一体时，一个新生命诞生了。

最后，这种试炼就让我们知道了自己是什么，因而谦虚和超越自我。在有蔽之境中的"去蔽"业已完成，那么，我境和他境、他境和共境，就开始了稳靠相依。这时本质出现了：作品超越了古今，也超越了中西，也超越了大题材和小题材。像陈寅恪的作品，或者齐白石先生所画的虾，它们开启的都是一种真的存在，当人们相信他们所描绘的是一个真的世界时，那就无所谓中西古今之分。超越是一种令人心服口服的圆满，不需要思量，就知道底蕴和境界到了，人回归自然并妥善保管住了自然的元气。技巧在这里已经毫无用处，因为在敞开的境地里，成都草堂与德国选帝侯的宫殿，都已不是主体。世界这时就世界化了：地球是圆的，我们只有一个人类，况且人类是要与真理亲近。

第三节　略说历史

人们也许期望，我即将说出一大串关于史学的定义。其实，这里的我，只是想开启一扇门。这么说吧，史学是一扇门。还有其他各式各样的门，如国学门、哲学门和法学门。通过这扇或那扇的门，我们进入了人的天地。门有各种各样，门背后的那个空间却是大的。不管从哪扇门进来，我们都将直面人生：历史中的他们与我们相通，我们也会归于他们的行列。我们的同行们、同学们，还有那些哲学家、艺术家、文学家、科学家、社会科学家们，正在门背后的那个巨大空间中同我们互相补充。就我所知，时空坐标中生命的关照，就是当今历史学的主题。

人类学家和社会学家，是我们素来尊重的同行。人类学家和我们一样，对人的主题深感兴趣。从研究无意识和分类开始，他们把人的行为分为多种类型。最后，他们逐渐进入了对人行为动机的探讨，这就从研究无意识进入了研究有意识。还有那些可敬的社会学家，他们的特殊兴趣常是探讨现代社会的结构，从而既微观又宏观地进入文化、城市、工业、政治、经济、宗教等各个领域。与人类学家和社会学家不同，充分利用文献资料，历史学家是从研究有意识的人类行为开始的，最后，他却进入到了探讨行为背后的深层结构，即着重探讨源于有意识却又发展成为无意识的风俗传统。在那里，他的工作开始变得有趣起来。

按照我的看法，历史就是时空坐标中生命的观照。我说的历史指的是历朝历代人类活动的真正的历史,而不仅仅指历史学家本人的学科意识或历史感觉。当然,历史学家有自己的审美经验和历史判断,而且研究历史学家的创作过程往往也是了解历史学发展的一条康庄大道。从古至今,历史学家们提出的历史概念,都是建立在研究者观察和研究历史基础上的,而不是强调历史的研究者和他们的研究对象之间的沟通或互动。例如:历史一词,希腊语作"historia",指"目睹",引申为"通过对亲眼所见之物的检验而获得真理";德语作"Geschichte",词根为"Geschehen",指"事情的发生";意大利语作"storia",那是"故事"的意思,指如何讲述好一个故事。历史这个词,有时也被用来描述一个学科或著作,如英语的"historiography",可以译作"史学史",或者"历史的编纂学"。不过,更一般地来看,这些定义总有滑向历史研究方法论并使历史的存在从属于史学作品的危险。诚然,通过研究历史著作和历史学方法论也是完全能进入历史的大门的:它十分公正地建立起了观察历史和研究历史的体系,并且直接提出了历史学乃是一门专业的重要问题。然而,这种研究也不是没有危险。因为一方面它无法保证不会陷入历史编纂学的陷阱,从而有可能离开正道去描述史学家的技艺,而不是叙述历史本身。另一方面,在把历史学局限在历史学家的技艺的时候,它就有忽略区分历史学的研究对象和物理学的研究对象的危险。历史学研究的对象是具有生命、美丽灵魂、可以和我们对话的人,因此与研究大自然规律的物理学不能混为一谈。

因此，历史一词，首先是指历史上的人和他们的活动，其次才指描述他们活动的方法、作品或学科。历史一词即使不仅仅是，至少首先是指时空坐标中的人的活动。但真实的历史和描述的历史又如何进行区分呢？首先，什么是历史作品？乍一看，似乎历史作品就是历史著作，要说出它是什么，并不是难事。但这里，困难马上接踵而至，因为像恺撒遇刺、西罗马帝国崩溃、意大利文艺复兴、路德改教、拿破仑兵败、人民战胜法西斯，这些事件本身难道不是历史作品吗？在这里，有两个观念在干扰：一是由时空坐标中的人所创造的真正的历史作品，二是描述它们的史学作品。关于史学作品，人们完全可以信赖传统的史学史和历史学科的标准。但是关于由真人所创造的历史作品呢？人们马上会发现"历史研究的对象"一词用在这里似乎完全不妥。因为那些由真人所书写的历史作品，既不是被当作后人的研究对象而创作，也不是为了表演而创作。但这样的作品既然创造出来了，它必然会具有一种物的存在的实体性。举例说，有谁能够否认文艺复兴运动确实在意大利真实发生过吗？但是，这就是历史作品全部的实体性吗？是又不是。对于文艺复兴运动的参与者来说，文艺复兴显然是他们亲手缔造的历史作品。但对今天的人们来说，我们面对的却是一堆用拉丁语或意大利语写成的散乱无章的信件，一些已被岁月吞噬得不成方圆的画卷。如果不是因为但丁的诗集、薄伽丘的小说、彼特拉克的抒情诗、达·芬奇的《蒙娜丽莎》还算保存完好的话，我们已经无法识别文艺复兴运动这件历史作品的实体性。很显然，在岁月吞噬下，历史作品已经变得不再像个作品，它已成了存放在那里的一大堆历史遗存，准备接受分析、综合、研究，复原它的结构或者赋予它意义。就这样，历史作品成了只有专业人员才能识别的东西，成了他们的"研究对象"，只有经过他们的研究，把历史作品变成史学作品，它才能被人们所认识、所接受。它的原始蜡像，才能重新变得熠熠发光。

那么，这样呈现在我们面前的这部作品，其性质是什么呢？它究竟是历史作品抑或是史学作品呢？第一个问题把我们引向了图书馆和电影院，在那里我们发现了琳琅满目的关于文艺复兴的专著和影视作品。必要时，我们可以博览群书，充分满足我们对于文艺复兴运动的求知欲。但是，因为知道这些史学作品不过是真实历史作品的再研究，我们就不可能把它们与真实的历史作品混为一谈。我们的目光和审美知觉会继续推动我们向真实发生事件的舞台望去，即越过史学作品，期盼去与历史作品中的但丁、彼特拉克、薄伽丘、拉斐尔进行直接交流，因为他们才是历史这部作品的原创作者和真实演员。在这个时候，这些著名的历史人物似乎复活了，他们不再被中性化，不再是专业人员的研究对象，而成了活生生的诗人、演员、艺术家。简言之，史学作品可以由于某种原因如研究者的历史观，使历史作品的色彩失真或增色，但不是历史作品本身。

第二个问题便于我们区分实在世界和非实在世界。历史作品是真实发生过的事件，理所当然属于实在世界。但是，由于它的丢失和残缺，现在它又变得不再实在，必须通过专业人员的工作，才能把它的内在观念放进人们心智的空间中去。史学作品是对这个真实世界的描述、研究和评价。尽管与真实世界相比，它显得不够实在，但它绝非是一种无组织、无意义的呈现，因为它是以真实发生过的事情为基础的。从这个意义上说，它也是一种实在的存在，只不过它被存放到了某些符号之中，并且以一种永恒的可能性而存在着。这里，使我真正感兴趣的是真实的世界和作品的世界的关系。真实的历史事件已经成为过去，它只能以史料、碎片和模糊的形式存在。现在，要还原这个真实的世界，这种无法替代的东西，却只能依靠作品的呈现。作品世界要再现真实世界有一个主要条件：它首先要力保真实、完整，并且当人们阅读它的时候，要能够意识到它所展现的场景正是真实世界的场景。这种真实世界与作品世界的统一性不仅使作品能够复原真实世界，而且还能够赋予真实世界以意义。作品的再现和表现的最高意义就是通过种种研究、描述的手段来使自己与真实世界亲密结合；而这一结合使真实世界活跃起来，不仅真实世界得到一种永久储存，而且真实世界还被转变成为景象呈现和精神呈现，成为审美对象而被人们理解。

真实世界向作品世界转化，关键在于作品世界的作者们能够理解真实世界的演员们——历史的延续性充分保证了这一点。例如，历史学试图从纵向和横向来探究历史上的人类故事。是什么因素吸引我们去探讨古代、中世纪和近代文明的特征？又是什么原因促使我们去描绘英国、丹麦和中国的精确图像？在这儿必须开宗明义地说，那是古代的人类用生命雕刻出来的印记，这才使我们难以忘怀。历史人物用生命雕刻时光，他们生命的闪烁又会引起我们的生命共鸣。这就是历史的传统和历史的延续性。如果被长矛刺中的古人们流出来的血是绿的话，那么，也许我们根本无法研究历史。

当一个历史学家开始工作时，他就遇到了令人震撼的美丽生命。即使只是简单地去想，他也会真切感受到真实世界演员们的那种生命的颤动和他们的用生命刻画出来的庄严场景。历史学家的工作，其实就是充分揭示人的生命主题、理解人的选择与社会进步的。面对纸笔，他会尽可能精确地想把这种理解扩展为一幅精美的图像。历史学家也想对自己所描述的东西做出解释，但他不能够凌驾于他所忠实的原始史料之上。他个人的观点，其实也是以史料为基础的。不过，理解却是一种比观察、描述、常识、概念更高的信仰，它不在乎因年代、地域和生活方式造成的种种隔阂，也无意以某种独特的技艺来显示作者自己的专业才华。理解是非常朴素和尊重人的，它要实现生命与生命之间的交流，甚至想要跨越时空的障碍，去实现今人与古人之间实实在在的对话。

问题是一个现代历史学家和一个历史人物之间并非没有距离，而思维方式、文化传统和国民性之间的差异更是不容忽略。这种差异的存在，要我们用浓稠的情感和独具的专业穿透力去解读古人。应该说，正是一种全神贯注的凝聚力，为我们提供了研究所必需的紧张感。历史研究的过程常常是一张一弛的：当被研究的对象出现光亮点时，历史学家紧紧尾随，直到弄清闪烁的原因。这种紧张的感觉，让研究者直奔追踪对象隐秘的深处，深切体会它所呈现的一切特质。一旦史学家捕捉到了那个点，他那高度被紧张化了的感觉就需要松弛。这时，他要非常理性地静观，来使感性捕捉到的形象变得清晰。如果研究者在研究时感到厌烦，我的意思是说他不能充分发挥他的理解力去思考古人，那么历史和小说的区别又在哪里呢？所以，历史研究的难处在于历史形象和作品形象的连接。在两个形象之间不应当仅仅有形似，还要有神似，直到最后两者合二为一。可是，作者在描绘历史场景时也常常受自己理念的驱使，用笔会记下一个个不同的图像。当然，这里指的是训练有素的历史学家，他们的历史感已经形成本能。相比之下，学生的历史感和他们所描述的形象似乎黯然失色。但是，如果这种描述主要依靠想象而非史料，那就会有百害而无一利了。这时，作品中的历史能掩盖真相，使人做出错误的判断。也就是说，对同一个事件，反映在作品中的形象的真实性事先并没有被固定下来，完全有赖于研究者的鉴别力和缜密态度。因为这种真实性需要许多次的研究来显示，因此它也成了判断研究者能力高下的一种标志。

历史人物留下的遗迹的确很多，但要把零碎的遗迹还原为完整的图像，要看历史学家对识别遗迹有多大的敏感。经过时间风风雨雨的影响，历史事件已经变得模糊不清。但是，就在研究对象的这种损耗中，有经验的历史学家能够凭借直觉，看出它与其他对象的不同。之所以谈直觉，是因为有很多东西还没有确定。我们知道人要么是根据经验得出结论，要么根据逻辑得出推论，经验也好，逻辑也好，在它们很多概念的下面，都有一层东西，这层东西就是直觉。直觉从某种意义上说是特殊的，它既可以套用在概念之上，也可以套用在经验之上，还可以是低于概念和经验的一种思维。从这方面来说，直觉是一个诗人，它那种诗人般的意境、诗性，虽然有方向，却常有一种不确定性。这种诗人般的不确定性，又经常导致新看法的出现。

试想：一个手艺人在编织一个篮子时，他决不是根据一个固定的概念来编织的。他根据的是一个要比概念来得大的东西，一个要比概念来得松动的框架。他在工作的时候，每每要从概念中抽出身来，去看一看自己究竟走到了哪里，在朝哪个方向走，又能走多远。

这么说吧，直觉之所以合理，是因为它是从"必要"中产生的。直觉的最奇妙的地方，莫过于它既低于概念和结论，又高于概念和结论。因为，它所指向的，是一幅全新的图像。直觉不是被动性而是繁殖性的。直觉既然有些神秘、不可捉摸，所以，它的光辉，往往决定于其所欲理解的真实世界。没有真实的世界，直觉可能永远处于休眠状态，即深藏在心灵世界的某个角落。有一天，当它与鲜明的世界交流时，它就苏醒了，它不得不创造，出现一些类似于"精神的胚芽"般的东西。另外，当我们谈到直觉时，就要知道，直觉并非本质。它不是概念，也不是本质性的结论，也不是具体的经验。直觉是一种非常细腻敏感的洞察力，但却能够判别真实和仿冒，诚挚和虚假，正直和矫作。直觉是从来不说谎的。从这个意义上看，直觉本身是一种具体的存在，它指向打动感情的心灵，是这个意义上的一种意指。直觉也许是一种主观和客观、隐约和明朗交替出现的感觉。直觉这一能够打动感情的独特东西，有时是单一的，有时也许是复合的。当它在隐约性中反映出一种境界时，隐约性就开始展示作者的主观性。紧接着，直觉变成了知觉，感知变成了立意明确的作品。当人的主观性与被把握事物进行交流时，这种直觉是无处不在的，最后，主观和客观互相置换，通过作品，直觉开始表现出客观性。

这样就把理解的双重奥秘揭示了：人们依靠感性来塑造形象，但同时又靠理性来判断真伪。这种感性和理性的互动就是理解，每一次都给予历史形象新的面貌。这好像就是文艺复兴时期诗人但丁说的意思："人类的行为不是受本能而是受理性支配，而理性本身又在识别力、判断力、抉择力等方面因人而异，所以，每个人都好像自成一类；既然如此，我们就认为，没有人能够像野兽那样凭借自己的行为和欲望了解别人，也没有人能够像天使那样仅凭性灵的洞察力知道别人的心事，因为人的性灵往往受其肉体的迟钝愚昧所限制。因此，人类必须有某种既是理性的又是感性的信号来交换思想。这种信号，既要把思想从一个人的理性传给另一个人的理性；它就必须是理性的信号；既然除非是通过感性的媒介，就决不可能把思想从一个人的理性传给别人的理性。它就必须是感性的信号；因为，倘使它只是理性的，它就不可能传达。倘使它只是感性的，它就不可能取之于一人的理性，而授之于别人的理性。"①

如果这种感性和理性的互动成功的话，那么，理解就成了简单的一句话：史学家依靠智力"懂得了"自己所研究的对象。这个时候，他一方面要力求真实地描绘出他所获得的历史形象，另一方面，他要对历史人物的行为做出解释。这项工作，从初稿到成品，要经过一系列从不成功到成功的修改。无论如何，由一个现代人来解释一个历史人物的行为或行为动机是相当困难的，因为他们身处不同的时代、不同的文化和不同的社会。这个时候，历史学家首先需要做的，就是要让历史人物随着他的时代而说话，因为只有历史人物自己所处的环境才能对他的行为做出解释。这种做法本身是无可置疑的，但它的真实性，由于要同历史人物身处的多种复杂因素连接在一起，却是无法掌握的。这个时候，历史学家往往会根据他自己的理解，来为历史人物画像。例如：古罗马史家塔西陀（55—120）最为人称道的地方就是他能用理解的态度来解释他笔下的人物。在《编年史》中，塔西陀写道，罗马皇帝提贝里乌斯的性格特征在于："尽管他知道什么是更好的行为，

---

① ［意］但丁：《论俗语》，见章安祺编订《缪灵珠美学译文集》第一卷，中国人民大学出版社1998年版，第265页。

也知道仁慈会使他得到荣誉，但是他宁肯采取严酷的手段。提贝里乌斯犯了这样的错误，并非由于他考虑不周，同时也不难看出，人们对皇帝的行为的喝彩什么时候是出于真心，什么时候是出于伪装的热情。再者，提贝里乌斯本人讲话通常是很做作的，他讲的每一个词看来都是从口中硬挤出来的，但是每当提出仁慈为怀的建议的时候，他却讲得比较流利和轻快。"[1]这些描述非常生动和清晰，但是否真实却始终是一个问题。换句话说，这里的撰史者并不完全根据史料记载描绘历史，反而是过分求助于自己的感知力，即那个被他"懂得了"的形象。通过历史移情，他把自己当成当事人，并且把自己的这种感觉，活生生地写到了作品之中。

这样，我们就嫌弃塔西陀把话说得太多了。一个历史学家与其说要把自己关于历史的感觉全部说出来，还不如说他应当只把自己完全有把握的东西说出来，而省略掉那些只是猜测、还没有史料能够充分证明的东西。我想，这就是但丁所说的天使般境界的意思。但丁说："仔细想想我们在说话时有何目的，我们就不难知道，目的不外是把自己心中的思想展示给别人。然而，为了显示光辉的思想，天使业已具有最现成的、确实不可言诠的智慧，借此可以在各方面互相了解，或是凭自己的领会，或是借助于这面最灿烂的镜子，它可以反映天使的完美，所以他们最热衷于揽

---

[1] ［古罗马］塔西陀著，王以铸译：《编年史》（上册），商务印书馆1981年版，第222页。

镜;既然如此,天使就似乎无须使用语言来表达心意。"① 由此可见,说得太多和什么也不说同样都是一种错误。对于史学作品,它的脆弱之处就在于它说了没有事实根据的话。

所以,一个史学家的研究过程仿佛总是在想象和真实之间做着选择,这要求他广征博引,却只允许"合理"的东西存在。史料和史学家自己的猜测一直在互动着,但结果却只能是根据自己掌握的史料来说出有真凭实据的话。成熟的史学家在选用材料时,或者他对材料进行解释时,往往与初学者会有很大的区别,原因之一就在于他懂得怎样省略地说话。这样看来,历史真实既要防止被人遗忘,又要防止历史研究者的破坏力量,以免使其遭到与自然破坏相同的命运。

史学门中的工匠们,当然希望自己成为才华横溢的人。史学家根本无法脱离诗性的体验和理性的俯瞰。艺术审美和哲学理性合二为一,共铸起史学探源的杠杆。对历史工作者来说,独特的个性、浪漫的想象、热烈奔放的感情抒发,永远是他的天性使然。史学的精神意境,在于历史学家能够坦然地与人类相处,并且具有穿透沉郁悲凉、进入美丽空灵的能力。只要人类的前途是光明的,那么,水天一色、云霞尽染的时刻就会到来。恰是为此,我们用手来写,用大脑来思考,用心来体会。我们当然希望自己的作品,是雅俗共赏、赏心悦目的。

---

① [意]但丁:《论俗语》,见章安祺编订《缪灵珠美学译文集》第一卷,中国人民大学出版社1998年版,第264页。

第四节　略说世界

在我们的语言里，没有什么会比"世界"一词更为丰富、奇妙。人们说"大千世界"，是说世界的大和多样性。人们又说"我的世界""她的世界"，只轻描淡写一下，就把一个人的全部神韵给表现出来了。推而广之，"世界"之所以奇妙，就妙在它有弹性，既拉得长，又缩得短。不仅可以包含极大的东西，还可以洞察入微，把细小事物的内在精髓，一形一影地呈现出来。

一个大的世界可以由许多个小的世界组成。譬如有一个"乡村世界"，就会有那里的蓝天，那里的庄稼，那里的村妇。蓝天归属于"自然的世界"，庄稼归属于"生物的世界"，村妇和民风、民俗又可归为"人的世界"。以言达意，却无尽头，因为一个大的世界里可以套上许多个小的世界，但许多小的世界叠加起来，却又填不满一个大世界。这种情况有点像埃及的金字塔，尽管你把每块石头都称过、量过，却还是不能够说你已经洞悉了金字塔。这是因为：石头是散碎的，金字塔是整体的。尽管砌金字塔必须要用到石头，但金字塔又不是石头，它自成体系，是一个"金字塔的世界"。在金字塔的世界里，有古埃及法老的灵魂转世学说，还有情绪意旨所附丽的宗教美学建筑风格。

"世界"有时候只是一种分类。譬如就人而言，有"儿童的世界""女性的世界""中国人的世界""希腊人的世界"。就自然而言，又有"水的世界""风的世界""火的世界"和"物质的世界"。就精神来说,那就更神奇了,不仅有"理想世界""精神世界",还有含蓄无穷的"心灵世界"。在这里,所谓世界,就是某种事物的基本属性,从而凸显其独一无二的类型。以我们的世界历史学来说,就是要凸显出它时间和空间的属性,从而在时空坐标中实现对人的生命的关照。

"世界"有时又指一种整体。譬如"那个人的世界",就是指那个人的全部,包括他的性格、能力、风貌和品格。作为整体的"世界"可以从两个方面来把握:第一,是它的主要特征,其方方面面都可以用这个主要特征来概括。譬如"但丁诗人的世界",就是指但丁最重要的特征是个诗人,而他的诗作《神曲》和他的天真的创造性诗性直觉,能够纲举目张,把他的方方面面包罗尽致。第二,"诗人的世界"也指与但丁有关的一切事物,因为即便但丁孤身一人,也俨然代表着一个世界:他的伟大诗作绽放灿烂色彩,不仅浸透着他的思想和情感,也让旁人觉得深刻、美丽和愉悦。所以我们可以说,一个世界涵盖范围的大小,要看它对周遭事物的影响力是宽阔还是狭小。徐梵澄《希腊古典重温》中评论13、14世纪的意大利文艺复兴运动,说"它未尝'复'出古代文化到什么地步。但它的光明,至少透过了它以前一千年"。[①]

"世界"更可以用来指一个宇宙。广义地说,这个世界包罗一切,不仅包括天地人神,也包括了英国历史学家汤因比所说的"人

---

① 徐梵澄:《徐梵澄集》,中国社会科学出版社2001年版,第5页。

类与大地母亲：一部叙事体的世界历史"。在汤因比的人类世界里，有自然现象、生物圈、人类、文明、技术革命，乃至于两河流域、尼罗河、法老埃及、中美洲的"奥尔梅克"文明、苏美尔—阿卡德世界、叙利亚文明、希腊文明、印度文明、亚述军国主义、波斯帝国、中华、贵霜、安息与罗马诸帝国、中国的秦帝国和西汉帝国，乃至于伊斯兰国家、西方基督教世界、东亚、东南亚、斯堪的纳维亚人、中美洲文明、伊斯兰教世界、拜占庭世界、西方基督教世界、伊斯兰教世界、蒙古人、东正教世界，以及最后也最重要的"抚今追昔，以史为鉴"[1]。

有一句话说："大千世界，无奇不有。"大可以大到无穷尽，所以有宇宙说，有阴阳说，有天地人神，还有现实世界和理想世界。范围如此之大，当然会发生诸多奇妙的事物。世界之所以奇，不仅在它的多样性，尤其在它的无穷变化性。推而广之，世界之所以奇妙，不止妙在今天能够看见的那个部分，尤其妙在未能看见而深埋于根基之中的那一大部分，这就是我们在这里所要探索的历史传统。

要理解我们的世界，就需要有一幅宽阔和明晰的世界图像，即由历史工作者们编辑的世界历史。它不仅让我们知道各地的政治行政，还能让我们懂得不同人群的思维方式、伦理观念、文化传统和国民特性。这样一幅图像是相当有用的，倘若把人置于一

---

[1] ［英］汤因比著，徐波等译：《人类与大地母亲——一部叙事体世界历史》，上海人民出版社2001年版，目录第1—7页。

个现代的大世界,他的手中如果没有一幅这样的世界地图将是十分不便的。正如一个初临陌生大都市的旅客,他无法知道自己所在的旅馆究竟是成千上万旅馆中的哪一个。置人于陌生的环境是不适宜的,不让他知道形成这种环境的传统和风俗,更是不容许的。简言之,我们需要的是一个关于世界图像的清晰的坐标:从横向看,那是一个个国家在空间的展开;从纵向看,那是一个个时代积累起来的风俗、传统和文化。在这幅大世界图像中,无须凭借想象力,人们也能知道自己是在哪里,而且他自己,作为一个理性的生灵,也有能力和权利参与舞台之上伟大事件的演出。总之,世界的图像越是清晰,人们自由行动的空间也就越为广阔。

这幅世界图像应当是具有广度的。当世界史工作者以专业的目光反思自己的工作时,会感到当前呈现在我们眼前的这幅世界图像仅仅是一个框架。它不够充分,也不够完善。国别史、地区史的研究未曾遮盖住世界上的所有地区,至于各种专门史(如风俗史、经济史、宗教史、妇女史)的研究,我以为也是比较薄弱的。我们的史学研究的课题过于集中,但却留下许多不应当有的空隙需要我们来加以填补。例如:我们对世界古代中世纪的历史(这是各个民族的国民性形成的主要时期)的研究过于零星,这在重新塑造世界图像时是必须要改变的。人们必须反躬自问,在下层人民的生活和乡村文明的研究中间,我们的思想力度是否已经能够穿透地层,像人类考古学家那样,一层一层地向今人展开昔日代完整的生活画面？这种深层的发掘的重要性今天已经十分清楚，这是我们大家所愿意看到的世界戏剧：所有的一切不是单纯的贵族生活的编年史，而是一个个民族本真生活的特性揭示。那种对于下层人民生活的生动描述，那种响着粗野节奏的田园劳动风景，确实是构成整个世界图像的能量中心，历史被这股炽热的自下而上的力量所带动，越来越激荡，足够激励一代人去跨越险阻。世界历史学家需要把自己完全投入到民间文化的充实丰满之中，这要比单纯赞美神圣寺院和孤零零矗立的城堡，要真实和有力得多。

还有一个问题是，没有精度的世界图像也是不能够运用的。这是因为，当人们面对一幅模糊不清的图景时，他至多只能确定大致的方位，其余的一切都得靠他自己去判断、去摸索了。目前的状况是，从整体看，我们塑造的这幅世界历史图像是不够精确的，在精度上需要加强。不仅如此，对于历史的具体细节，我们的研究也显得不够。例如：一个博学的历史学家可能回答不了自己的儿子提出的问题：中世纪英国的儿童是怎么接受教育的？成人化的历史作品把一些生活的细节完全过滤掉了，就像是一首诗歌，尽管清醒、简练、优雅，却没有把形象的人生阅历，真情欢乐，或者甜美得像清晨空气一般的爱情，真实地反映在史学著作里。具体到一个村、一个家庭的生活、一个家族的研究是那么的少见，而在风俗习惯方面，历史学家精微细致的特点尚未得到充分的体现。在人性的发掘方面，例如对于英国人、美国人、德国人、瑞士人之间不同的国民性和思维方式，也需要进一步加以区分。从动态方面说,当今的世界正在进行如此彻底的变革,唯有揭示它的变化和节奏,我们才能领悟进步的真理。世界历史是人类生活的惟妙惟肖的影像,我们如果仅满足于表现它的永恒真实却忽略它的无限变化,那么,历史的明镜就会因为迟疑而反映不出自己的根源和变革的种子。我们不妨欣然承认,以往的史学作品在艺术性方面也是需要加强的,因为历史作品不仅需要清楚、明晰,还需要对各种生活细节进行详细的描写。如果能够这样做的话,那么,世界史著作也就能够因其摆脱了枯燥而显得引人入胜。

这样一幅世界图像,人们一定会衷心热爱。当然,如果它能够反映出理论上的深度,那就会更加理想了。我们说:"史学作品必须具有深度。"而一项传统的观念却说:"真实本身就是历史学最高的法则。"粗粗看来,我们的观念和上述的观念仅仅是字面上的差异而已。仔细去想,这两者还是有区别的:如果我们只是真实地向世人展现出许多的史实,却不注重分析事件发生的原因及其后果,那么,我们容易因为缺乏理论上的深度而与伟大失之交臂。换言之,我们觉得:世界史是需要理论的,必须具有理论的深度,因为它是一种体系性的学科,完完全全依赖于科学的系统性。还因为,历史学家在工作的时候,"外在世界的庄严美丽的色相,深深沁入他的思想体系中,促使他的思想起无穷无尽、丰富多彩的变化"[①]。从这个意义上说,"世界历史只是各国别史总和"这句话,就完全不对了。如果缺乏体系性和理论性,或者说,缺乏比较的眼光和逻辑的思维,那么,历史就只能提供某一方面的局部细节,而始终形成不了完整的画面。

此外,我们还想要史学作品能够反映出时代精神。需要指出,世界历史作品的力量,或者说史学的常青的生命力,常常在于它的建设力、创造力和综合力——正是这些,构成了史学作品的现实性。

所有这些,无疑对一个世界史研究者提出了更高要求。谁让他成为一个世界史研究者呢?一个历史学家的素质,借用一位传记作家的话说,也许应该是:"首先是工作,是不停顿的脑力劳动。这工作犹如一股取之不尽的泉水轮换转动着……转轮上装水的水桶和给水的水桶。其次是包括对五大洲、一切时代和一切地区的精神文化的好奇心。他的这种好奇心永远不知疲倦。并且以敏锐、明亮的目光细心观察着最隐蔽的东西。再次是他的友谊。他亲切体贴和精神专注地寻求各种建立友谊的机会,并且在意想不到的时刻给许多人以真正的愉快。他……任何时候都宽厚,关注,但是也就是对最亲近的人们的轻微缺点也明察秋毫。再次是他那不可动摇的公正性……在这一切之上和贯彻于这一切之中的是热情,是永不停歇地关心各种事情,关心事物和人,关心把人联系在

---

① [英]雪莱:《〈阿拉斯托尔〉序》,见章安祺编订《缪灵珠美学译文集》第三卷,中国人民大学出版社1998年版,第73页。

第一章 世界史的学习

一起并环绕着看不见的东西的热情,以及关心音乐的热情。"①

　　唯有如此,世界史这门学科才能在今天成为一面明亮的镜子。它反映出从古至今世界各地历史文化的影像,让人们互相理解;它也可以揭示历史进程中的一个个精彩的片断,告诉我们人类是怎样脱离野蛮,走向文明。它的真实性和可信度,也成为人类的一种依靠,揭示出人类的成长过程。换句话说,在变化多端的今天,世界历史仍然是人类智慧和文化的守护神,是现代社会继续发展的先决条件之一。

第五节　略说世界史

　　世界史,一个在历史学领域中使用得非常多的概念,随着国际交往的日益增多,早就发展成为一个最有用和最重要的研究世界的学科。自然,世界史的学习和研究,在当代社会中,也得到了最充分和最完整的发展。

　　早在公元前5世纪,希腊人就有了世界具有统一性的认识。柏拉图(前429—前347)在"蒂迈欧"篇中说:"我们应当说只有一个世界呢,还是应当说有许多或者无限多的世界呢?如果是照着它的那个永恒不变的和最完美的模型创造出来的,那么就只能有一个世界。……因此,为了使这个世界在唯一性上和最完美的生物

---

① [奥]茨威格:《向罗曼·罗兰致谢》,载高中甫主编《茨威格文集》第六卷,陕西人民出版社1998年版,第121页。

相像，造物主既不能创造两个世界，更不能创造无数个世界，而是永远只有一个唯一的世界，就是这个被创造出来的世界。"[①]这说明，即使在观察非常有限的古希腊，柏拉图已经站在哲学的高度，不仅注意到了部分和整体的关系，还认识到了世界（宇宙）的统一性。古希腊人关注世界各个部分之间的横向联系并认识到世界有统一的发展模式，这当然是很有见识的。

世界史的研究既然起于人们拓宽自己历史视野的兴趣或寻找世界发展规律的宗旨，就会有一个由近及远，从研究本国的历史到研究外国的历史的发展过程。古希腊历史学家修昔底德（约前460—前400）在公元前424年任雅典将军，根据自己的亲身经历和查访，著《伯罗奔尼撒战争史》八卷，严格地说，只是一部古希腊的历史。与此不同，古希腊历史学家希罗多德（约前484—前425）生于小亚细亚，曾游历过埃及、巴比伦、黑海北岸等地，并长期寄居雅典和图里伊（Thurii，在南意大利），所著《历史》九卷，就突破了希腊史的范围，不仅论述了希波战争，还叙述了希腊、波斯、埃及及西亚各国的地理、历史和风俗习惯，这就有了区域史或从区域的范围来论述本国历史的特征。从这两个例子来看，西方世界史的研究最早是从撰写周边国家的历史开始的，尽管这种研究，严格地说，只能被称为外国史或区域史。

这样的发展渊源和古代历史学家视野的局限，外国史即世界

---

① ［古希腊］柏拉图："蒂迈欧"篇，转引自北京大学哲学系外国哲学史教研室编《古希腊罗马哲学》，商务印书馆1982年版，第209—210页。

第一章 世界史的学习

史就成了一种很流行的观念。最初，外国史只是区分于本国史的一种体裁，随着研究的深入，又出现了国别史这种称谓。国别史是指某个具体国家的历史，包括了通史和断代史，有趣的是，撰写这种国别史的人，既包括了本国的历史学家，也包括了其他国家的历史学家。由本国学者所写的著作被称之为本国史，而由其他国家学者所写的，却被称为外国史或国别史。这样，由非本国学者所撰写的该国历史，至少在撰写者自己的国度里，自然而然地被认为是世界史的一部分。

除了国别史（通史和断代史）外，专门史也成为世界史研究的重要领域。近代意大利著名学者维柯（Giambattista Vico，1668—1744）在一篇讲演中说道："几乎所有艺术和科学都有各自的历史，可以说各种原理或制度追问事物的属（genus），同样，历史则给予我们种别（species）或者事例。每种语言各自的优秀作家们就是各种语言的历史，他们留下了无数范本，就是从这些范本中，我们才能够确定各个民族言谈方式的不同，那些卓越的演说家和诗人们就是各种演说艺术和诗歌艺术的范例。关于物理现象当然也有历史著述，而且每天都在书写。为何对于疾病的特定观察和日志，以及所发现的特定药物，通常被称为'特效药或特种治疗'？这难道不是物理学和医学艺术的注释吗？机械学书写战争、航海以及建筑方面的新发明的历史。……同样，各类评注、编年史、名人传记以及国事记载等，正是伦理学和公民理论的特有内容，所以用'历史'这个高贵名称来称呼它们。法学当然也是历史，它涵盖了一个国家在各个时代应运而生的各项法律、法学家对这些法律的各种解释，以及各种各样的判例等。"[①]仔细阅读这段话，就知道维柯在这里不仅阐述了专门史的概念，还衍生出"一切皆史"的近代理念。在我们当前的世界史领域，像文艺复兴、宗教改革和启蒙运动这样的运动，或者像欧洲经济史、日本社会史之类的学问，现在都成了世界史研究的范畴。

随着世界海陆交通的打通和国际交往的日益频繁，涵盖各个国家历史演变的世界史出现了。在各国高等院校的历史系，世界通史成了一门必修课。世界通史课程设置的理念基于下述的事实：生活在近代、现代社会中的人们，如果没有国际视野，没有从全球角度来思考自己国情的习惯，没有对来自周边国家或国际上横向影响的充分认识，就没有可能去从容应付日新月异变化着的世界新形势。于是，世界通史几乎涵盖了所有人类历史上的重要事件，特别是那些在国际上产生过重大影响的事件。

在我国，首都师范大学的全球史研究是一个非常引人注目的新兴研究领域。早在2006年，刘新成教授就指出了研究全球史的重要性。他认为："全球史是20世纪下半叶在美国兴起的一个史学流派，目前在西方乃至世界正在产生越来越大的影响。当今世界的全球化趋势、后现代学术的发展、东西方之间日益紧密的学术交流，是全球史产生的国际环境和学术背景。全球史以人类社会

[①] ［意］维柯著，张小勇译：《维柯论人文教育：大学开学典礼讲演集》，广西师范大学出版社2005年版，第101—102页。

整体发展进程为叙述对象,超越西方史学以国家为单位的叙事传统,从学术发生学的角度颠覆'欧洲中心论',以不同人群、社会、民族、国家之间的互动为切入点,开辟了考察世界历史的新视角,建立了编纂世界通史的新框架,具有鲜明的时代特点和理论启发性。但全球史忽视对各个社会内部发展动力的考察,表现出理论欠缺。'世界横向联系'历来是我国世界通史研究的薄弱环节,而全球史正好弥补我们的不足,因此在我国有重要的借鉴意义。"[1]近年来,在刘新成教授的倡导下,首都师范大学的宏观世界史传统得到发扬光大,全球史作为历史学新兴分支学科迅速发展起来,并逐渐形成了一个研究团队,全球史教学也得到较大发展。

在我国,学习和研究世界史,既有难点,也有优势。现在就以我比较熟悉的"宗教改革与德国近代化道路"为例,来说明这个问题。

16世纪首先发生于德国的宗教改革运动,原本只是僧侣马丁·路德奋起反对罗马教廷的代表在德国境内销售赎罪券的事件,却得到了市民、农民和部分诸侯的支持,引发了德国的市民革命,在德国从中世纪向近代社会的过渡中起着重要作用。最值得注意的是,对德国宗教改革史的研究,往往是放在宗教改革如何促进德国政治近代化的框架中进行的,这增加了此项研究的难度。

难点之一,是无法系统掌握具有规模效应的完整史料,以至于无法采用统计学的方法,游刃有余地来解决一两个争论问题。

---

[1] 刘新成:《全球史观与近代早期世界史编纂》,《世界历史》,2006年第1期。

例如，宗教改革时期农民是否反对向教会缴纳"什一税"一直是一个争论问题。一方认为：农民强烈反对向教会缴纳什一税，视其为一种沉重的经济剥削。另一方认为：农民并不十分反对向教会缴纳什一税，如果他们能够拥有聘任乡村牧师的权利，并且被聘的牧师又能够向他们传播"不加修饰的、真正的上帝之言"的话。在农民缴纳什一税的问题上，各地显然存在着非常显著的差异，以至于辩论的双方都能够找到原始史料来证明自己的观点。要想真正解决这个问题，需要搜集到所有农民的怨情抗议书，然后采用统计学的方法，来找出反对缴纳什一税在农民怨情抗议书中的分量。这个工作最后由德国历史学家彼得·布瑞克（Peter Blickle）完成了，通过对农民怨情陈述书的统计，布瑞克发现：农民把反对农奴制视为头等大事，有70%的乡村和领地都要求无条件地废除农奴制。在被统计的25份抗议书中，有24份把反对农奴制列为第一条或第二条。与之相比，要求废除"小什一税"在被统计的抗议书中只占到44%，另外有41%的地方怨情陈述条款要求修正或废除"大什一税"。[①] 做这样深入的研究，以我国目前的研究条件来看，都是非常困难的。

　　难点之二，是研究外国历史，必须深谙研究对象国的语言和文化。在这个方面，我们是面临挑战的。例如，中世纪的欧洲城市具有自治的倾向，同时又往往是"自由的摇篮"，与农村的封建

---

① ［德］彼得·布瑞克著，陈海珠、钱金飞、杨晋、朱孝远译：《1525年革命：对德国农民战争的新透视》，广西师范大学出版社2008年版，第12—14页。

社会有显著的差别。如果对此没有深刻的认识，很容易想当然地把对中国城市的印象强加到欧洲的中世纪城市上去，这就无法理解彼得·布瑞克所说的农民和市民之间的"普通人的大联合"，进而无法理解自治性质的公社（社区）为什么会成为产生近代德国政治的摇篮。由于缺乏对外国文化背景的深入了解，我们往往会对发生在外国的事情产生宏观的印象和解释，难以做到"从中世纪德国人的眼中看德国"，在某个细部具体研究某种事物的发展。另外，由于外语不够熟练和精到，这也增加了中国学者研究世界史的困难，往往要花费比外国同行更多的时间和精力，才能获得比较满意的效果。

但是，以中国人的独特视野去研究世界史，却是我们的优势。如何扬长避短，充分发挥这个优势，去解决国外史学家未能发现的问题，如何加强与外国史学家的交流，是我国的世界史研究者需要重视的问题。这些问题如果处理得好，不仅能使我们的世界史研究屹立于世界的学术之林，而且能形成具有中国特色的世界史研究学派，为世界史研究做出自己的贡献。

第六节　略说教材[①]

假如你是一个学习世界史的青年学生而我又是一个讲授世界

[①] 学习历史，需要的是一种"立体教学法"，即由老师的课堂教学、历史教材、历史专著、学术动态或学术史、历史地图所构成的一个体系。置身于这个系统里，学生能感受到的是一部丰富的历史。此法有用，请学习历史的同学们一定记住。

史的职业教师的话，那么，你认为我会对你学习世界史提出哪些建议？是向你讲述远古希腊的美丽神话传说，还是向你讲述女王伊丽莎白一世时期莎士比亚的美妙剧作？是用一些最具有吸引力的事件来满足你热爱史学的好奇心，还是向你朗读文艺复兴时期著名诗人但丁、彼特拉克的不朽诗篇？上述的这些想法当然非常不错，但实际上我却不会这么做，因为我害怕这些不够审慎的建议会误导你的学习步骤。因为，具有高贵天赋和渴望知识的你，其实并不需要我来激起你对无比丰富历史知识的热切期待。在本节中，我所要讲的问题将围绕着一个核心关键点来展开：如何奠定你学习世界史的坚实基础。因此，我会向你热情推荐优秀的世界史教材，会帮助你了解学术动态和学术史的重要性，会督促你学习并掌握多种外语，并且要求你养成解答世界史习题的习惯。最后，我还会对你经常翻阅历史地图表示赞赏，因为学习历史再也没有什么要比了解各个时期、各个国家的疆域、人口、文化更为重要的了。尽管我所给你的也许并非是你原先所期盼的，但我却完全知道我这样做的实际效果。我相信，上述这些工具书的合理使用和学习方法的经常运用，将让你开启世界史圣殿的智慧之门——通过认识和实践，你会在平淡无奇之中从容接近那些不可接近之物，无论是距今已有两千五百年的古希腊英雄，还是已为自己赢得人类永恒荣誉的科学家、思想家或政治家。我还想说，追求知识和真理的你，如果愿意接受我的建议的话，那么，正如意大利的先哲维柯所言："你的进步就像一个旋转的陀螺，看起来静止，但实际上运行的速度却将无比之快。"①

对热切渴望学习世界史的学生来说，掌握确切的历史知识要比什么都更为重要。世界史的知识可以从老师讲的世界史课程中获得，但是最为方便的途径，还是去大量阅读优秀的世界史教材。我认为：尽管图书馆里汗牛充栋的原始史料和世界名著非常诱人，但优秀的世界史教材却是让你掌握世界史知识的最有效工具。

无论从哪个方面来看，优秀的教材都向你提供着最准确的世界史知识。认真阅读并牢记这些最基本的知识，可以成为使你努力攀登人类智慧发展高峰的最初的台阶。如果你以为世界史教材只是一些最基本的常识或结论的汇编的话，那么，你就大错特错了。事实上，一本优秀教材，每经过两三年就会再次修订出版，历史学家们借此来删除谬误，更新知识。一旦知道学习世界史的人大多是从阅读教材起步的，尤其是通过阅读教材获得了世界史的基本知识，你就会对优秀教材抱有尊敬态度。毋庸置疑，世界史的教材有时会让人有种不满足之感，因为它们省略了尚未定论的结论，只向你提供最准确的、已经被充分证明了的历史知识。很显然，与专著和论文相比，教材里的内容显得相对滞后。然而，正因为这样，却显示出了教材和专著的不同特征：教材是用来奠定学生世界史坚实基础的，而专著则往往是在某个专门问题上为

---

① ［意］维柯：《认识你自己是任何人尽快把握任何学术领域的最大动力》，见维柯《维柯论人文教育》，广西师范大学出版社2005年版，第13页。

人们提供新见解、新观点或新结论的。同学们，充分运用你的理解力和判断力，去区分教材和专著吧！这样的话，你既会为教材的准确、丰富、清晰而感到内心的踏实，也会惊叹专著中破解前沿问题的那种智慧和创造力。作为探索世界历史的两种卓越手段，教材和专著都是令人尊敬的。

在国外出版的世界史教材中，享有盛名的是剑桥世界史系列。例如：20世纪初，剑桥大学出版社出版了《世界通史》古代史、中世纪史和近代史三部。至20世纪50年代，剑桥大学出版社又推出了由克拉克爵士主编的《新编剑桥世界近代史》14卷，共800万字，论述自文艺复兴到第二次世界大战结束，即自1493年至1945年间共四百多年的世界历史。[①] 这部《新编剑桥世界近代史》是在1896年由阿克顿勋爵主编的《剑桥近代史》的基础上新编完成的。《新编》的主编克拉克爵士在"总导言：史学与近代史学家"中这样写道："在阿克顿勋爵为《剑桥近代史》制定的计划中，对通史的概念，有这样几句令人难忘和富有特色的话：世界通史（他写道）并不是各种专史的总和，首先应该根据其特定的本质，如文艺复兴、宗教改革、宗教战争、君主专制政体、革命等来加以考虑。有些国家对于主流可能做出贡献，有的国家可能没有贡献，内容的分配必须相应地予以处理。主流之外的各国历史虽不应受到损

---

① ［英］波特（Potter G. R.）编，中国社会科学院世界历史研究所组译：《新编剑桥世界近代史》(*The New Cambridge Modern History*) 第1卷，中国社会科学出版社1999年版，"出版前言"，第1—2页。

害，必须按照编年史的规格精确地予以记述。但是，不应该把葡萄牙、特兰西瓦尼亚、冰岛同德国等量齐观，从而分散人们的注意力。我希望当这些非主流国家处于重要地位的时候加以叙述，而不是不管它们是否重要，均按照年代的顺序予以叙述。当一个国家第一次'进入主流'的时候，如彼得大帝时代的俄国，应该对它过去的历史做充分而衔接的回顾；当一个国家'脱离主流'的时候，如17世纪初期的威尼斯，应该对它未来的情况加以概述。"克拉克爵士基本同意阿克顿勋爵的以"主流"和"非主流"（是否参与像文艺复兴、宗教改革这样的重大运动）来决定《剑桥近代史》各章篇幅多寡的做法，但又认为"我们确实不可能仅仅把旧的十四卷加以修订并使之符合最新要求"。因为"我们不但通过研究，对于几乎每一个国家和每一个时期的知识大大增加了，而且还运用了新的方法，提出了新的问题。关于近代史的每一部分，因为用英语写成的书籍比50年以前大量增多，因此，《新编剑桥世界近代史》不必去满足旧版所要适应的一切需要，而要作为一部能适应我们时代的研究和教学工作的需要的标准通史，来实现一个更为明确的目标"。①

《剑桥近代史》旧版和新编的主编们的某些看法很有见地，因为"世界史"确实不是国别史或专门史的总和。不过，这里特别

---

① ［英］克拉克爵士："总导言：史学与近代史学家"，见波特（Potter G. R.）编《新编剑桥世界近代史》(*The New Cambridge Modern History*) 第1卷，中国社会科学出版社1999年版，第31—32页。

要提醒人们注意阿克顿勋爵和克拉克爵士这些看法的原因，在于西方史学家所编著的一些世界通史，实际上只是西方某些大国在欧洲或在世界范围中发挥"重大影响"的历史，带有非常明显的"西方中心论"印痕。举例说，《新编剑桥世界近代史》，实际上只是一部欧洲大国的近代史，谈不上是一部真正完整的世界近代史。更有甚之，阿克顿勋爵以"主流"和"非主流"来划分历史的做法也是值得质疑的，因为随着我们对各国历史研究的深入，可以断言：近代各国之间的联系和互动，远比一百多年前阿克顿在编著《剑桥近代史》时所设想的来得密切。我们切不可把一部内容丰富的世界历史简化为几个欧洲大国的活动史，这会使历史研究的范围变得越来越窄，从而有违我们编著世界历史的初衷。只有用一种更为开放的视野来充分揭示世界各国在全球范围内的日益密切的交往和互动，才能把握世界历史的精粹，从而与当前世界进入全球化时期的需要相适应。例如，由美国学者杰里·本特利（Jerry Bentley）和赫伯特·齐格勒（Herbert Ziegler）合著的《新全球史：文明的传承与交流》(Traditions & Encounters: A Global Perspective on the Past)，可以说是这方面研究的一部代表。[1]

断代史也是世界史教材中的重要类别。例如，2009年由美国伯克利加利福尼亚大学布雷迪（Thomas A. Brady, Jr.）院士出版的

---

[1] ［美］杰里·本特利、赫伯特·齐格勒著，魏凤莲、张颖、白玉广译：《新全球史：文明的传承与交流》，北京大学出版社2007年中文版。需要提及的是，在全球史的研究领域，首都师范大学历史学家们的研究工作最引人瞩目，在我国的世界史界目前处于领先位置。

《宗教改革时期的德国历史，1400—1650》(German Histories in the Age of Reformations, 1400-1650)一书，就是这样一部介于断代史教材和专著之间的重要作品。与兰克所撰写的《宗教改革时期的德国历史》不同，布雷迪书名中的"改革"和"历史"两词都用复数，用以表明宗教改革时期存在的并不只是一种宗教改革，而是多种的改革（如帝国的改革，城市的改革，农民的革命等）的汇合，因此也存在着多种的历史。布雷迪发现，宗教改革时期德国存在着三种趋势：政治上的改革运动（主要是诸侯在自己的邦国里建立了近代政府）、教派的运动和路德的运动，这三种运动互相作用、互相影响，共同铺就了德国从封建社会过渡到近代社会的道路。布雷迪著作的时间跨度为250年，回答了很多重大的问题：路德的改革对当时的德国和今天的德国究竟产生什么影响？是好的还是不好的？德国诸侯的邦国政府究竟属于什么性质，是封建化的加剧，还是近代领地政府？路德的改革和诸侯领地政府的建设有何联系？有没有不同于英国和法国的，向近代社会过渡的德国道路？布雷迪注意到了政治、社会和宗教之间的多维互动，以及路德派、改革宗（加尔文派）和天主教会三大教派在德国长期共存的现象。布雷迪置宗教改革运动于德国250年历史发展之中，视其为德国历史发展中的一个必然事件，在德国从中世纪向近代社会过渡中起了重要作用。[1]

---

[1] Thomas A. Brady, Jr., *German Histories in the Age of Reformations, 1400-1650*, Cambridge, Cambridge University Press, 2009.

在我国，产生重大影响的世界史教材有周一良先生、吴于廑先生主编的《世界通史》四卷（人民出版社，1962），吴于廑先生、齐世荣先生主编的《世界史》（高等教育出版社，1994）和马克垚先生主编的《世界文明史》（北京大学出版社，2004）。这些著作坚持唯物史观、注重吸收国外学者研究的各种成果，同时阐明了我国历史学家对诸多重大历史问题的鲜明立场，尤其是对国与国之间、经济与政治之间、文明与文明之间、精神文明与物质文明之间、自然科学和社会科学之间的有机联系赋予格外重视。例如：1994年吴、齐版的《世界史·古代史编》下卷（分册主编朱寰、马克垚）就很有特色，从年代看，这是一部世界中世纪史，但写得很大气，注意到世界几个大区域之间的联系和互动。例如：第一章为"公元前后亚欧大陆民族大迁徙"，着重分析了亚欧大陆农耕世界和游牧世界的形成、亚洲民族大迁徙及其后果、欧洲民族大迁徙及其后果。第二章专门分析"东亚封建国家的发展"，涉及唐代中国的高度文明，新罗统一后朝鲜、日本、越南的发展。值得注意的是第二章的第五节，在"儒学和佛教在东亚的传播"标题下，打破了以国别论文化的传统，以东亚为叙述单位，着重分析了儒学在东亚的传播和佛教在中国、朝鲜和日本的传播。同样的情况还出现在第三章"南亚封建社会的形成"中的第四节"佛教在东南亚的传播"，以及第四章"阿拉伯帝国"中的第五节"阿拉伯—伊斯兰文化"等章节中。除此之外，该书的一个特点是置中国历史于世界历史之中，如孙学义撰写的"唐代中国的高度文明"（第二章第一节），马克垚、孙义学、刘光临撰写的"明代中国"（第十二章第一节），都非常精彩，很见功力。该书第五章"东欧封建诸国"、第九章"东欧封建国家的发展"是由朱寰先生撰写的；第六章"西欧封建社会"、第十章"西欧封建社会的发展"是由马克垚先生、彭小瑜先生撰写的；第八章"新兴伊斯兰教诸国"是由长期研究伊斯兰文化的哈全安先生撰写的。无论是分析的深度，还是论述的准确性，这些章节都是上乘之作。阅读这样的教材，对学生了解和把握世界史知识，帮助是非常大的。

世界史教材常常会阐明作者对于世界历史发展的认识。例如，马克垚先生《世界文明史》中的论断非常精彩，他指出："随着许多原来落后的农业文明转变为工业文明，它们在经济上、文化上的地位也会越来越突显出来。不但原有的一些古老农业文明向工业文明发展、成长为现在的强势文明，而且随着经济的进步，工业化的发展，还会有原来弱小的文明成长壮大，成为新的重要的文明。所以虽然有着全球化的发展，但在可以预见的将来，世界依然是多样性统一的世界，依然是各文明共处的世界。"[①]

第七节　略说动态

除了掌握准确的历史知识外，学习者一定要知道再也没有什

[①]　马克垚主编：《世界文明史》，北京大学出版社2004年版，第17页。

么比了解最新的世界史学术动态更为重要的了。北京大学的学生有过这样的经历：如果有谁在几年前曾经选修过某一世界史课程而三年后又再次去旁听同一门课程的话，就会发现，课程的内容已经发生了重大变化。许多新鲜内容，都是以前闻所未闻的。这种现象，在研究性综合大学里非常普遍。这是因为，只要讲课的教师自己在做研究，那么，随着他自己历史研究的深入，他讲的课程的内容也一定会随之改变。试想，当智慧的历史学家们在为史学奉献生命，在研究中度过他们的日日夜夜时，他们的这种努力必将使他们"前进到不能再前进为止"[1]，从而带来新的发现和新的结论！毫无疑问，在他们那里，历史知识并不是一成不变的。整个世界史研究的发展就像是一张非常灵敏的学术网络，任何一点新的发现，都会导致整个学术网络的颤动，直到调整到与最新的发现相适应时为止。换言之，历史学家努力追寻的是那种最前沿的科学知识，而新的观察、新的史料和新的发现，又会鼓励他们去作进一步探索。结论是：谁如果想要在学问研究中获得最前沿的成就，他就应该时刻准备去做一个勤奋的研究者和探索者。一旦他放慢脚步，那么，他所拥有的知识就会陈旧、落伍，导致他最后无法跟上形势；相反，只有那些竭尽所能去聆听、阅读、探讨、沉思和写作的人，才会获得最伟大的学术成就，极大地造福和发展人类社会。

---

[1] ［古罗马］贺拉斯：《书信集》。这里转引自维柯《维柯论人文教育》，广西师范大学出版社2005年版，第54页。

举例来说,"宗教改革与德国政治的近代化"是研究16世纪德国史的一个传统命题。三年前,选修德国宗教改革史这门课的同学会听到老师讲授的三个要点:一、马丁·路德要求人民"服从世俗权威",在政治思想方面具有保守性;二、这种保守性导致了他的宗教改革运动与德国农民运动之间相分离;三、在此背景下,德国的诸侯乘机扩充了自己的地方势力,封建地方主义抬头,阻碍了德国政治近代化的进程。然而,如果今天你又一次去旁听相同课程,你会听到下面的一段话:"对宗教改革时期新教政治这个命题,当前史家们的学术争论主要是集中在以下五个方面:一、既然路德是生活在一个既非封建也非专制的年代里,那么,他怎么可能是专制集权政治的提倡者?二、根据新发现的史料,诸侯邦国政府的性质是近代的已成定论。由于德国特殊的政治背景,近代国家无法在中央层面上形成,却能够首先在诸侯的邦国中出现。三、关于1525年德国农民战争的政治目标和性质,有学者认为是民众参与政治,即通过议会道路,建立资产阶级性质的共和政府。但是,也有另外一些学者认为:农民搞的是武装革命,他们的政治目标是建立带有早期社会主义性质的百姓共和国。四、必须充分注意宗教改革前后出现的德国教派运动,这直接导致了政府管理教会,由此扫除了诸侯建立近代领地政府的障碍。五、既然近代国家已经在德国诸侯的邦国中出现,那么,德国通向近代政治的道路(德国模式)与英国、法国的过渡方式(人民与新君主结盟,建立拥有充分主权的民族国家)是否具有相通之处?"在听了老师的这番介绍后，旁听的学生一定会瞠目结舌，惊叹于学术研究发展之神速。

这就是学术动态无可替代的有用性。学术动态具有三种特有的功能：用雄辩的史料和审慎的智慧引导人们进入最新的学术前沿阵地；以一种震魂夺魄的力量，引导人们用全新的视野来对某一命题进行重新思考；用最新的发现来激发人们的灵感，使他们在国际前沿学术的平台上，去进一步激发科学研究的兴趣。作为一个称职教师，我想，最重要的，就是指导学生去看最应该看的书，并且在读书方法方面给学生以指导。当然，教学相长，毫不松懈、永远勤奋的研究者，才能成为一个称职的历史教师。毫无疑问，也只有这样的学者，才有足够能力去对前沿学术动态进行评价，从而成为激发学生好奇心、增强他们科研能力的领路人。

既然掌握学术动态如此重要，那么，作为学生，我们应该从何处去获得相关信息呢？途径之一就是大量阅读专著和发表在《世界历史》《历史研究》等专业刊物上的学术论文。对于这种阅读我一向极为看重，因为它能够帮助你精于思考，避免弊端，养成探讨世界历史必需的想象力和判断能力。专著和论文中有着我们每天都渴望着的最新学术成果，经常阅读，能够帮助你辨别何谓优秀的论著，何谓一般性的论著，何谓草率之作。这是因为，学习世界史绝非只是单纯地去记忆历史知识，还有比记忆力更为重要的识别能力和洞察能力，而这只能通过长期的阅读和思考来培养。只有这样，人们才能在世界史研究的神圣殿堂中驾轻就熟，最后脱颖而出，成为具有非凡能力的伟大学者。这么说吧，当学生满足于记忆历史知识的时候，世界史还不是你自己的学问；然而，主动探索世界史，尽快掌握学术动态和大量阅读中外学术论著，就会让你在判断能力和论证能力上得到训练，最终帮助你形成你自己对于历史的看法，亦即你掌握了由你自己所理解、所解释的世界史。真正在历史研究方面成就卓越之人，总是不满足重复别人观点，因为他们学习世界史的目的，并不在于人云亦云，而是自己要去开辟通向真理之路。为了这个目的，就既要在智慧和认识上不输于前人，又要在科学发现和创造力上超越前人。

其次，我还觉得，开设专门介绍史学动态的课程对学生是有所裨益的，因为重要的学术观点解释事物都是有其原因的，或者是出于对史料的重新发掘，或者是出于对事物观察的特殊角度；因为即使是一个古老的命题，也会导致众多解释的产生。例如：在罗马帝国崩溃原因的分析上，就有吉本（Edward Gibbon，1737—1794）的罗马帝国兴衰说；皮朗（Henri Pirenne，1862—1935）的阿拉伯帝国兴起说；以及其他多种的说法。如果教师能够围绕着一个命题对各种解释加以讲解，分别阐明这些学说的成因、背景、特点、优缺点，并且引导学生去积极思考、提出新的看法，那么，对于培养学生的判断能力（史识）是非常有帮助的。例如：历史学家皮朗所说的阿拉伯帝国的兴起导致古代社会真正结束的观点就是需要解释和分析的。首先，要解释皮朗的观点，如皮朗否认西罗马帝国崩溃就意味着古代文化的结束，因为在他看来，在法兰克王国墨洛温王朝时期(大致为公元5—8世纪)许多古代的传统仍然保持着,谈不上是古代社会的瓦解。皮朗还认为在加洛林王朝时期(大致为公元8—9世纪)由于阿拉伯人控制了地中海的远程贸易,欧洲的社会面貌发生巨大变化,导致了西欧古代社会向中世纪社会转化。其次,要对皮朗观点的一些要点进行分析,何谓皮朗区分古代和中世纪社会的标志、何谓皮朗对阿拉伯人兴起影响的估算、何谓墨洛温王朝和加洛林王朝的关系(继承还是断裂),以及应当如何估计公元400—1000年间欧洲商业和贸易的真实状况等。第三,还要向学生指明皮朗主要是一位经济社会学家,他的分析主要是从分析经济的变化和阿拉伯人控制远程贸易出发的,在分析社会转型时,除罗马因素、蛮族因素和基督教因素外他还加上了阿拉伯人的因素,他认为墨洛温时期古代社会尚未瓦解的看法,都是颇具新意的。第四,要指出皮朗观点的问题:例如公元5—9世纪欧洲商业和城市衰落的主要原因是否出于阿拉伯人对地中海远程贸易的控制?是外因决定还是内因在起着主要作用(如罗马帝国崩溃后生产力低下、人们的购买欲望和购买能力下降,战争和社会动荡导致商业贸易的凋零等)?最后,还要比较皮朗的观点与其他历史学家的观点,指出皮朗的观点与吉本的观点大相径庭,却与法国年鉴学派创始人马克·布洛赫(Marc Bloeh,1886—1944)《封建社会》中的一些观点有相通之处,从而引导学生去认识经济社会学家分析历史的一些特点。如果能够进行这样的讲解,那么,学生则能很有效地掌握史学动态。

为了帮助同学掌握学术动态，大学的历史系有必要设置像"世界中世纪史导论"那样的课程（当然，还有专门介绍学术动态的其他课程），专门讲解某一学术领域中的重要命题。[①] 围绕着像罗马帝国崩溃的原因、皮朗的命题、封建主义定义（经济学派、社会学派、政治学派）、城市的兴起、14世纪文艺复兴、文艺复兴时期的政治学（布根哈特、汉斯·巴伦、鲍斯曼）、德国宗教改革和德国向近代发展的模式、英国革命的起因等专题，向同学们介绍最新的研究动态。在我们看来，把某一领域或某一专题的基本问题搞清楚，充分了解各门各派的解释体系及其优缺点，正是世界史专业学生进行科研的起点。

第八节　略说习题

学生们几乎每学期都有闭卷考试。很多同学对如何回答这些试卷中的问答题感到困惑。有些是心理上的困难，如他们过分紧张，或者觉得要在规定的时间内写出一个好的答案来简直是不可能的。结果，他们草草作答，没有发挥出他们应有的水平。闭卷考和时间限制都增加了考试的难度，但是如果一个学生能够掌握

[①] 历史命题，常指国际高端学术平台认可或争论的焦点问题，是衡量某一国家该领域研究水平的重要标准。所谓命题，实际上就是对某种关系的认识，或是对某种性质的确认。在世界史领域，这种命题并不稀少，如"没有穆罕默德就没有查理曼"，"拉伯雷不可能不信教"，"意大利是近代欧洲的第一个产儿"。中国学者要有"命题意识"，勇于提出为国际学术界认可的世界性重大学术命题。

一定的试题回答技巧,他们会觉得时间和闭卷都不是最大的障碍,试题回答好坏的关键在于对试题是否真正了解,以及怎样组织好回答题目的思路。我们以欧洲宗教改革课程上布雷迪老师讲解过的一个试题为例:为什么欧洲会爆发宗教改革运动?

(1)仔细审题。如果要回答一个试题,首先要知道题目的要求。也许你会觉得"我当然是仔细阅题的呀"。不要这样确信,在不及格的试卷中至少有一半是因为没有仔细审阅试题所造成的。审题不够仔细是试题回答得不理想的主要原因。

当时,布雷迪老师是这样分析这个题目的:这个试题要求学生揭示宗教改革的宗教方面的原因和背景,认识到宗教改革就其宗教的背景而言,产生于基督教会各个阶层所面临的结构性的全面危机,如教皇制度、高级僧侣、神甫阶层、宗教团体和大众宗教信仰等方面的危机。

当学生看到这个题目后,或许会想:"啊,关于教会和宗教改革我知道些什么?"在短暂的思考后,学生就回忆起他所知道的关于中世纪教会的一切,不管它们是从尽责的历史教师的课上学来的,还是从报刊或从《巨人传》《十日谈》那样的小说中读来的。每一段的开首或结尾处他都注上"教会是腐败的"这一句,所以教师就得到了有关僧侣腐败、生活堕落、教士售卖赎罪券等答案。"这个学生是否看过任何的历史书?"教师问道,"他有没有听过欧洲宗教改革这门课?"否则为什么他对诸如"西方教会大分裂""教皇和各国君主间的契约""新的宗教信仰""基督教人文主义的影响""僧侣和主教制度的混乱""人民中识字和阅读《圣经》人数增多""激进传教士的布道"等反映教会结构的内容不作回答?事后学生或许会对教师说,所有这些他都知道,只是由于时间不够,他才没能"全面"回答好试题。然而,时间在这里不是问题的关键所在,问题在于思路的组织和回答到点子上的愿望。学生在没有一个清楚的答题目标时是绝对没法良好地组织思路的。如果没有仔细思考试题或对试题有畏惧心理,学生肯定不能建立清晰的答题思路。

如何才能正确地理解试题?学生在拿到试题后不必急于动笔,先强迫自己思考试题。然后,再思考一遍试题。考虑教师出题的目的何在?为什么出这个题而不出别的试题?一般来说,教师出的试题一定有一种内在的深意,一定是具有某种专业成分在里面的,不会只停留在肤浅的、业余的水平上。学生思考:我这样回答题目是否达到了试题所要求的深度?我是业余地还是专业地认真回答试题?如果学生考虑到这些问题,他们一般都能正确领悟试题的内涵,不会不作思考就忙于答题。

(2)组织答题思路。组织思路最好的办法是编写一份答题提纲。这可以帮助学生理清思路。首先,明了一篇好的答题,如同一节好的讲课,总是建立在几个非常明确的要点上的,其余的是支持这些要点的材料。在组织思路时,首先要求分清什么是你的要点,什么是支持这些要点的材料和信息。如在回答上述试题时,不必把记忆中有关中世纪教会的全部内容复述出来,只要选择那些能够支持你的要点,帮助你解释题目,支持你的观点的材料。上述的试题你可以拟写以下一个提纲：

思路：教会的结构性危机，要分析教会各个阶层的危机状况和有关因素。

要点1　教皇体制上的危机。（支持要点的材料：教会大分裂；教会征税；教皇和各国君主的冲突和契约。）

要点2　僧侣的危机。（支持要点的材料：宗教秩序的松弛；主教的缺少或在一个地区有几个主教；下层僧侣道德纪律的松散。）

要点3　异端运动。（支持要点的材料：胡斯运动；威克利夫运动。）

[教会外部]

要点4　世俗人们的新的宗教要求。（支持要点的材料：人们阅读《圣经》；激进传教士的影响；基督教人文主义如伊拉斯姆等人的影响等。）

要点5　体制的危机。说明教皇无力改革教会，教皇与各国构成矛盾；僧侣危机使教会和人民对立；异端运动为宗教改革提供理论和经验，成为宗教改革运动的前声；世俗宗教兴起预示人民用宗教形式反对僧侣的可能性。

这样一个提纲虽然简单，但却是一个有深度的回答，与此相比，说"教会很腐败"就显得十分肤浅可笑（尤其是宗教改革前夕的教会并不见得比以往的教会更为腐败）。如果你花费的时间越多，答题者就越能够找出要点和更丰富的材料。例如，马丁·路德对这些危机的感受；路德和异端教派间的关系等。即使应试者不再增添什么，只要把上述提纲中的要点回答清楚了，也是一份合格的答卷。提纲的写作帮助学生理清要点，预见答题的全面性。提纲使学生避免写了一张纸而只回答了一个要点的片面答题的错误，还帮助学生回忆起他学过的有关题目的一切内容。

（3）引用证据。一个好的答题包括良好的组织和证据引用。立好了一份好的提纲是完成了一半的工作。但是，事实也是需要的。在思路组织好了后，在具体回答时要靠证据来说明问题。一个好的回答总是包括事实和解释的成分。如果你说"宗教改革不是由教会的原因引起的，而是由于马丁·路德个人的作用"。你这样解释宗教改革的原因固然十分奇特，但需要有充分的事实才会有说服力。现在检查你的提纲，你认识到不仅要写一系列关于中世纪教会和宗教改革的陈述和观点，还要用证据去证明这些陈述。用心去思考什么是和你提纲有关的事实、事件以及可以用来支持你观点的材料。

（4）如果我不同意怎么办？有时学生充分领会了教师的题目要求，但他不同意问题的观点。学生当然可以争论，但这种争论，也必须有观点，有材料证明，有良好的文章组织结构。没有人可以说他的研究是最后的定论，也没有两个历史学家能在一切观点上意见一致。

（5）有时，会出现并无对错的答题，只有好坏的答题。这是什么意思？这只是在某些时候，即使是用错了一些证据，也要比一篇内容组织上相当混乱的答题要好一些。如果你的观点是正确的，有些小的错误（如年代、姓名）不会使你失分太多。但是，如果年代、姓名和事件叙述都没错，然而却讲得支离破碎，那就完全不是历史。因此，如果要答好题，请注意：在回答试题时，一要认真阅读试题；二要不马上动笔而要进行思考、再思考；三要组织好答题的思路（提纲）；最后，要使用可靠的材料来证明你的观点。

第九节　略说学习兴趣

所谓的学习佳境，总是在学习者最有学习兴趣的时候出现。当你在不经意间翻开书本时，这种学习兴趣开始启动。它的出现，带来了直觉的跳动，知觉的引导，感觉的自明。学习的兴趣的可理解性在于它能自然生成。当我们拥有兴趣时，读书成了一种享受，被动的学习转变为主动的学习。当然，学习的兴趣也是可以培养的，尤其是在你从中感到发现和领悟的时候。被动的学习拉开了人与历史专业的距离，学习的兴趣却要拉近这种距离。学习兴趣召唤感情，使事物变得可爱。唯有兴趣和丰富的情感到场，我们的学习才可以被称之为主动的。

例如：书读得最开心的时候，是凭兴趣读书。身边如果有本书，随手翻翻，既和做课题、搞科研没有丝毫联系，也和做作业、赶任务搭不上边际。这种时候读书，心情往往是最高兴的，因为既没有一定要读出什么来的负担，也没有一定要从书本里研究出什么来的压力。通常的情况是，只要那本书能够看得下去，就一定会读下去。凭兴趣读书时对书的范围是没有什么限制的，而且何时读书也从来不去确定。在大多数情况下，读书的姿势大概也是不很雅观的，坐在沙发上读可以，躺在床上读大概也可以。假如读的是一本好书的话，那心中的爽快就更甭说了。读到得意处，有时还会高声朗读一段，按照古人的说法这叫作拍案叫绝，按照现代人的说法这叫作赏心悦目、身心合一。反正想读就读，不想读就不读。这种读法真是人生一大快事，旁人看来似乎觉得可笑，而读书人却自鸣得意、旁若无人、毫不理睬，自以为天下快乐尽收其中也。

　　凭兴趣读书的第一好处是人一定会挑选自己真正喜欢的书来读。这种情况看起来似乎荒谬，却不知道把读书当工作来做的人，常常读的并非是自己最喜欢的书。举个例子来说，某君不久要去课堂上讲课，自己心里又没底，就会去图书馆看书。看了一大堆专业书，抄下了一大堆卡片，却发现其中仅有几本才是有趣的。凭性子读书却全然不是这么回事，因为那是品味，是要满足一种"智性的善"，所以当仁不让地是非好书不读。常常这样做的人，对书的质量要求往往高到了挑剔的程度。好书到手不放手，好书读了更不忍放手，终于是读了一遍又一遍。乍一看这样做好没意思，殊不知这却误打误撞触动了读书的真谛。正像品茶是要品到第二、第三杯方觉其味一样，书之味也是这么品出来的。

既然是品尝而不是狂饮，那么，读书之乐就远非"学习"一词可以概括。人的知觉是个菱形，对自己完全熟悉的东西不想知道，对自己完全陌生的东西，又因为相距太远而不能感知。最想知道的，是那些有点知道又有点不知道的东西，这就是菱形显现出来的凸点。那时人进入佳境，如果再能够做到心灵专一，就能领略书的真谛。我曾读到过对读书人的四种比喻：一种人像是没有底的水桶，读到的东西都渗漏掉，消失得无影无踪；第二种是实心的水桶，早已填满，以至于再无空间往里装任何东西；第三种是半实心的水桶，里面已经装载了太多的观念、语法和规则，一遇到新的东西，就会用"常规"的那套来与之抗衡；第四种只是普通空心的水桶，却可以吸收精华，使自己渐渐充盈。读书时，即使是天赋极高的敏锐者，最好还是把自己当成空心的水桶，就像品茶那样去感觉美的味道。这时，书的韵味就自然流入读者内心。那时的感受真是妙不可言，心动，感动，最后是莞尔会心一笑。

那天读的书是程应镠先生《流金集》中的短篇《论林逋》，上海古籍出版社1995年刊行。林逋是北宋有名的隐士，生于乾德五年（967），死于天圣六年（1028），正是北宋全盛时期。对于和靖先生林逋的故事，过去在《西湖佳话》中略知一二，印象已经不是很清楚了。这次阅读真是开卷有益，不仅知道了范仲淹、梅尧臣都是林逋的朋友，而且知道林逋死后，还得到宋仁宗的嗟悼，和靖先生的谥号就是仁宗所赐。再读下去，就愈加有趣，原来林逋这位隐士既与不食周粟的伯夷、叔齐不同，也与避世之士长沮、桀溺等人不同。程先生列出了历史上的各种隐士，仍是从同林逋交往的朋友那里，点出了林逋的不同凡响。拜访过林逋的薛映是个"廷无留事、吏不能欺"的干吏，而赞美林逋"风俗因君厚"的范仲淹，更是"先天下之忧而忧，后天下之乐而乐"，以天下为己任的重臣。历史上的隐士大多是些"志有所持"者，要么是避世，要么是耻事浮利，大半都同当局的关系搞得极僵；但林逋一反常态，不仅得到众人称道，还受到皇帝粟帛之赐。如此看来，林逋乃是隐士中的另类，触景生情，就让人要忍不住地读下去。

我天生愚鲁，所以《论林逋》的真正要义，要读到第二遍时方才明了。原来北宋的官僚机构十分庞大，以至于冗官在其时已成积弊。真宗、仁宗两朝的高官厚禄者又贪恋荣利，不肯退休，以至于朝廷不断重申七十致仕之令。现在好了，一边是贪恋荣利、不肯辞官的臣僚，一边却是有大能耐却乐居山林的林逋。程先生笔锋一转，点出林逋这位隐士中的异类不忘世情的实情，以为这就是他为王随、李及、陈尧佐、范仲淹、梅尧臣、欧阳修激赏的根本原因。这哪里是在写什么避世隐士，分明是在纵论北宋吏治！善于从与常识相左的地方发掘出蕴藏于其内的深刻政治含义，正是先生的极高明处。

真正反映出《论林逋》文章韵味的是在其结尾处，那是我在读第三遍时才粗粗领会的。抄录如下："《和靖诗集》有山园小梅二首，梅花三首，又咏小梅一首。欧阳修极叹山园小梅之句：'疏影横斜水清浅，暗香浮动月黄昏。'他在《归田录》中说：'前世咏梅者多矣，未有此句也。'比林逋晚生一百八十余年的姜白石，用暗香、疏影为题以咏梅，被张炎叹为绝唱。(见《词源》)《疏影》中说，'昭君不惯胡沙远，但暗忆江南江北。想佩环月夜归来，化作此花幽独。'白石此词，可能是有所寄托的。但这几句却极恰当地写出了一位处士在举世沉溺于荣利中的幽独心灵。"

我最近读的另一本书，是前美国历史学会主席鲍斯曼（William J. Bouwsma）先生写的《文艺复兴的衰弱》，2000年耶鲁大学出版社刊印。名家命笔自然不凡，他与蒙田、伽利略、莎士比亚等人进行心灵对话，看出精英们对于现代社会的焦虑。蒙田等人与十四五世纪的文艺复兴传统颇有渊源，在16世纪末至17世纪初这段时期，他们还把文化和科学的事业推至高潮。但是，即便这样，焦虑和怀疑的力量也在同时滋长。此书构思精妙，除阐明欧洲文化变化外，通篇都是围绕着"解放"和"秩序"来展开的。作者用"自我的解放""知识的解放""时间的解放""空间的解放""政治的解放""宗教的解放"来说明文艺复兴的动力，以为当"秩序"盖过了"解放"时，当"文化的秩序""自我的秩序""社会和政府的秩序""宗教的秩序""艺术的秩序"纷至沓来时，文艺复兴运动也就走向衰弱了。读这样的作品，你会感到作者体验事物的能力。用德国诗人莱内·马利亚·里尔克（Rainer Maria Rilke，1875—1926）的话来说，就是"没有一种体验是过于渺小的，就是很小的事件的开展都像是一个大的命运，并且这命运本身像是一块奇异的广大的织物，每条线都被一只无限温柔的手引来，排在另一条线的旁边，千百条互相持衡"。

鲍斯曼先生的这部书作于他的晚年。为了专心写这本书，他从加利福尼亚大学退休。鲍斯曼先生真是一个奇人，他文、史皆通，尤以治文艺复兴史著称，但却是一个真正的音乐家和内省型的哲学家。先生原是加州大学伯克利校区的副校长，对中国极为友好。他一生惜书如命，临终时却把自己珍藏的3000册图书，无偿捐赠给了北京大学历史系。前年我在伯克利校园造访了鲍斯曼夫人，和布雷迪教授（Thomas A. Brady, Jr.）、布鲁克教授（Gene Brucker）一起，在她家里举行了简单的赠书答谢仪式。我一边朗读我们北大的许校长和我们历史系的主任写的感谢信，一边心起涟漪，颇有一石激起千重浪的感觉。我去了鲍斯曼先生的书房看看，几十个书架空空如也在那里矗立着，只剩下他自己写的5本书在架子上，像是代表着他本人，在那里安静地欢迎我。我不禁心有触动，想起1998年，鲍斯曼先生领着我在伯克利校园中满处跑，还一起去听加大学生演奏的音乐会的情景。站在美国西海岸的土地上，再看看那刚从大海里跳跃出来的太阳光，我就领会了其中的真理：亲爱的老师仍在那里神驰故土，他要每一寸土地都变得美丽，要每一颗人心都纯洁高尚。他就这样谦虚地唱完了自己的圣歌，回归到了人与自然交接的那个原点，最后还在叮嘱我们这些学子：要我们独步正道，不入邪路。他的整个人生篇章，就像徐志摩在《再别康桥》中所言："悄悄的我走了，正如我悄悄的来；

我挥一挥衣袖，不带走一片云彩。"

　　读着这两位中外著名史家的文章，我想，一个作家和一个世界的交往，也许只是一种用很短的链条连接起来的关系：作家提供给世界作品，世界回报他们以批评。当然，这里面还有纯然之心在跳动，里面经常风平浪静，有时却也大起涟漪。

第二章

学科的概念与分支

第一节　关于史料

　　一个历史工作者在研究历史时，常会产生出一种我们称之为历史感的东西。它护守着你，保卫着你，帮助你树立对事物更客观的认识，使你无论是在思想上，还是在行为上，都不至于有失偏颇。"历史感"看起来非常神秘，它忽隐忽现，像是只能意会无法言说的东西。但是，有经验的历史工作者会告诉你，有无历史感其实差异很大，这有点像医生给病人下诊断，有丰富经验的专家给出的诊断都非常明确、准确，从不会把似是而非的东西呈献给你。说实话，历史感也是一种正确判断、理解历史的认识方法。当分析一种历史现象时，会涉及主观和客观、内容和形式、历史事实和历史哲学、静态与动态诸问题。这些问题如何解决，同研究者本身的学养、经验、知识和方法有着密切联系。历史学家和医生一样，也有技术上的高低之分。这一准则同样也适用于哲学家、心理分析家、法官、律师、记者、企业家、经营家、市民等人，因为他们都是要对事物下判断的人。拥有同样的观察热情和职业兴趣，他们却会因各自职责的不同而产生不同的观察角度。

历史感首先是一种感觉，是一种经过长期的历史探索所养成的思维习惯。举例来说，当你在处理某个方案，或者听到某种评论时，你所产生的"这个方案显得过时""这段评论不符合我们的国情"的看法，实际上就是一种历史的感觉。历史感的属性之一，就是与时空坐标相关联的一系列看法，其中涉及传统、进步、倒退、过时、前沿等与时间相联系的成分，也涉及同国情、实情、优势、劣势、扬长补短、特征等与空间概念相联系的思考成分。正是在这样的历史思考中，我们得出某种事物是否同环境相协调的看法。很自然，当我们感到某事物同时空的性质相适应时，我们会因为它的适当而喜悦，因为正是时空上的圆满和完善，促成了我们对它的首肯和选择。

很明显，一种时间上和空间上的经常性的比较造成了我们对历史的感觉，同时，这种感觉又如此直接地影响了我们对于现实问题的洞察力，并且立刻唤醒了你的同情或反感，对你的选择产生决定性的影响。越是对历史时空熟悉的人，对现实的问题就越能够深入洞悉，在做出现实选择的时候，就越显得成熟和理性。从这些情况中我们可以发现，历史的感觉断然不是与现实问题无关的，事实上，它正是我们"静观世界"最有效的手段。

要形成这样的历史思维习惯，我们就得请教历史资料和历史学家，就是请教那些对于时间和空间具有非常专门性的知识的著作和人们。这是因为，历史的研究常常是通过获得和分析各种信息来解决问题的。这种信息主要来自各种史料。如何获得和选择信息，如何分析信息、形成观点和结论，这往往是历史学家在方法论上的一个基本出发点。

在接触历史材料的时候，我们首先接触到了一种"现在还活着的史料"——现在的世界实际上是保留了许许多多的历史遗产，包括实物、文化传统和概念的。我们之所以有了解历史的可能，是因为历史材料里面的前人言行，与我们今日的言行在性质上存在一种类似关系。如果没有这种类似关系，历史将很难被了解——费解的东西就是我们与之很少有相通的东西。这种相类似的关系是通过"继承"来获得的，今天的我们实际从历史上继承了许多习惯、方法、生活规则和社会制度。例如：从符号学的角度来看，历史上所用的许多语言符号、思维符号和概念符号同我们今人是相通的。人类的生活习惯，也具有连续的特征。我们按时起床、吃饭和睡眠的习惯，我们所用的桌子、椅子，我们所穿的衣服，虽然同历史上各个时期所应用的形态有些出入，但在功能和作用上，尤其是在概念上，仍然具有非常相通的地方。我们不会在古书上读到"椅子"两字时，把它理解为桌子，因为这个符号所构成的概念，同我们今天是相通的。在社会制度和社会关系上，我们都可以找到相通的概念，如"家庭""政府""国家""社会"等。读到这些词时，我们不仅很容易想到它们的定义，还能知道它们所包含的要素。这种古今概念相通和继承的特点，是我们能够理解历史的关键所在。极端地说，如果古代的人们血管中流出来的血是绿色的话，那么，我们的历史研究工作会很难开展。

因为继承而古今相同的特点，可以启发我们对于历史学的现代思考。然而，了解事物在长期的历史演变过程中所产生的变异，将把我们的历史感提升到精确的位置。历史研究的信息来源在长时期的传递过程中，经过了许多曲折和变异。有些信息是通过非语义符号，如通过人们一代代的生活传递下来的，有的信息是通过口述的方式传递下来的，有的信息则是通过语义符号如文字的记载传递下来的。在信息的传递过程中，有的信息已经变得十分微弱，有些信息部分甚至全部地消失了，有些信息则与当时的概念不相符合。因此历史工作者要通过特殊的专业方法，对信息进行处理，如对信息进行放大、整理、归纳，从而再现出比较清晰的信息内容等；最后还要对它进行转译，使它成为现代人所能理解的语义符号。历史学者应该是一个优秀的信息接收者和处理者。他不仅能够准确地认识、辨别各种语义符号的含义（如古文、今文、概念、文物等），还能辨别处理各种非语义符号所提供的信息（如代码、隐喻代码等），熟悉各种信息传播的渠道。他还要善于放大、转译和整理信息，从而使杂乱无章的信息变得颇有规则。如果仔细阅读一本历史书，人们能够发现那些遥远微弱的历史信息，在经过历史工作者整理放大以后，已经变得较有规则，显示出十分清晰的历史图像。

例如："镜子"一词在古代可能指的是铜镜，但现在却指玻璃制成的镜子。又如我们现在用计算机写作和排版的书籍同过去的雕版印刷相去甚远，但我们却不否认古代印刷术对我们今天的激光排版、计算机输入所做出过的贡献。更为重要的是，追溯这种活动的本源时，我们发现了事物演变的方向总是从粗劣到精致，从简单到复杂，从原始到完善。这个方向为我们揭示了一种事物变化的大致趋势。一个有经验的历史工作者在运用概念时，会比一个初学者更精确地注意到事物发展的变异性。他清楚地意识到在同一个词中，会有相当不同的形态存在。他对进化过程的趋势和各个时期形成的事物的形状，也有比较深刻的认识。这些专业知识和经验，是一个历史学者通过长期的研究获得的宝贵财富。它们帮助研究者形成历史的感觉，也使历史的研究变得更加趋于真实。

当历史感觉运用于"活的史料"时，往往立即造成一种对于语言学、符号学等知识的系统综合思维。例如：概指就是许多与某一个观念有关的事物的一种集合。"儒家"一词，很显然是一种概指，它既包括孔子、孟子等的思想体系，又包括许多与此有关的学派、著作、人物和思想。在这里，我们可以找到许多个与概指观念有密切联系的因素来。另一种概念也许可以称之为特指，它的含义比较专门，范围也比较单一，例如"桌子"的概念，指的是一种特定的家具，无法从中分解出许多相关因素来。至于"长桌""圆桌"等概念，其实并不是概念本身的分解，而是通过在概念的前面加上一个形容词而起到的一种状态限制。我们从史料掌握的角度看，概指的概念比较抽象，它的含义，较之特指的概念，在古今之间往往有着更大的差异性。

理解了这个道理之后，我们必须考察历史留给我们的另一种材料，即有关过去的记载，包括私人日记、档案、工具、文化遗存、文物、考古发掘等，这是我们了解历史的第二种史料。这种史料包含着历史人物对自己相关生活的记载。有时，这些史料以碎片的形式出现，但专业历史工作者仍有可能从中综合出一定的历史事物的形状，使之成为一种可以被理解的东西。这种史料常常具有相对静止的特征。例如海底有一沉船、有本航海日记和一根折断了的桅杆。这些史料要告诉我们什么呢？它只能向我们显示一种结果，却无法向我们再现人们与风浪搏斗的轰轰烈烈的活动。要理解这些活动，我们只有通过历史的综合才能办到。专业的历史工作者应具卓越的综合能力，他能够从史料的碎片中复原出历史存在的真实的、动态的形式。

若要弄清以上这些材料的大致类型，那只须弄清原始史料和第二手史料的区别。原始史料指的是历史研究的第一手材料，是那些被当时的人们写下来的文献或是他们创造的历史文明。换言之，原始史料是那些直接的行为参与者或目击者所创造出来的文献或文化遗存。原始史料的类型很多样：文献、文化遗存、文件、书信、日记、税收档案、教会档案、政府或司法审判的档案、艺术品、房屋、钱币、照片、电影、地图、传单、电话本等都可视为原始史料。

原始史料可以进一步分为文献史料和非文献史料。文献的特征是笔写的材料。首先，它一般记录当时人们认为较为重要的事实和事件。其次，文献往往产生于事情发生之时或稍后，是根据当时人的直接经验撰写而成的。因此对作者的背景调查十分重要。文献史料常常是记录性质的，如对事件的记录或记载；文献也包括政府的文件档案，如国家、行省、地区以至乡村的各种法规、报告、文件；文献还包括私人的档案、日记、游记、墓碑、石刻等；它也包括当时人们在文章、小说中反映出来的思想、思潮、观念、道德和文化价值。有的文学作品，如《荷马史诗》，经过特别的认识后，也可以当作史料来加以利用。

非文献的史料指不用纸笔写的历史证据。第一类是文化遗存，如宫殿、房屋、工艺品、武器、车辆、衣服、钱币、玩具、工具等，它们是当时人们生活和生产的实物证据，反映了生产力的状况。第二类是非文字的史料和口述的史料。例如有关过去的传说、神话、民间故事，反映了风俗习惯。现代的口述史料包括对人的现场采访，常用提问、录音的方法来收集口述史料。口述史料的优点是比较直接，着重下层文化的记录，而且修饰成分较少；缺点是可信度较低，如是现场采访又常会有意向性的提问在内，这在一定程度上会错误引导被采访者的原本思想。把文献史料与非文献史料结合起来运用，能起到互相补充的作用。

历史的原始证据还可以划分为有意识的史料和无意识的史料。

人们在制造史料时对制造史料有着清醒的目的性的史料为有意识的史料。例如笔写的政府档案、编年史、同时代人所写的历史书、日记、信件、悼词、家谱、墓碑、诗歌、文学作品等。无意识的史料指那些当事人在无意识时制造出来的史料。或者是人们在为其他目的而奔忙，无意间产生了一些原始证据。例如文化遗存、军事、商业的记录、语言、方言、节日庆典、房屋、工具和某些工艺品。一般来说，无意识的史料修饰的成分较少，但比较零碎，也可与有意识的史料互相补充。

第二手材料主要指的是非同时代人所作的历史记载，一般是指历史著作。这是历史工作者根据原始材料再造的历史，通过一定的方式，他们叙述、解释并通过一定的体裁和角度评论历史。有的时候原始史料和第二手材料的界限难以划清，例如报纸上刊登的文章，既可能是记者亲身经历的实地采访，也可能是记者在事后通过调查原始证据而得出来的综述。另外，有的原始史料经历史工作者的整理以后汇编成册，甚至已经印刷出版，但这仍是研究历史的第一手材料，是原始史料。

如果我们仅仅根据史料来看历史，我们便觉得这些史料并不能直接揭示事物的本真面貌。因为在运用史料之前，往往还要经过史料的批判。这是因为经过批判的史料，可信度比较高。史料的批判又分为外部批判和内部批判。外部批判解决史料的可信度问题，内部批判解决对史料的理解问题。这两种批判都是不可缺少的。

史料的外部批判主要是尽量排除史料的错误成分，以增进史料的可信性。为了做到这一点，我们要学习有关史料外部批判的技巧。即使是出版了的史料，也是需要进行外部批判的。只有完全可信的史料才能加以引用。史料外部批判的一个重要内容是对原始史料的作者、时间做出准确的判断，以此来判断其所用的史料是真实的，还是伪造的。我们需要知道作者的身份和职业（如牧师、律师、士兵等），还需要查明作者本人是否参加该事件，以及他对于该事件的态度。时间的调查要尽量找出文件写作的时间。时间越久，人的记忆就越淡化。这影响文件内容、语言、背景材料的可信程度。我们可用专业知识和物理学手段来找出文件的作者和时间。

研究欧洲史的学者都知道，《致全体德国农民大会书》是一份研究1525年德国农民战争的重要史料。这一文件没有署名，也没有标明写作时间。但是从文件的内容来看，作者受过高等教育，因为他精通历史、宗教和16世纪以前的政治理论；他非常确切地引用《圣经》，全文共引用《圣经》76处；全文的语调很像是布道词；作者对于农民的生活、农业季节、农活的分配很是熟悉；作者同情农民革命，但是本人的态度不很激进。从这些我们可以判断作者很可能是一位乡村牧师。从时间来看，文中写道"恐怖的时刻可能会来到"，可以判断文件写作之时对农民大规模的镇压还没开始；文中提到两个贵族的名字，并提到那时萨克森选帝侯弗里德里希三世还活着，而该选帝侯死于1525年的5月5日，说明文件的写作早于1525年5月。该文件用十分尊敬的口吻谈到马丁·路德，称他是农民的领袖。路德发表镇压农民的呼吁大约是在1525年5月初，说明该文写作早于路德的呼吁。从这些情况看，该文大约写于1525年3—4月。再从语言来看，该文的文字拼写与德国南方的语言十分接近，但和德国中部的语言不一样。文件同另一德国南部的农民纲领《十二条款》的拼法十分接近。从这些考订中可以看出，该文件写于1525年3—4月，作者可能是一个教士出身的参与德国南部农民起义的知识分子。

可见，即使是原始史料，也是需要进行内部批判的，因为要辨别文字表面意义和内在的真实意义之间的区别。由于年代已久，对许多字面意思的理解已经与当时作者要表达的意思有出入。历史工作者有时须借助专门的知识，才能破译出作者的原意。有些笔写的证据往往省略了当时场景中的许多微妙成分。这样，字面的意思与真正要表达的意思可能有很大差异。

针对各种事物出现的环境而言，我们需要注意信息传播的渠道。例如邀请一个朋友来家赴宴，根据亲疏状况，至少可以有七种方式：在街上打一个手势；邻居间传一个口信；托人带信；打电话；写一封信；发一张正式邀请卡片；到对方家中去郑重邀请等。即使是写，也有手写、打字、电报、刊登报纸广告等不同方式。即使是口头表达，也会有身体语言，表示出你的热情程度。你可以高高兴兴地邀请，也可以是敷衍了事地邀请。你的用语就更说明问题：是外交辞令，还是出于真情。这些细微的区别，有时竟是我们找出问题所在的关键。

史料批判还涉及对事物发生背景的调查。我们要想，撰写史料的那个作者当时是在哪儿？他的记载是否真实？他是否真的有可能看见或参与当时发生的事件？是看到的还是听来的？作者自己所说的话能不能相信？举例来说，负责起草美国《独立宣言》的杰弗逊曾在一封信中宣称，他起草的文件只经过富兰克林等人轻微的文字修改就通过了。其实，《宣言》被改动多达86处，约占全文四分之一的篇幅，删除了反对奴隶制的重要段落。我们必须对文献的背景做周密的调查，才知道杰弗逊的话其实并不可信。

有时，我们还需要凭借历史感了解作者写作文件的能力。一个律师的报告要比一个没有受到专门训练的人来得深刻和清楚。此外，作者在写作时受到过什么社会影响，他倾向于如何报道这件事，我们是要加以分析的。如古代一个士兵给军官提交的报告可能只是那些军官要听的话，而不一定是真实情况的反映。

历史感还帮助我们对文献中是否存在偏见处做出判断。例如：文献本身是否矛盾？与其他的证据是否矛盾？是否只是孤证？历史上许多文献充满民族情绪、宗教偏见、道德意识影响等，我们在检验这些史料时不可不注意这些情况。

最后，我们还要考虑我们自己是否歪曲了文件的原意？我们反思：我们有没有断章取义？我们在观察史料时，不仅要注意它的表面内容，还要注意那些被省略的内容；不仅要注意文字史料的字面内容，还要注意当时可能出现的各种微妙场景。我们还要避免用现代人的观念来思考古人，要力求把他们放到当时历史的环境中去加以考察。

例如：蒂尼（Silas Deane）的故事也许可以帮助我们进行理解。蒂尼是独立战争时美国对外特命全权大使。在第一组背景史料中我们得出：第一，那时美国正处在宣布独立的关键时刻，需要得到外国的政治、经济和军火的支持；第二，美国这时已经决定独立，但英国方面正进行各种政治活动，阻止美国脱离英国；第三，国际形势较复杂。在第二组一般重要的史料中我们得出：第一，蒂尼先生在1776年被国会派往法国，目的是得到法国的军火援助及签订同盟条约；第二，政治活动家李（Arther Lee）控告蒂尼为私利出卖国家利益；第三，蒂尼写过一些告诫美国不要脱离英国的信，这使他在美国名誉扫地；第四，他在外国流浪多年，后来却几乎温饱不保；第五，在他困难时期，有一个朋友一直在经济上资助他；第六，1789年，他决定回国，但在轮船起航前，他突然病逝，有谣言说他是自杀。

在第二组的一般重要的史料中我们也得出若干结论，如：第一，约翰·亚当说他有才干，但也有野心，要注意观察他；第二，资助他的那个朋友当过他的私人秘书，是英国的间谍；第三，他的父亲是铁匠，他的第一个妻子是有钱的寡妇，第二个妻子是总督的女儿，他毕业于耶鲁学院。

在第三组的材料中我们又得出：第一，回国之前他情绪很好，还去看朋友，还给人写信谈到如何在美国疏通航道，发展纽约的商业；第二，在他生命最后一天，他像往常一样早上起来散步；第三，他死后若干年才被安葬。

在这三组材料中，第一组的重要史料，是每个历史学家都会引用的。第二组的一般性重要的史料，有可能被引用，也可能不被引用。第三组的材料看来不是很重要，不一定会被引用。但是，在我们仔细阅读这些材料后，我们发现第一组史料和第三组材料是有矛盾的，如第三组材料中我们知道蒂尼的身体较好，似乎没有自杀的动机。进一步的调查，表明他的那个朋友似乎很有问题，那是一个为英国服务、拿英国经费的间谍，并且他有谋杀蒂尼的可能。因为如果蒂尼回国，很可能会向美国的国会交代问题，这会使他的那个朋友遭到打击。这样，我们对蒂尼的研究，就变得复杂起来。如何叙述这个故事，如何对蒂尼进行评价，也就会有了新的结论。[①]

我们还有一个更为重要的任务，要对史料进行解释。有时我们掌握了充分的历史知识，只是因为不够仔细，才会在历史判断和历史解释上出现失误。

把上述这些假设综合起来看，似乎每一种假设都只能被部分史料证实，却不能被所有史料证实。这个例子说明：建立一种好的理论解释常常是一项非常艰巨的任务。研究历史，我们要善于

---

① James West Davidson and Mark Hamilton Lytle, "The Strange Death of Silas Deane," *After the Fact: The Art of Historical Detection*, New York, Alfred A. Knopf, 1981, Prologue. xiii–xxix.

理解这种复杂性。

对于第二手材料,就是历史著作,我们也需要进行史料批判。历史著作的核心成分是叙述和解释,因而不可与原始史料混为一谈。第一,原始史料是零碎的,历史著作却是整体性的,是对过去某一历史事件或历史过程所作的完整的叙述。第二,原始史料很少有解释成分在内,而历史著作中包括解释。第三,原始史料有与事件发生时间同步性的特点,而历史著作往往写于事件发生之后,并且大多数是由受过专门训练的历史工作者来撰写的。从研究的实践来看,历史著作由于包含历史知识、历史解释和历史审判,可以帮助研究者了解该课题的整体研究状况。同时,历史著作可以帮助人们形成假设,从单线条的简单思维较快地过渡到立体的复杂思维。这可以帮助提高研究的深度。利用原始史料和第二手材料不同的特性,把两者结合起来进行历史研究,可以深化历史研究。

历史著作的内容需要不断更新有许多原因。首先,对每一历史事件或历史过程的解释不会只有一个,当人们的认识深度提高以后,或有了新的史料发现时,或有了新的研究角度和方法时,重新撰写历史往往是不可避免的。有时,我们自己的生活环境发生变化,也会使一些被疏忽的研究课题重新变得重要起来,成为重点的研究课题。在学习过程中,有时我们要阅读很多书。我们要特别注意了解作者们的观点。同名同专题的历史著作很多,但观点雷同的历史专著却不多见。一本历史专著的观点,一般可从目录、前言和结论之中很快找到，如果它不是写得相当晦涩的话。如果先用游览的办法了解全书的观点，再仔细地阅读全书，要比从第一页读至最后一页为好，因为读者可以较早地形成批判性的思路。

我们也要对历史著作的作者进行一番调查。在阅读一本书时，我们要针对性地做到以下几点：第一，注意作者在写作时有无偏见，如果有的话，是否影响到作者观点的可信度。第二，要注意作者的研究视野以及政治、经济、社会、文化、外交等内容在书中所占的比重，以便探讨作者是否全面地看问题。第三，观察作者是如何组织他的文章的，是编年体还是专题类型。第四，对作者所作的注解和参考书目进行了解，观察他采用了什么原始史料，什么第二手材料；查看作者是否作过史料的外部批判和内部批判。第五，要了解作者是谁、他从事什么职业——是一位历史工作者，还是一位政治家、宗教作家、心理学家或自然科学家？第六，要了解著作的出版时间、什么出版社、是首次出版，还是再版，再版的书要特别注意它修订过的地方。最后，我们要把那本著作与同类著作进行比较，以找出它的特点、优点和弱点。

第二节　关于时间

时间的本质也许不是那么清晰，但它的严肃性却从来无人敢于否定。当碰到什么问题难以判断时，我们无疑会说"让时间来判断吧"。确实可以这么说，时间区分出恶名与嘉名，时间像神一样判断世人，它同情天才和美德，蔑视丧失高尚的行为者。当人类的历史上演那一幕又一幕的壮烈戏剧时，时间都是有力的证人。时间具有一种力量，它理论一贯，处置得当，让清晨泛起耀眼的朝霞，让人心涌出感情的波澜。我们可以很有把握地说，时间决定人们的选择，使人类的活动不是简单地重复。时间以一种最健康的节奏连续不断地激起人们最活跃的情绪，以便配合它的进程，来完成人生最美丽的音乐。从这个角度看，时间赋予人类的是一种含义十分明确的方向性：它唤醒了人们热烈的生存欲望和向善愿望，并使人们对一切不仁或无聊现象产生天然的厌恶。时间一言不发，但它所持有的力量是坚定和明确的。它犹如一阵清凉的风徐徐穿过，却能一直进入到你心灵深海的最无遮拦处。因此我们说：相信永恒吧，它存在于人类热烈的创造愿望之中，唯有创造才能使人快乐，因为创造就是生命的本质，从精神意义上讲，人类要通过它来消灭死亡。

时间和人生结合，引出了无限的戏剧和无限的遗憾，这造就了历史学的土壤。那些时光雕刻的印痕太鲜明了，人们不得不把它记下来，以便让它留之永恒。当你静静地在读一本优秀的历史书时，你会惊讶为什么有些东西永远让你感动，而那些优秀的人事经过时间的洗练变得如此优美，永远留存在人们心中。如果你已经阅读过那些按照时间排列的编年史，那么，你就一定感受得到时间的韵律。编年史把人类的活动按照时间的顺序来进行排列，随着时间的推移，人类活动的印记，如事件、思想、文化和生活等，成为一种积累，却并非是一种沉淀，因为只有最深刻、最紧张、最有力度或者是最美好的东西，才能在编年史中占一席之地。因此，历史书的写作并非只是遵循编年的原理，按照时间的先后来把发生的一切都记载下来。相反，它只记载那些深刻影响过历史进程的东西。如果我没有说错的话，那么，编年的历史实际上是有选择的历史。每一本这样的历史著作，即使是最详细的历史著作，由于篇幅有限，也不可能把发生的每一件事情都记载下来。在实际的历史写作中，历史工作者是有选择性地来撰写编年史书的。尽管编年的记载只是粗线条的，但是它还是先要记载下人们所感受到的最深刻的东西。历史学家并非不注意与核心事件无关的大部分事情，只是他天生厌倦那种对于简单现象粗劣临摹的行为。如果你细细地阅读编年史，就会发现，这里面也是有明显的波涛起伏的。一个事件的低潮和高潮，背景和过程，不是在诉说精神的兴奋，就是在审视人类前进的队伍如何从深渊的黑暗之中走进文明的光亮。因为编年的史书要求把历史在时间的空格中定位，但是一本历史著作的篇幅又十分有限，因此，它显示出了一种展现极限的愿望与篇幅长度的矛盾。编年史提醒我们：你需要运用你的智慧和想象，才能填补因为篇幅限制带来的间断空格。

与编年时间理论不同，形态时间是按照历史长河中涌现出来的"形态"来研究历史的。时间形态论最先是由艺术史学家提出来的，他们在研究艺术史的时候，发现每经过一段时间，反映在艺术作品上的风格就会为之一变，呈现出某种独立的新形态，可以命名为基督教艺术、巴洛克风格、浪漫主义风格或后现代艺术。这些艺术风格（形态）的形成，遵循的并不是编年的原理，并不是每经过一定的相等的时间，就会形成一种新的艺术风格。反过来说，每一种新的风格的形成，都有其相当复杂的政治、思想、经济、文化和社会的背景，如果只用时间造成的经验的积累来解释，不免过于简单化。这一思想引起了历史学家的注意和重视，有人提出在历史发展的过程中，常会出现一些完整的形态和结构，历史著作的撰写就应当尊重这些发展出来的形态，而不能以编年的方法来随意割裂形态的完整性。一本历史著作最好能根据一个完整的形态来确定年限，完整地描绘和解释该形态的发生、发展和衰退过程，即揭示形态的总体特征。形态时间理论对现代历史学的贡献是进一步深化了对专题的研究，提倡了进步观念，打破了编年体的局限性。形态时间理论在目前碰到的一个难题是人们进一步发现了各种形态如艺术、文学、政治、经济、思想和社会等的发展在时间上的不一致性，如经济上一个"新形态"的形成，不等于同时也会出现一个相应的艺术上的新风格。这样，每个领域似乎都有自己的时间表。尤其是现代社会多元化的发展，使人开始怀疑像"理性时代""浪漫时代"这样的用词是否真能反映时代的特征，而不是空有其名。形态时间说因此也体现出了它的局限性。人们开始怀疑用形态来划分历史的做法是否过于简单机械，无法反映事物发展内在的而非表面的复杂联系。

然而，我们又发现时间也可能是相对的——有些钟点可以很短，有些分秒却能够很长。因为事物是有所进化的，因此史学家就不可能以一种一成不变的观念来衡量今古。我们看到，在不同年代中事物的运转速度是不同的，即"最少必要时间"这个概念实际上是相对的。做每一件事自然会有它的"最少必要时间"，但是，长远地看，随着科学和文明的进步，人们做一件事的"最少必要时间"在减少，如哥伦布从欧洲到美洲的航行需要三个月，而一个现代人乘飞机去航行也许只需要十几个小时。"最少必要时间"大大减少。当然事情也不尽然，在某些方面，一个现代人愿意花费比过去的人们更多的时间来做某件事（例如一种新药品的临床应用）。在这里，时间呈现出相对的特征，在研究历史的时候，只有根据当时当地的时间表，才有可能做到客观。正因为这样，时间成为历史学家必须加以注意的研究对象。法国年鉴学派历史学家布罗代尔（Fernand Braudel，1902—1985）在研究事物结构变化时，提出了不同时间圈的概念。他把结构变化分为三种不同的速度：一是长期延续的结构，如土地、海洋、气候、地理等在几千年中变化甚微，它们对每个时代的生产构成和社会组织都起着有力的制约作用；二是中长期延续的结构，这种结构的变化时间有的是以一代人的生命长度为变化时限，更多的是超越一代人甚至几代人的生命长度，布罗代尔和后期的年鉴派学者特别注意这种时限的研究，如价格的变化、土地所有制形式、人口变动状况等；最后是短于人的生命时限的变化结构，如社会政治结构、政府法令、政策等方面的变化。后期年鉴派学者分别把这三种结构称为不变结构（相对而言）、可变结构和易变结构。年鉴派学者对结构时限的这种规定性，也属于相对时间论的一种。

现在，我们就不回避时间中所隐藏着的核心内容了——历史学研究变化。世界的变化很快，如传统的大家庭变为核心家庭，妇女的地位不断变化，社会制度也不断变化等。但在变化的同时，我们仍然保持着许多古老的传统。我们每天仍然吃饭、睡觉、体育锻炼、学习、工作、说话、结婚、生育。在制度方面，家庭、村庄、民族和国家都保存着很多早就有的传统。从这个意义上说，人们一直处于延续和变化的过程之中。

延续和变化的本质是国家和民族的文化在其发展过程中所经历的继承、积累、舍弃和更新。这个过程是人们在发展过程中不断择优选择的结果。被继承的文化往往具备优秀性、有用性、有益性和重要性等特点。凡是人类所创造的优秀的文化，如经典的著作（如屈原的诗篇、贝多芬的音乐）以及良好的政治体制等，都因为它们符合上述某一种或几种的要求而被永久地继承下来，有的将永存或成为文化继续发展的基础。那些不具备上述特点的文化，会在文化的进化过程中被淘汰。

第三节　关于理论

理论是在对事实和法则深入研究的基础上建立起来的，是对事物系统化和一般化的解释。"理论"这个词在英语中为"theory",与规则规律(law)含义不同。理论的解释性成分比较大。一个理论的最终形成往往需要五个步骤:对某个研究问题的基本看法;运用概念来构思假设框架;运用运筹来规定理论的尺度范围以及制订调查的范围和方法;材料和数据的收集;以及最后对理论的证明。整个理论的框架就如一座桥梁。概念和解释是覆盖整座桥梁的桥面;规则和各种与之有关的多样性的事实,构成它的钢筋骨架,这些骨架支撑桥面,而桥面也必须覆盖住所有这些突出的框架;最后,理论的桥梁必须落在坚实的土地上,即建立在对材料观察和调查的基础上,这样提出的理论才有说服力。

第一,在具体的历史研究中,我们特别要注意"史论结合"的重要性。无论是采用演绎法还是归纳法,最终都必须从具体的事实出发来建立理论的解释,反对用"无所依傍""超然独立"的力、法来制造理论。

第二,演绎法和归纳法是两种不同的研究手段。目的都是尽可能地认识真理。演绎法的优点是在研究刚开始时,就有比较性也比较明确;缺点是如果运用不当,研究面会比较狭隘,使理论解释的正确性受到影响。归纳法的优点是研究面较宽,且不易受错误思路的干扰;缺点是在研究过程中可能会没有充分意识到概念本身的价值。这两种方法可以互相补充,互相印证,因此,为了建立某种理性的科学认识,可以在同一命题的研究中,交替运用演绎法和归纳法。

第三，历史研究以及通过研究建立起来的理论性的解释，是一项极其艰苦的劳动。因为，即使只是在一个单独的历史实例上发展唯物主义的观点，也是一项需要多年钻研的科学工作。只有靠大量的、批判过的、充分掌握了的历史资料，才能完成这样的任务。例如：演绎法中的假设与"以论代史"中的"理论"有本质的区别。演绎法中的假设不是结论，也不是理论。假设只是传统科学研究中的一个方法，它不是主观意志的产物，而是建立在一定概念和史实基础上的研究设计。

历史研究中的理论应用是屡见不鲜的。例如祝总斌先生《论西汉的宰相制度》[①]一文，就为我们提供了一个应用理论来研究历史的实例。先生的研究步骤是：（1）对旧理论进行证伪；（2）提出对新理论的初步看法；（3）提出假设和规定研究范围（尺度）；（4）收集和研究史料；（5）比较各组分类调查的结果，找出各组的共同特征；（6）提出新的理论解释。工作模型的设计属于演绎归纳混合型，但以演绎法为主。

在对旧理论的证伪方面，作者就两个方面对传统的"削弱相权（X）是由君臣权利（Y）冲突引起的"旧理论解释提出自己的看法。第一，他认为旧理论的覆盖面有问题，为了证明X和Y之间没有密切的相关意义，先生先证明了X不等于Y_1；X不等于Y_2；X也不等于Y_3……例如，旧理论与如下事实不合：A.君臣融洽的事实；B.当时的政策、法令不削弱相权的事实；C.汉武帝的13个

---

① 祝总斌：《论西汉的宰相制度》，《历史研究》，1986年第2期。

宰相中没有人要与君权抗衡事实等。第二，作者认为旧理论对某些事实有误解。如A.周亚夫为太子和匈奴事与武帝的不和属于个人气量问题，不像旧理论所说的那样是相权与君权在制度上的冲突。B.帝相矛盾的要点是相国的清静无为，是效率问题，而不是像旧理论所说的是帝相权力之争。

作者新的理论核心是：宰相制度的变化是为提高效率而进行的官制调整，而不是君相权力斗争的产物。这一假设之所以产生，在于作者对许多历史概念有深刻的理解，也对这一段历史史料有相当的掌握。在概念范围内，作者至少对下述的概念有清楚认识：（1）官制与效率；（2）汉朝君臣权力的范围；（3）旧理论的弱点；（4）封建统治阶级及其矛盾的性质；（5）汉朝君主政府的结构。在这样的基础上，作者做出了新的理论解释。

为了说明问题，作者把调查范围定得较宽，即调查削弱相权的一切重要问题，如：（1）举贤良方正是否为削弱相权；（2）重用布衣是否为压制列侯；（3）领尚书事一职是否为取代相权而设；（4）三公制是否为削弱相权。调查材料确立为笔载史料。经过调查，作者证明：（1）举贤良方正是为补宰相谋略之不足；（2）当时没有君王与列侯对立的事实，布衣是些能士，有的还当上了宰相，不是削弱相权；（3）领尚书事是为皇帝设一代笔，宰相仍有大权，这一调整是为了提高效益；（4）设三公制（宰相、司马、司空）是为了分工，提高效益，不是为削弱相权。分组调查的共同点证明：相制改革是从提高效益出发的，它不是帝相斗争的产物。

历史学家马克·罗斯托夫泽夫（M. I. Rostovtzeff）对罗马帝国灭亡的解释，主要用的是归纳法。他提出的问题是："为什么西方文明不能够在较先进的罗马文明上继续发展，而要经过一番大的周折，最后是在罗马废墟的基础上发展？"他看到罗马帝国中后期的诸多变化：下层人士和外来人在政治、军事领域里的比例加重；经济领域里出现城市和商业衰退；罗马人的体质状况衰退；在意识形态中，希腊哲学让位于底层人民所信奉的基督教。他的理论解释是：罗马帝国上层建筑严重僵化，各社会集团严重分裂，致使罗马帝国不能走自我改革的道路，只能不可避免地走向衰败。从文明角度看，这种僵化，又使文明中的新旧因素、上层与下层、罗马与蛮族之间的合作成为空想，最后导致罗马文明的崩溃，付出了十分昂贵的代价。在理论上，他还提出东西方文明的不同特征。这种把罗马文明衰弱归因于罗马社会的分裂是否正确有待研究，但在历史研究中引入理论解释，试图建立理论模式的做法，是很有意义的。[1]

必须指出：历史学的规律性往往遭到人们的误解。因为从表面现象看，自然科学如物理学要比历史科学更具有规则性。例如：水到了沸点一定会沸腾，或我们抛下一个物体，受重力的作用，它每次都会落到地上；但是，在政治选举中，一个人这一次选举某一个候选人，而在下一次的选举中可能反对同一个候选人。又

---

[1] M. I. Rostovtzeff, "The Empire during the Anarchy" in Donald Kagan, ed., *Decline and Fall of the Roman Empire*, Boston, D.C.Heath and Company, 1966, pp.71–77.

如一个经常进行体育锻炼的人可能身体并不好，一个平时学习不用功的学生却顺利通过考试，进入世界性的名校学习，而且还成为那里的优秀生。所有这些不合逻辑的事情每每发生，是否可以说明历史科学根本无规律可言？要回答这样的问题，要求我们打破形而上学的规律观，充分认识到历史学的规律类型和本身所具有的特点。史学研究中的规律类型不同于自然科学研究中的规律类型。

因此，历史学默认：任何规律研究的基础，是事物本身具有一般的规则性这个原理。历史规律之所以存在，是人类的社会本身具有非常明显的规则性。如只有到了一定的年龄才能有选举权；学生只有平时学习好并通过升学考试才能进入更高一级的学习；经常进行体育锻炼的人一般身体健康，像这样的规则性和一般性例子举不胜举。这种现象是人的社会行为所反映出来的规则性。从历史的角度说，所谓规律的基础就是事物本身存在着规则性。假如事物的本身不具有一般的规则性，任何学科都无法进行规律性的研究。

根据这一原则，第一，历史学强调从群体性、社会性的角度来研究规律。历史学家虽然素以研究个别的具体的历史事件、历史现象著称，但在规律性问题上，他们却谨慎地选择了群体社会这个研究角度。这当然不是历史学家不想研究特殊规律，而是"群体的社会性的人类活动比较具有规律性"这个客观事实在起作用。例如，中国某城市很多家庭的夫妇选择了1990年生育小孩，为什么呢？各家自有各家的理由、动机和原因，而且各不一样。然而，从社会总体考虑，该地1990年小孩的出生率却有规则性，如出生率为2.01%，并且这个数字与后一年、前一年都相当接近。哪里具有一般的规则性，哪里才能进行规律性的研究。如果该地在五年间婴儿出生率分别是1.21%、2.9%、3.58%、0.53%和2.01%，那么该地一定发生了特大事故，否则不会出现如此的不规则性，在这种不规则性上很难建立规律性研究。可见，不是历史学家不愿意就事物的具体特殊去建立可以测量的定理，如像自然科学那样测出"水的沸点是100℃""三角形的内角和是180°"等，而是在历史学的个体研究范围中较少有这样的规则性存在。因为在历史研究的领域里，社会性的群体研究比较有规律性，所以史学研究中对规律的探讨重心也放到了社会群体研究方面。

第二，历史学中所运用的规律类型，主要是或然性的规律，而不是像大部分自然科学那样，奉行"铁的"类型的规律。对于或然性类型的规律来说，不要求一般的规律与证据百分之百地相符。换言之，即使有例外的情形存在，仍不否认或然性类型的规律本身的正确性。或然性的规律是大部分社会科学的规律类型，但也反映在某些自然科学的研究领域。例如，在生物学上，蓝眼睛的人同棕色眼睛的人结婚，其子女的眼珠一般来说是棕色的。然而，少部分蓝眼珠的子女的出世，并不能推翻"大部分子女的眼睛是棕色的"这个一般原理。因为在定理中已经包含了一定量的或然性，即某些子女的眼珠应是蓝色的这种可能。社会科学尤其是历史学上的或然性规律类型与此类似，如所谓历史的规律，仅指对历史发展过程的一种理性的认识，即包含着一定的或然性的一般趋势，而不是可以称之为"铁的规律"式的绝对真理。

第三，历史学上的规律，承认一般规律与各个具体情景之间的差异，它使用的是一种指导性而不是命令式的语言，称变数语言（variable language）。变数语言的特点是用一般性的比较抽象的语言来阐述规律。例如，性别这个词是变数语言，而男性、女性则是反映具体事物特征的特殊语言；又如职业这个词是变数语言，而医生、教师、工人、农民则是特殊语言；再如历史学上常用的"封建主义""生产方式""现代社会"都属于变数语言。如"生产方式"一词，原是马克思主义理论中一个变数语言的概念，马克思在校订《资本论》第一卷法文版时，为了使法国人能清楚了解这一变数语言概念的具体含义，特地对它进行了概念运筹，马克思把德文原文中的"生产方式"（Produktionsweise）一词作了11种不同的处理，分别译为法文的"经济制度""生产的技术过程""技术上的生产方法"等。[①] 这个实例说明在具体应用历史规律时，要进行一个变抽象概念为反映具体事物特征的概念运筹程序。也就是说用抽象语言阐述的社会科学的规律，不能直接等同于一个具体的事物的特殊法则。变数语言中"封建制度"不能等同于"法国的封建制度""英国的封建制度"或"中国的封建制度"。同样，"法国的封建制度的特征"和"中国的封建主义的特征"之间一定要存

---

① 刘丕绅：《〈1844年经济学—哲学手稿〉译余琐谈》，《编译参考》，1982年第12期。

在差异，才能反映出变数概念中"封建主义"一词的一般含义。举例说，如果没有男性和女性之别，"性别"一词就没有意义。如果没有各国封建制度之间的区别，变数语言中的"封建主义"一词也失去意义。使用变数语言来阐述历史规律，客观地把握了历史学领域内的规则分布性质，比较符合历史学的实际情况。

以上分析表明：自然科学的规律类型与社会科学的规律类型有很大区别。值得注意的是，由于现代科学的飞速发展和科学实验手段的进步，在自然科学研究中，那些可以统治几百年的"铁的规律"现象已经成为历史。很多过去认为是"铁的规律"被证明只是或然性和变数性的规律。自然科学的研究中出现了与社会科学研究相类似的现象。人们开始重新考虑科学的真正含义。一种可以包括自然科学和社会科学在内的科学总体定义的出现也许为期不远。当然，也存在另一种可能，人们用变数语言来阐述"科学"一词，那样的话，自然科学和社会科学只是科学的两个变量，它们之间的联系和区别，反映出"科学"的一般含义。

运筹 运筹是研究过程中不可缺少的一个中间环节，旨在建立理论与实践的相互联系。运筹是确定研究的范围和理论的遮盖面，以及确定理论在实际应用时会产生的差异程度。如果说理论带有逻辑的抽象性质的话，那么运筹就是把这种理论或假设具体应用于某个特定的实验，通过这个实验，可以反映出理论假设在现实中的实验结果。

为了确定具体的调查范围，要对调查范围之中有可能存在的差异进行运筹。例如：你想调查的是城市商品货币经济在封建主义的解体中所起的作用。如果你仅仅调查手工业和商品经济发达的大城市（人口10万以上），即使你找到了商品经济和封建制度解体之间的密切联系，调查也可能没有普遍意义，除非你也调查其他的中等城市和小城市。如果10万人口以上的大城市为数很少，你的大城市的人口下限就不应定为10万。根据当时的具体情况，或许把人口5万当作大城市的下限更加切合实际。结果你确立了把人口为5万以上当作大城市，1万以上5万以下的定为中等城市，0.5万以上1万以下的定为小城市的调查范围。这个经过运筹的范围显然更加符合实际。

经过充分运筹的调查和没有经过运筹的调查所取得的结果是很不一样的，前者趋于客观。例如要调查中国封建生产方式的瓦解问题，仅调查商业和手工业发达地区的江浙一带是不够的，还必须调查其他商品经济和手工业不发达的地区。如果在其他商品经济不发达地区也发现了封建生产方式的解体，就要对商品经济在封建生产方式解体中的作用重新估计。研究者不能仅根据商品经济发达地区的状况，轻易得出商品经济的发展是促使封建生产方式瓦解的主要原因的结论。

运筹的根本目的之一是把一般的理论模式具体化，这就需要学会区分差异的方法。例如在理论模式中，"人"只是一个一般的概念，如要求调查经济危机时期人们的生活变化，运筹就需要从"人"这个一般概念中区分出一些能供人研究的具体的工作模型，如"富人""穷人""老人""妇女""失业者"和"知识分子"等。这样，才能有效地调查出经济危机对于不同人们所产生的不同影响。例如：从严格的科学角度出发，说"经济危机使人们的生活状况严重恶化"是没有意义的，除非你指出在经济危机时期，究竟哪些人的生活恶化了，哪些人的生活没有恶化，还有哪些人的生活水准居然提高了。这样的调查才有实际意义。从某个角度说，运筹就是把一般的概念化为具体的工作模型的方法和学问。

具有显著特征，非常明显就能对其进行分辨的事物，就可以用一个或几个名词概念来进行划分，我们把它称为名词概念运筹。例如性别、宗教信仰、党派、出生地、文化程度和肤色等。我们还可以用以上办法在一个人群中区分出男或女，小学文化程度、中学文化程度或大学文化程度等具有不同差异的人群。名词概念运筹的应用只限于那些特征非常明确的场合，如可应用于性别和人种的调查：

　　　　男生　　女生

　　　　白种人　　黑种人

用数量多少来区分差异的运筹方法成为序数计量运筹。序数的意思就是把一个要调查的事物用序数分为第一、第二、第三、第四等级。如我们根据城市人口的多少区分出大城市、中等城市、小城市和城镇。在数轴上表现为：

（单位：万人）

```
        城镇        小城市      中等城市     大城市
       0.1—0.5     0.5—1       1—5        5以上
    ─────────────────────────────────────────────→
        低                                  高
```

序数运筹定出的级数不一定是平均的，如城镇和小城市之间的人口差只有数千人，而小城市与中等城市之间的人口差可能高达数万人。

如果等级的逻辑距离是等距的，就成为间隔计量运筹，例如对人的智商的确定。间隔计量运筹的各个级别间距离都是相等的，如 A—J 几人的智商可用下列形式来表达：

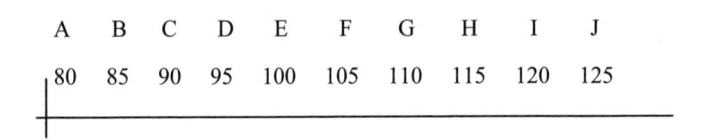

```
     A    B    C    D    E    F    G    H    I    J
     80   85   90   95   100  105  110  115  120  125
    ├────┼────┼────┼────┼────┼────┼────┼────┼────┼
```

间隔计量分类常用来制作统计的图表，直观反映某些事物变化发展的状况。

比率计量运筹与间隔运筹非常相似，不过它的起点为0以上的正数。如对人的年龄、收入等的统计，都是以0为统计起点的。如人的年龄可在数轴上表示为：

```
    ├────┼────┼────┼────┼────┼
    0    20   40   60   80   100
```

以上的运筹方法在具体操作时可灵活选用其中的一种。

有的时候，为了求得更加精确深刻的综合认识，还可以运用多种运筹方法进行多方位的调查。多方位调查首先要求把调查的内容化为多项的调查指标，然后再确定对各指标进行调查的运筹方法。例如王天有先生在调查"晚明东林党议的性质"这样一个命题时，把该调查内容分解为"东林党人进入仕途时的学历""东林党人的家庭出身"和"东林党代表的阶级利益"等多项调查指标。在调查"东林党人进入仕途时的学历"时，他根据《东林登科录》列出的309名东林党人的状况，采用了序数计量运筹的方法调查出东林党人的学历，可分甲科（进士）出身、乙科（举人）出身、生员出身、勋戚出身、荫官出身和其他等六大类。又根据这些人家庭的政治、经济和社会地位，采用间隔计量运筹的方法（如根据官的品位、拥有的土地亩数等）来区分出中小官吏出身、中小地主出身和名门望族出身等三大等级。最后，他又用"是否反对大地主侵占土地""是否在地方上搞均平赋役"以及"东林党的籍贯"（如直隶、陕西、江西、山东等）等名词概念来调查他们的阶级利益，这里所采用的是名词概念运筹。从这个例子来看，由于作者采用了多种运筹的方法，在广度和深度上都达到了调查的设计要求，避免了分析的片面性。[1]

演绎法 理论的应用常常会用到假设和演绎方法。演绎法的特点是从理论假设出发建立工作模型，然后用材料数据来证明这

---

[1] 王天有：《晚明东林党议》，上海古籍出版社1991年版，第20—32页。

种逻辑推理。它有观点（理论构思）、假设、运筹、材料收集和证明等五个组成部分。

首先，命题的提出以及对命题的基本看法是建立理论的必要前提。在提出一个命题时，我们往往有几种不同的想法，甚至会产生对立的思路。例如，我们在研究战争与一般居民人际关系这一命题时，我们可能会形成 X＝Y 和 X≠Y 两种对立的思路。设 X＝Y，即认为战争使一般居民的人际关系变得密切，理由是战争增进了人的互相依赖感，使人相互寻求帮助。但也可能是 X≠Y，即认为战争导致人际关系的疏远，理由是战争引起某种恐惧情绪。由此可见提出命题和看法仅是建立理论的前提，远不是理论建立的本身。

其次，是提出某种假设。假设是一种建立在对某些概念和事实的理解之上的逻辑推理。它排除理论思路中的多样性，选择其中最接近真实的一种可能性，如 X=Y，并使其成为研究的一个出发点。在进行这样的逻辑思维时，概念的理解有着非常重要的意义。概念是对现象和事物所作的理论抽象。例如，社会阶级、纪律、"三好学生"、强制婚姻或超经济强制都属于概念的范围。假设需要对概念体系做出推论和结论，考察各种概念的关系。例如，人有追求舒适的欲望是一种概念，上流社会的子女较容易得到舒适也是一种概念，但下层的青年比贵族子女要有更多的奋斗精神，则是一种假设。假设还是一个具体的工作模型，它不但能组织我们的观点，还指导我们应该从哪里去找答案。

再次，通过运筹建立理论的范围和命题研究的具体方法。每一理论都有与其相应的尺度范围。尺度是指一种变异性，它规定概念的范围，但比概念更加具体。如"三好学生"是一概念，但在具体研究时，我们就要规定这一概念的具体含义。例如，我们规定"三好学生，是指北大的历史系的三好学生，而不是清华大学或北京市的三好学生"。尺度主要解决理论的覆盖面问题。运筹还要解决命题研究的具体方法，如采用哪方面的材料，调查哪个时期哪个地区等具体事项，这些方法、地点、时期和材料的选择必须具有代表意义。

复次，必须收集尽可能多的材料和数据以供调查之用。

最后，通过观察和证明，把理论建立在坚实的土地上。结论不会与假设完全符合，但它可以规划出理论的适用范围，在此范围内可以建立解释体系。

为了使理论尽量与实际符合，有必要对各种相关因素作个别考察。如 X=Y 的证明，须考察 X=?Y，X=?Y_1，X=?Y_2，X=?Y_3……从而进一步解决理论的覆盖面并找出理论的局限性。利用演绎法可以帮助人们认识两个现象之间的联系。例如，我们考察经济危机与非正常婚姻之间的相关性。非正常的婚姻是指单纯凭感情冲动而缔结的，没有经过法律程序的，不负有社会责任的婚姻。

有一位社会学家作过这方面的调查。他在构思命题时遇到了两种相反的理论思考，并都有一定的合理性。他考虑在 X=Y 的情况下，由于危机使父母权威削弱，流动增加，社会福利救济增加，会增进年轻人的感情。他也设想 X ≠ Y 的可能性，认为在危机时，青年的反传统意向会增加，甚至会根本不考虑结婚。通过对各种有关概念进一步理解以及对某些材料作了相应调查后，他选择了 X = Y 的假设。这位社会学家在运筹操作中，确立了研究的调查范围和时间限度。他选择了1929年经济危机时的澳大利亚作为具体的调查范围，并确立以调查强制婚姻的变化数据为主的非正常婚姻的方法论，因为强制婚姻是先孕后婚的一种婚姻形式，它在许多方面符合非正常婚姻的一些特征。他的调查如下：

1922—1934年澳大利亚强制婚姻占总婚姻数统计表

年份	强制婚姻占总婚姻数比
1922年	21.6%
1923年	21.0%
1924年	20.8%
1925年	20.9%
1926年	21.4%
1927年	22.0%
1928年	23.5%
1929年	23.3%
1930年	25.7%
1931年	27.6%
1932年	24.3%

续表

年份	强制婚姻占总婚姻数比
1933年	23.6%
1934年	20.8%

由于1929—1931年强制婚姻增加了6.5%。这样就证实了他的假设,即经济危机增加了感情婚姻。但是他的这个理论只在澳大利亚适用,并不适用于经济危机时的美国。即 $X=Y_1$,但 $X \neq Y_2$,这就规划了他的理论的尺度和应用范围,并促使人们进一步去比较两个国家的异同,找出其中的原因。[①]

1965年夏在美国瓦特市发生了黑人和白人警察冲突事件,导致35人死亡,2亿美元受损的后果。起因显然是几个黑人与白人警察的冲突。但是,大部分的参加者是与这一起因无关的黑人群众。在调查这一事件时,有研究者从黑人在社会上孤独无援、社会地位低下容易产生极端行为这一假设出发展开调查,发现:

1. 黑人区居民除工作外与白人社会隔离;
2. 住在公共区的黑人与白人联系较多,不孤立;
3. 黑人的地位影响及其对采用暴力的态度。

结果验证了44%的社会孤立者愿用暴力解决问题,而不孤立者仅有17%主张使用暴力。41%的社会地位低下者主张暴力斗争,

---

① Earl Babbie, *The Practice of Social Research*, California, Wadsworth Publishing Co., 1986, p.30.

而具有中产地位的黑人中仅有16%主张行使暴力。研究者从中得出了这个冲突是具有阶级冲突性质的理论解释。[①]

与演绎法不同，归纳法是从观察入手，通过对材料的分析，然后再得出一般的理论解释。它有以下一些步骤：（1）提出命题；（2）把观察的材料作分类调查；（3）寻找分类调查结果的共同点；（4）在共同点上寻找理论的一般解释。

例如：美国大学生的吸毒现象是一社会问题。谁最易染上吸毒的习惯，谁又最不可能吸毒呢？有研究者把观察的材料分类：确定某所大学里吸毒者的性别、住所和国籍类型，得出三个可以进行比较的小组：A. 男学生和女学生；B. 住校者和与父母合住者；C. 亚洲和欧洲学生。调查以后，分别得出如下结果：

男学生的吸毒比例＞女学生的吸毒比例

住校者的吸毒比例＞与父母合住者的吸毒比例

欧洲学生的吸毒比例＞亚洲学生的吸毒比例

经过分析排比，得出与父母合住的亚裔女学生最不易吸毒；而欧美裔的住校男学生最容易染上吸毒习惯的调查结果。

当然，仅仅得到这样的调查结果是不够的，研究者还要找出以上三组调查结果的共同特征。结果发现：（1）社会舆论对吸毒的男学生比对女学生要来得宽容；（2）住校者在经济上和社会活动上比与父母住在一起者来得自由，如果他们吸毒，不构成经济和生

---

① Earl Babbie, *The Practice of Social Research*, California, Wadsworth Publishing Co., 1986, pp.40–41.

活上的危机，而与父母合住者如果被父母发现他们在吸毒，受惩罚的几率要比住学校者大得多；（3）在亚裔学生的文化和心理中，吸毒的犯罪感要超过欧美裔的学生。如果一个亚裔学生吸毒，在他所处的生活环境中，受到惩罚的几率要比欧美裔的学生大得多。从以上进一步的分析和调查中，研究者找到了某种共同点，是否容易染上吸毒的习惯与社会对之惩罚的程度有关：由于性别、经济和文化传统的区别，社会对某些学生的吸毒行为惩罚较为严厉，而对某些学生则比较宽容。这造成学生行为的差异。

最后，研究者在此基础上建立了一种理论的解释：染上吸毒的难易程度是与社会控制成正比的，加强社会控制，能有效抵制学生的吸毒行为。[1]

要深入发掘一个现象的背景和深层原因，会牵涉到更多的史料调查，由此看出原因与历史知识互为表里，互相联系。最后，用历史评审的方式说明一个价值判断问题，是一种结论性的分析。评审必须基于可靠的史实叙述和可信的历史解释。否则，就成为空论。例如，我们说某个人过去很节约，很勤俭，但渐渐大手大脚起来。这是一个连续发生的现象，属于历史知识的范围。接下去我们再说这个变化的原因，就属于历史解释的范畴。根据调查，我们发现此人本身是一个不勤俭的人，他过去节约，只是太穷的缘故。如果这两个调查都属实，我们也许会得出一个结论，说他

---

[1] Earl Babbie, *The Practice of Social Research*, California, Wadsworth Publishing Co., 1986, p.44.

的行为是由他的经济状况决定的，是经济的变化导致了他的行为的变化。然而，如果我们的史实调查和历史解释的调查有误，如那个人的行为变化并不缘于经济条件的变化，而是缘于其他因素影响，那么，我们的历史解释也会跟着出错。因为，历史判断最终也须以史实调查为依据。

对于理论的探讨让我们看到了人类文明进程中的规律性。这些规律向我们表明：人类的活动是具有统一性和普遍性的。规律拨开了许多幻象，它尝试用事物的根基来阐明现象。规律的发现反映出史学研究的科学性，把历史的真实科学地展现在世人面前。这种规律的研究，就我们所知，是同寻找真理联系在一起的。这样，科学研究就替代了抒情诗，许多历史事件因为规律性的发现而找到了令人信服的答案。

第四节　关于比较

在历史和文化的研究中比较无所不在。这种比较的存在，使事物的特征和价值得以确认。文化比较和历史比较的目的并非仅判明优劣，它还要克服缺陷，让人类明智。本组文章来自各个专业的学人之手，它们从不同的角度分别探讨比较的本质和方法。比较的过程自然含有比较者的个人审美意图，但责任和科学精神以及无私的学术态度，始终是衡量各种实际呈现出来的事物的客观标准。尽管我们都认为比较只是一种方法，但下列的文章却向我们表明：比较同样也是一种更为深远的思想感情，一种衡量各种价值、制度、事件内在合理性的标尺。正因为这样，对它进行讨论是很有必要的。比较帮助我们确立公正的历史评判标准，借此提高事物原有的美。从这个意义上说，比较也是一种价值学说，一种智慧，一种积极的、客观的价值体系，一种开放精神，帮助我们在世界范围内真正做到资源共享，形成文化互动，共同建设我们人类的新文明。

比较无所不在 历史是以往的人类传递给我们的最后信息，就仿佛他们预感到有那么一天，他们遥远的后代会认真对待以往所发生过的事情，在努力创造新的世界的时候，定会在被人遗忘的图案中寻找自己未来所需的智慧之路。

领悟这种智慧的方式之一就是比较。比较无所不在。比较在生活中，比它在历史理论上，占有更重要的地位。各种建筑造型，以及雕刻、绘画、音乐和诗，都是人们汲取艺术美感的最为显著的纪念碑。各种衣服打扮、家私装饰，乃至于各种言谈交流，都是人们区分事物精粗的原材料，选择的快感和生活的质量全系于此。我们甚至还知道，即使在阅读一本最无聊的平庸之作时，人们的这种比较视野，或者说是审美的意识，也仍然是无处不在的，它敦促心灵产生反应，提醒人们立即放弃对于平庸之物的热衷，因为为此牺牲时间和精力颇不值得。所以，我们的天性中定有一种比较的倾向。任何一个适应现代生活的人，一个前景看好的经济学家，一个热衷于在菜市场中挑挑拣拣的家庭主妇，一个在社会、技术方面的领军人物，如果缺乏如此重要的能力，都是显得极不恰当的。

比较就是选择　对任何事物的高尚的联想都会导致对粗劣之物的舍弃，这是很好理解的。没有比较的意识，做出错误选择，是历史的遗憾。观看自己身边的人们的崇高德行和庄严，我们自己的生活也开始变得神圣和庄严。比较让我们洞察了处境，历史让我们明白了真理。没有比较，我们对于自己的选择就不大有自信，有了比较，生活中形形色色的物象显示出透彻的美。比较让我们生活中的丑恶和不快的方面暴露在光天化日之下，让我们全神贯注走向伟大事物。反复比较崇高和低劣、积极和可笑，我们就有了历史节奏传给我们的神韵，从而使自己行走在智慧的道路上。

因此，历史比较就是一盏试图指引我们走出迷宫的航灯。谁没有穿越迷宫的经历？所有的知识分子都把图书馆和他们的书斋当作迷宫，电影和网络虚拟世界是大众的迷宫，原始人一生都生活在迷宫，童话、民间故事和游戏是儿时的迷宫，我们的身体是迷宫，周易和五行是迷宫，教堂里的苦路曲径是罪人的迷宫，商场、战场、名利场未尝不是迷宫。迷宫让我们获得帮助，学习成长，发现真、善、美，得到重生。面对如此复杂的大千世界，比较和审美经验成为一座灯塔，在此光照下，不成熟的或者支离破碎的幻影都自动退隐，真理突显，帮助人们选择正确之路。

心灵公正的人会有比较的能力。天地万物，一经正义的浸润，生命的绿就吐芽，这样就会产生出佳境。据某种说法，比较之所以具有一种强大的传递光亮的能力，完全在于人有一颗公正和纯正的心。当此清澈进入其境时，万物接受评判，并以此染上了价值的光辉，由此变得光彩夺目。然而，凡人比较之物本身也必须是真实的，正如能够运用心灵来加以想象的事物，本身也必须是美和充满爱意的。比较有时不是从事物的整体来考察事物，譬如把事物看作导向正确的文化价值的原材料，并且是在刻意推敲其价值方面的完善性。事物之于完美，犹如泥土之于花朵，夜空之于星星，肉体之于精神，煤之于火。

一般来说，比较又可解作"事物之提炼"；天地万物，宇宙大化，乃至于历史雕刻之时光，无一不在人类敏感的心灵上打下印记。然而，起于印象却不止于印象，因为比较要赋予印象以智性。凭借一种特殊的聚焦作用，比较为心中印象定格，让流散的瞬间成为永恒。《诗经》《伊利亚特》《奥德赛》，无一不是人类瞬间印象获得历史永恒的证据。比较从来不是扩散性的，恰恰相反，它是"精神之集中"，通过感觉的传递和精神化，它奏响心弦，也让共鸣变成永恒。这种诗的灵感给人强烈的快感，不仅欢乐，而且陶醉，从而激发出诗心之力。在文化面前，野蛮人收敛了原始的冲动，艺术家获得了圣洁的天火，凡俗之辈开始了对于未来的憧憬。但凡比较出现，人就愿意以史为镜，如此一来，审美的能力突现，人能在极度的诱惑面前获得更大的克制力，从而感知想象中有爱，艺术中有美，情操中有真。自然之人既然为之浸润，审美意识也就赋予人类以诗意。

因此，比较就是扑朔迷离、含糊不清的事物的反动。经过了比较，光明和黑暗，美丽与丑陋，衰败与希望，真假立判，明暗立现，悲剧和喜剧的效果即刻得以澄清。尽管承载历史的筐箩因比较而稍有损益，但也让真正美丽的事物从此显示出了本质。

比较和进步是同义词 唯有比较，进步才成为可能。在历史的发展中，比较承受了生命悲剧的最高考验，所以它能够直接把事物带入完美之境。唯有当我们目击它在各种人群中间，成为一种防治疾病的万灵之药时，唯有当我们透过它而亲眼目击各种失误和灾变时，我们才能心存警觉，生出反躬自问的慧眼和克服险阻的勇气。

比较绝非是要把充满生命活力的人们培养成文弱书生，相反，它只是在一切追求新奇和非凡的事物里增加一点好奇心，让人们的心灵产生一种极愉快的活动，使他们领略到极其壮丽的景色。大自然漫不经心的粗豪笔触一扫而过，使事物幻变成一种特殊的美，饱览无限风光的学子们，也因为借助学识而成为认识事理的开拓者。只要我们同意把这种事物的改变当作进步，那么，我们就会心甘情愿地高度评价比较的理念：借助于正确的认识，提升美和力，让世界摆脱文弱的状态，在人们心中激起美，在自然中激起力，在生命里激起惊奇，在危险中激起爱，正如英雄要从善与恶的混合表象之中确立正义一样。

比较不是艰深之事 比较是生活中的常事，因此不是艰深之事。倘若比较有什么意义的话，那就是万物将在它面前被移动，然后再被重新置放。每当我们比较事物时，我们的内心常常被正义的秤砣压得沉重无比。一层焦虑，一层希望，一层爱意，预示我们走向成熟。

奇怪的是，比较的能力是要通过比较的实践来练就的。比较不是艰深之事，但比较让我们不断应试。我记得在比较各种"似是而非"时的痛苦，于是逼迫自己去学习，去经历，去干这件最需要才、识、学三长的工作。比较不是艰深之事，但太阳光不能到达的地方，比较仍能到达。比较是什么？它应当是远比智力、学识重要的责任感。

历史学家也需深谙比较之道　历史学家把这种生活经验中得到的愉快的必然，体现在历史研究之中，因为严格地说，真正的历史学都是从比较开始的。史学研究受到比较意识的强烈鼓舞，使认识新陈代谢相得益彰。始终统辖着史学家灵魂的比较，会让真理在辩证之中发展。

当史家在使用比较一词时，比较实际上就成为人类去蔽的原动力。比较的净化作用是无边无际的，一旦有比较的介入，混沌的东西就开始变得清晰，就像雨后飘着清香的绿色树林。比较，原本是属于生命的树林的。当人从树林中走到新世界里来的时候，他必须带着比较而来。比较，这一原始本真的艺术品，能让世界净化，因为在本质上比较就是精神之雨，是专门为我们生活带来真理保护的特殊艺术。

比较是连接历史和今天的一座桥梁,因为好的历史学家无意让人远离现实,相反,他的初衷是要为现实之人建立合理的生存根基。程应镠先生这么论述章学诚:"对古今关系,他有正确的认识:'不知当代,而言好古,不通掌故,而言经术。虽极精能,其无当于实用也,审矣。'他认为不可'舍今而求古',不可'舍器而求道','舍人伦日用而求学问精微'。'夫三王不袭礼,五帝不沿乐。不知礼时为大,而动言好古,非真知古制也。'"程先生叹道:"实际上,这就是对当时学风的批评。"①

如果人类离开了历史,也就远离了自己的根基,成为纯粹为了自己的劳绩辛苦万分的追逐之徒。比较,作为连接古今的本真的桥梁,不仅能够让人回归到古代的优秀之中,也让一切回归于真知的澄明之中,从而为人提供一种保护,让人知道他目前要做什么。

比较可以是求真的,李焘说《资治通鉴》是这样编成的:"先使其寮采摭异闻,以年月日为丛目,丛目既成,乃修长编。唐三百年,范祖禹掌之。光谓祖禹,长编宁失于繁,毋失于略。今《唐纪》取祖禹之六百卷删为八十卷(实际为八十一卷)是也。"②

比较可以是求善的,因为观前朝事,可以知兴亡。程应镠先生说:"修史的目的是总结前代兴亡,唐太宗亲自作司马懿(宣帝)的传论,司马炎的传论,一则说'虽自隐过于当年,而终见嗤于

---

① 程应镠:《史学通论》,见《流金集》,上海古籍出版社1995年版,第205页。
② 程应镠:《史学通论》,见《流金集》,上海古籍出版社1995年版,第193页。

后代'，再则说'良由失慎于前，所以贻患于后'，把朝政之衰颓，直接同帝王的品德、见识联系起来。这也是以史为鉴的一种方式。这同李世民纳谏，以人为鉴的目的是一样的。"[①]

比较可以是求美的，这能帮助我们理解文明的特征和文明间的互补。中国史家在探究外国史时，心中的比较无所不在。这似乎不必特别说明，因为中国文化的常识和底蕴其实都在帮助他研究外国史。

比较研究是一种横向的研究。有两种比较史学。一是比较各个不同地域的共同性，探讨历史在各地发展的共性和规律性；二是比较各地之间的差异性，探讨历史在各地发展的不平衡性和多样性。

汤因比的《历史研究》研究了6000年的人类历史，把世界历史分为二十几个文明，如东正教文明、伊朗文明、阿拉伯文明、印度文明等，用的就是一种比较的视野。他把文明看作一种类似于有机体的自然生命，有自己的生命周期：起源、生长、衰老、死亡等。更为重要的是，汤因比的文明比较法把静态比较变成了动态比较，从而揭示了人类整体发展的历史进程。在比较的视野下，各个单独的文明具有自己的优缺点，然而从世界历史整体发展的进程看，这种各自的独立发展又构成了世界历史发展的进程，其中任何一种文明，包括它的兴衰，都不是孤立的，而是整个世界历史发展的一个组成部分。

---

① 程应镠：《史学通论》，见《流金集》，上海古籍出版社1995年版，第185页。

用比较方法验证"革命""封建社会""现代化"这些大的概念在20世纪非常普遍。例如：美国的历史学者布瑞顿（Crane Brinton）就曾比较法、俄、英的革命过程，以弄清"革命"这一概念的含义。法国史家马克·布洛赫则利用比较法探测封建主义。这种比较的关键是要有一个抽象出来的模型，类似于韦伯所说的"理想的原型"。韦伯曾建议设计一种用于分析问题的理想原型，它不是真实存在的，而是研究者用思维设想出来的一种定义。有了这样一个定义，如"封建主义"，就可以把它置于历史的时空之中进行证实或证伪。历史学家在研究历史时，应该有一个研究模型。这一模型不是凭空而来的，它是研究者根据已有的概念、知识以及对部分史料的掌握基础上设计出来的。通过提问的方法，可以对理想模型证实或证伪。然后，可以对原先的定义进行修正、肯定或推翻。

马克·布洛赫是法国年鉴派的创始人。他把比较研究分为宏观和微观两种不同的方法。宏观比较法是比较那些遥远的互相之间联系不多的社会形态，微观比较法是比较那些联系紧密、互相邻近、互相影响的文明社会。他还提出，寻找不同点与探索共同点是同样重要的。他的代表作是一部比较史学的名著《封建社会》。在现代的比较研究中，比较的结果还可以用图表的形式直观地表达出来。当然，这需要精确的数理统计。还需注明资料来源和抽样方法。

历史比较所确立的真理性使历史学成为少数几种能够涵盖时

空的艺术之一。通过比较，世界历史中的遥远之物在瞬间变得与我们非常之近。人人都知道，历史中发生的事件会随着时间的流淌而褪色，但它的真理，却会永远伴随我们，并成为我们社会的根基。

第五节　关于数字

计量历史学是一种研究历史的新方法。计量历史学在经济史、社会史的领域中都得到了普遍的应用。计量历史学的兴起有很多原因：首先，20世纪的历史学比过去更加注重对整体的调查，史学研究不再是仅仅研究个别历史事件或历史人物。这种从个体研究向群体研究的转变，必然涉及大量数据的统计问题。计量历史学在调查人口、家庭结构、选举状况、社会收入、物价、工资、产量、财政收支等方面更是具有特别重要的意义。此外，计算机开始普及并广泛应用于历史研究，为计量史学的兴起提供了有效的技术手段。

计量历史学的最大作用是：一、有助于定性和定量之间的结合；二、有助于明确地提出问题；三、有助于论证的严格性；四、有助于结论的可靠性和科学性。[1] 历史学家摆脱了主观猜测的成分，使历史研究中的一些模糊问题得到澄清。例如：过去人们猜测15—19世纪从非洲运到美洲的黑奴人数大致在1500万至2000万

---

[1]　霍俊江:《计量史学基础》，中国社会科学出版社1991年版，第18页。

之间，而美国历史学家柯丁（Philip Curtin）运用计量方法，得出奴隶贸易总数约在800万至1050万之间，这就纠正了长期以来因道德观念而被不断夸大了的奴隶贸易数量。又如"1642年英国国王查理一世的财政收入有多少？""近代英国妇女的结婚年龄是否有推迟的倾向？"这样的问题，运用计量调查，也能够得以澄清。的确，在下历史结论的时候，历史证据的定量化无疑是非常重要的：我们不再用"仿佛""似乎"这样的字眼，从而摈弃了主观臆断，使调查的结果变得非常客观和明白无误。

计量历史学开辟了新的史料来源。通过数据分析，一些人们原本熟悉的史料具有了新的意义。以往的史学研究，有时也运用到数字，但仅停留在简单罗列和个体说明的阶段，并没有充分体现数量化证据的作用。计量史学兴起后，零碎的数字得到了系统的处理，从而显示出全新的意义。波兰历史学家托波尔斯基指出："计量史学的发展大致可以分为三个阶段。第一个阶段主要特征是利用新史料，对数字进行初步的统计处理，如统计物价、人口等。第二个阶段的特点是出现定量分析。定量分析被应用于政治经济领域，人们并且尝试在个别事件的原因解释方面采用定量分析。第三个阶段的特点是'计量史的综合应用'，这时人们对在历史学中采用计量分析、定量分析的做法已有了深刻认识，统计方法也不断复杂化。像别的社会科学一样，计量史学不仅仅局限于平均数、百分比、相对数等简单的计算，还采用了回归分析、系统分析等统计方法。"①

计量历史学的应用范围很广泛：只要有数据存在的地方，就能够在一定程度上应用计量史学。例如：计量史学可以应用于人口史的研究，因为这个领域拥有大量可供分析的数据。计量史学在揭示人口的数量变化外，还开展了对年龄、性别、家庭数和结婚年龄的调查。人口史领域中最有挑战意义的研究是解释人口变化的原因。这是一种范围很广的综合性研究，涉及对许多相关因素的调查。例如，要调查出生率、结婚率和死亡率；要考虑自然灾害、疾病和战争的影响；要计算非婚姻出生的子女的人数；要考虑人口和经济、政治和社会道德规范的关系；等等。计量史学得出的一些结论是非常有用的，因为它揭示人口数量与政治、经济、道德、社会状况之间不同的相关系数。计量历史学还被用来研究社会结构。人们期望从人口档案中找出社会中各个阶层的状况。这样的研究通常是调查几百个家庭在几百年中的变迁状况：如调查一个教区的档案；研究几代人的职业、经济和政治地位的变化；研究婚姻状况、宗教信仰的变迁及家庭的迁移。通过这样的调查，研究者有可能去回答像"哪些阶层在上升、哪些阶层在衰退"这样的大问题。自然，这样的研究需要花费巨大精力，然而，这样的调查却是十分有意义的。

政治史的研究中也开始应用计量方法。主要是研究选举人的

---

① ［波］耶日·托波尔斯基著，张家哲、王寅、尤天然译：《历史学方法论》，华夏出版社1990年版，第475—480页。

背景，如他们的宗教信仰、经济状况、出身和政治主张的关系等。这种调查强调了社会经济因素与政治因素的联系，发掘了政治演变背后的社会经济原因。计量方法在经济史的研究中得到普遍的应用。它揭示经济制度中各个因素的互相作用，如价格、收入、投资、分配、贸易和金融之间的关系。数据的应用和经济理论的应用，被认为是新的经济史学的主要特征。

计量历史学是一种技术上的改进，还是一门独立的边缘学科，一直颇有争议。的确，历史证据经过数量分析校正之后，可以走向更为精确的判断，这正是研究者知觉所要采取的方向。但是，给定物转变为可理解物，这还不是历史研究的最后定论。因此，我们认为计量史学是一种历史研究的方法而非一门独立的学科，尽管它甚至能够通过比较分析，进入到对事件原因的分析。但是，像"为什么英国的人口在18世纪急剧增加"这样的问题，是不能够完全依靠数据来回答的。数据分析只有与研究者的历史分析结合起来并且在研究者的知觉中体现一种"研究假设的证明"时，才能够发挥其最大的功效。

例如：在《义和团运动的起源》一书中，周锡瑞教授试图用计量的方法分析山东鲁西举人数量的下降。这个实例之所以重要，是因为它不仅被用于揭示鲁西举人数量下降的程度，而且还被用来分析鲁西举人数下降的原因。根据历史记载，研究者发现鲁西举人数的下降非常惊人。16世纪前半叶，鲁西两个地区的举人占全省的一半多。到19世纪末，却仅占1/5。研究者进而探讨举人数量下降的原因，发现这与王朝的衰弱及变化相关，首先是17世纪早期，其次是19世纪。这两个时期都有天灾人祸，而鲁西受害尤深。研究者在鲁西南看到了另一种相反的情况。那里躲过了满族入侵者和起义者的侵袭，因而在1600年到1650年明清之际和晚清鲁西举人急剧下降时期，举人数却相应增加了。

但是，仅仅做出上述的大致估计是不能令人满意的，因为只有通过对影响鲁西举人数量下降的各种因素进行计量分析，才有可能找到比较可靠的答案。这里，除考虑王朝衰弱等政治因素外，研究者还考虑了大运河的衰落、行政区级、人口、盗匪数目、商业税、人均耕地、租地所占百分比、灾害等多种因素，并且企图通过分析这些因素与鲁西举人数量下降的相关性来寻找答案。

在大运河的衰落因素中，周锡瑞首先从《山东通志》提供的资料中，提炼出下述的数据：

大运河沿岸各县的举人数（1401—1900年）

县＼年份	1401—1500	1501—1600	1601—1700	1701—1800	1801—1900
济宁	115	84	94	115	153
聊城（东昌）	25	34	41	85	56
临清	74	102	63	25	13
武城	33	21	18	13	10
德州	82	82	62	74	47

表格列出运河沿岸主要城镇几百年来举人的数目。从上述数据中，周锡瑞确实看到了大运河的衰落是鲁西士绅力量削弱的一个因素，这在东昌府北的城市尤其显著。但是，这里也有相反的证据，例如济宁的举人数从16世纪开始就显著增加。周锡瑞认为，济宁实际上属于黄河下游地区，它与该地区的繁荣保持一致。东昌府则直到19世纪黄河改道、切断了它与南方的联系时才衰落下去。临清的举人数下降剧烈，武城比较稳定，而德州的下降最为明显（不过仅在19世纪）。

　　上述各县同为运河沿岸地区，但各地举人数量的变化却不一致，说明了大运河对各地影响的不平衡性。据周锡瑞分析：济宁、东昌和临清几个大城市的发展深受运河的影响，如运河淤塞时它们也相应地衰落。原因是：这些城市均为沿岸码头，贡船在此装卸货物，因此它们在商业上的重要性与码头的繁荣密切相关。至于其他地区，分析的结果令人吃惊，如运河周围地区的商业发展很是有限，尤其在鲁西北，商业最不发达，那里非农业生产几乎没有，除运河外，交通皆由陆路，且运费高昂。另据周锡瑞考证，明清维修大运河的目的是为了供给京城，开挖大运河不是为了推动贸易发展，更不用说会有助于运河所经地区的发展了。就山东大部分地区而言，大运河仅仅加重了提供无偿劳力的劳动者的负担，同时又给当地自然环境带来严重破坏。因此，周锡瑞得出"除几个大城市外，大运河的影响恐怕一直是消极的"结论。

除了大运河的影响外,周锡瑞还发现了影响鲁西举人人数下降的其他变量。现在的问题是通过统计,分别指出这些变量的影响。他指出:"如果我们考虑到所有变量,把它们放入一个多元回归方程中,用一个城镇的各种政治和社会经济变量来推测19世纪后半叶该城镇的举人数,那么一个更有趣的现象就会出现。"[1]统计的结果如下:

举人1851—1900年主要变量的多元回归表

(单位:县,不定数 n=107)

变量	度量系数	标准系数	统计频数分布	多元相关系数平方	简单相关	第三列部分相关
行政区级	4.140	0.558	9.03*	0.485*	0.696	
人口	0.00002	0.211	2.70	0.596*	0.535	
盗匪数目	-1.230	-0.138	2.24*	0.624*	-0.136	-0.266
商业税	0.024	0.213	3.23*	0.645*	0.338	0.207
人均耕地	-3.183	-0.164	2.41	0.663*	-0.343	-0.172
租地所占百分比	0.117	0.067	1.07	0.667	0.223	0.089
灾害	-0.005	-0.060	0.97	0.670	-0.111	-0.127
恒量	-8.944					
相关系数	0.670					
自由度	99					

---

[1] [美]周锡瑞著,张俊仪、王栋译:《义和团运动的起源》,江苏人民出版社1994年版,第39页。

1. 参阅该书第7页注释1对主要变量的描述及有关资料来源。

2. 此为逐步多元回归的结果。星号"＊"表示统计频数分布或增量以0.01为基准在多元相关系数平方里有效。

3. "第三列部分相关"表示将行政区级和人口稳定不变之后其余各个变量的相关数。

周锡瑞进而分析表中各项变量的影响。他指出：

表中第5列最重要。相关系数平方"R-squared"这一系列告诉我们变量（举人数）的变化有多大比例是决定于自变量——包括行政区级别、人口、盗匪数目、人均可耕土地面积等的变化的，在逐步多元回归中，最能解释举人数的自变量首先进入方程。接下来根据第一自变量计算出第二自变量，即在第一自变量条件相同时，又有哪一个最影响变量？以此类推，罗列出相关系数平方的序列，即上表。在关于举人人数变化这一统计中，我们清楚地看到，一个州或县的举人数与行政区划级别关系最大。影响举人数字多少的因素一半在于行政区划级别。省会和府治产生了大量与人口数不相称的举人，这非常自然，因为名门望族一般都居住在这些行政中心。接下来，如果我们稳住行政区域，把人口量引入方程，这时影响其人数变化的因素60%在于人口，理由明显，因为人口较多的县一般都产生较多的中举者。①

根据同样的方法，周锡瑞按照最能影响举人数的变量逐级分

---

① ［美］周锡瑞著，张俊仪、王栋译：《义和团运动的起源》，江苏人民出版社1994年版，第39—40页。

析，分别得出盗贼猖獗的地方士绅就稀少（因为士绅最可能集中在社会和生态都稳定的地区），商业发展为士绅力量的一个决定因素（根据商业税的分析），它显然比人均耕地面积、地主所有制程度和自然灾害次数重要等结论。周锡瑞最后指出："我相信，如果我们有更多可供分析的资料，结果将更令人满意……这个回归分析法确有一个作用：它说明在考虑诸如'胶东和济南昌邑一带的商业发展''鲁西南盗贼活动'这些问题时，我们的确分别找出了导致山东士绅分布尤其是鲁西士绅力量薄弱的那些重要因素。士绅阶层的软弱是鲁西生活的一个关键方面，这在士绅稀少、维持本地正统和稳定的地主也极少的鲁西北尤其如此。由于缺乏这种士绅阶层，所以鲁西地区异端活动盛行。"[1]

第六节 关于政治史

在历史研究中，政治史的比重很大。政府本身和历史写作有密切联系，它希望总结政治得失以巩固政权；政治家们也对历史深感兴趣，因为就一个民族而言，政治制度和政治思想有很多值得继承的因素，他们可以从中吸取历史经验和教训；人们对于政治问题如王朝的更替、政治组织和政体，也比较关心，因为这些涉及他们生活的各个方面。政治史因此有很多读者。在18世纪，

---

[1] ［美］周锡瑞著，张俊仪、王栋译：《义和团运动的起源》，江苏人民出版社1994年版，第42页。

启蒙主义哲学家企图把文化研究看得与政治一样重要，前者甚至是后者更深层次的原因。但到了19世纪又恢复了政治史研究的传统，人们致力于研究政治组织、政治事件和战争。德国兰克学派的历史研究和以黑格尔为代表的政治思想，认为政府是道德和精神的体现，与经济没有关系，只有政府才是历史变化的主要动力。民族研究在历史写作中也有相当地位，如强调国家政权和民族主义的斗争。兰克（Leopold Ranke,1795-1886）认为现代精神是由政治操纵的。历史就是政治史。他注重用原始史料只不过是为研究政治史服务。兰克学派的历史学家因此大部分都是政治历史学家。

政治史的研究范围很广泛。传统的政治史主要研究的是政治权力的变化，如兰克致力于研究从文艺复兴到法国革命期间欧洲的主要政权是怎样形成的。兰克企图通过对政权斗争的叙述来说明政治权力的特征。外交史也从那个时期开始发扬光大，历史学家被期望回答战争的原因。第一次世界大战时期，很多历史文章旨在进行政治宣传。外交史还研究国际关系。兰克学派的学者们企图用内部原因说明欧洲政治的进化。这产生了宪法和政治制度史。在英国，特别注重研究国会的进化。政治史还要研究政治思想，即研究政治、神学、科学、价值观念等，这同文化思想史的研究有交叉。

政治史研究的深入，使人感到有必要从政治学原理出发，来讨论政治对社会的作用。根据这个观念，我们可以划分出传统的政治史和现代的政治史学。传统的政治史主要是研究政治性的历史题材，如政府、政权、战争和外交，它不涉及对政治学原理的理解和运用，而现代的政治史主要是从政治学原理出发，来考察政治系统对一个社会所起的作用。为此，我们有必要了解一些政治学的基本概念。

1. 政治系统在社会中的作用：政治系统是指在一个社会里所出现的政治制度和政治组织。一个社会中还存在着其他各种系统，如经济系统、教育系统等，但政治系统却起着一种管理社会的特殊作用。政治系统虽然只是社会整个复杂体系的一个组成部分，但由于它具有领导和控制社会的特殊作用，它在一个社会里有着举足轻重的地位。政治系统本身具有复杂的组织和结构，但就其对于一个社会的功效而论，主要是通过政策的制定和贯彻来影响和推动社会的。例如，通过政治系统，人们决定是否进行战争或宣布和平，是否发展国际贸易或闭关自守，是否发展文化、思想间的互相交流或抵制这些交流，是否对人民进行平等的征税或不平等的征税，是否发展社会福利和教育事业，是否实行计划生育、人口控制或不实行这些控制，以及是否实行环境保护政策、解决人类生存物资的合理利用问题等。

为了实现这些目标，政治系统需要建立它自己的制度和组织，即政治结构，如政府、议会、行政官僚系统、法院、政党等。政治结构在各个时代具有明显的差异。例如在一个传统农业社会里，大部分的土地由少量地主拥有，而大部分的人民在这些大地产中服劳役。社会的意识形态宣扬剥削有理，强调人们服从命运的摆布。在这样的社会环境里，一般不能产生真正的民主政治、选举制度、党派制度，也不会有工会、商会等政治经济组织。这种政治环境中很容易产生世袭帝王集权政治，如由一个帝王的家族和主要的地主的代表人物组成政权，他们的政府不重视发展工业，因此没有很复杂的工业管理组织。政府的主要功能是军事、司法和收税，这样的政府主要用来维持社会秩序，仅能为社会安全提供很有限的服务。随着工业和商业的发展，在社会中会出现更多的利益集团如商人、新兴贵族、知识分子、医生、律师等，政治的组织也日渐复杂化。政府要制定许多政策来维持一个社会的发展和稳定。帝王式的简单统治明显过时，因为它不能为日渐复杂的社会提供良好的服务，也不能代表社会上各种多元化了的政治集团的利益。于是就出现改革和革命。新型的共和政治、议会制度、立法组织、政党和行政部门就会应运而生，这种变革有无意义主要不是从政府形式变化的角度来衡量的，而是要看政权是否更好地适应了社会的需要，为社会的发展提供了有效的服务。从政治系统和社会的关系来考察政治的优劣，比较能够说明问题的实质。

2. 政策制定与社会的关系：一个政治系统在社会中的运行，不完全是政治组织单方面的事，它涉及政治系统与社会之间的互相合作和影响。政治系统的核心部门是政府，包括行政部门、国会或代表大会、司法部门和其他的领导部门。政府又生存在社会的政治、经济、文化等环境之中，因此无时无刻不受到这些环境和其他各种政治兴趣集团、社会阶层、党派的影响和作用。政府制定政策至少受到四个方面的影响：一是政府部门本身的作用和意图；二是社会环境和各个利益集团对政治的要求和影响；三是政策贯彻以后的反馈信息，告诉政府其政策的得失；四是来自国际上的影响，尤其是政府对外政策，更受到国际影响的制约。这些因素中的每一个成分都有可能影响政策的制定和改变。由此可见，一个政府政策的制定，取决于各种因素。因此，在研究政治史的时候，要避免仅仅通过研究政府来取代对整个政治体系运行的研究。

3. 世界史中政治环境的考虑：我们研究政治史和世界史，需要运用比较政治学上的一些知识，以考察各个国家在不同历史时期所具有的特殊的政治环境。

首先，要考虑新兴国家和历史悠久国家的区别。从世界史的角度看，地球通过行政划分而成为一百多个国家。这些国家有的是历史很悠久的国家，如中国、希腊、印度、埃及、英国、法国等，也有很多是新兴的国家，如美国，还有许多在18—19世纪获得独立的国家。所有这些古老的和新兴的国家都具有相通之处，也有不同之处。如广义来说，这些国家都拥有政府、军队、外交使节等，但在政治制度、文化上又有自己的特征。

其次，所有的国家按照面积和人口多寡，可分为大国和小国，如中国有十几亿人口，将近一千万平方公里的地域，而新加坡的面积仅为582.75平方公里。不同国家显然具有不同的政治环境和对政治的要求。如中国这样的大国必须考虑到十几亿人口的吃饭问题，发展农业具有十分迫切的意义，需要投入大量的人力物力用于发展农业生产，无法依赖进口粮食来满足需要。

再次，国家根据其经济和科学发展状况可以分为发展中国家、发达国家和超级大国等三个层次。中国属于发展中的国家。国民生产总值方面，据世界银行1983年的统计，一些发达国家在1981年时已达到人均10000美元以上，如西德、美国、法国、日本都达到了这个标准，而一些发展中国家如埃及、坦桑尼亚、印度的人均国民生产总值还没有超过千元大关。发达国家还意味着较高的工业化程度、城市较为发展、通信和信息系统较为发达、人民受教育的范围较广程度较高、在国际政治舞台上较为活跃等特征，值得历史研究者注意。发达国家和发展中国家都有各自不同的问题，因此需要区别对待。

最后，要重视各个国家不同的文化背景、风俗习惯、法律系统、道德规范、价值观念等内容，以及各个国家各自具有什么优势、什么弱点等特征，这也是研究世界政治史时需要注意的问题。

4. 政治文化：政治文化指人们的政治态度、政治价值观念、政治感觉、信息和政治技巧。人们的态度往往影响他们的行动，一个国家的政治文化也影响这个国家的政治状况。从积极的角度看，可以考虑每个国家有多少人参与了政治，有没有制度保证人们参与政策的制定。从被动的角度看，可以考察人们对于政府政策所持的态度到底是拥护的还是抵制的。如果人们愿意服从法令、自觉维护遵守这些法令，说明人们对政府的信任度较高，反之，则政府的威望较低。通过对政治文化的调查，可以看出许多政治事件发生的政治原因和动机。

第七节　关于社会史

1981年，美国历史协会主席伯纳德·贝林在美国历史协会第96届年会上发表了他的离职讲演，他把当代史学归纳为三种总的发展趋势："第一，把潜在的事件同明显的事件融合起来；第二，对作为外围和核心而组成的大规模领域和系统进行描述；第三，对人的内在思想状态及其同客观条件和外界事件的关系进行叙述。"他在作这样的三个归纳时，心情是复杂的，因为他一方面看到历史领域由于这些新的发展而变得广泛而有趣，另一方面历史的研究却又因此变得漫无边际，不易驾驭，因此有茫茫然的感叹。居高临下地去看那些历史学家的新工作，他不能不深深感到社会历史学是怎样与传统历史学不同，因为在他领导的历史协会中，有很多人是在研究普通人的日常生活、种族冲突、社会分层、性行为、丧葬习俗、男巫女巫、妖术法术、精神状态、各种思想意识，以及对出生、生活、劳动、年龄、死亡和阴曹生活的态度等。贝林的感叹是："只有大智若愚的浮士德式的人，才能指望与这些急剧增加的文献齐头并进。"①

贝林的感叹和不安,很大程度上是针对当代社会史的研究状况的。确切地说,是缘于社会史研究中在那时刚刚抬头的一种"偏离航道"的无中心倾向。现在,又一个十年过去了,我们已能初步看出现代西方社会史学新的发展趋势——大综合倾向。这种倾向,起于20世纪70年代;80年代初成气候,但已被贝林这样的敏感的学者所注意而且为之激动不安;90年代时,它已成为普遍现象。这种新的社会史仍然难以归类,但它相当宏大,已进入了对人类社会的全方位探讨的研究规模。

从史学史研究的角度来看,当代西方社会史学的发展大致可以分为理想时期(1940—1960)、争论时期(1961—1975)和综合时期(1976—1992)三个阶段。在每个发展阶段中,都遇到过很多问题。这些问题有的解决得较好,有的没能很好地解决。这里拟就西方社会历史学的发展趋势和存在的问题,谈一些看法。

理想时期:社会历史学的兴起阶段 社会历史学的兴起,缘于一种拓宽史学研究面的理想。一是对普通人生活历史的日渐重视。人们认识到,不是每天都发生大的事件,而平常百姓的生活,也是历史研究的重要方面。另一个理由其实也与此有关,那就是人们开始对事件和结构的关系有了新的理解。事件能够引起结构的变化,但历史并不就是事件史。结构的变动是一件很复杂的事,

---

① 中国美国史研究会编,王建华等译:《现代史学的挑战——美国历史协会主席演说集(1961—1988)》,上海人民出版社1990年版,第386页。

涉及对社会背景、传统习俗的调查，这样，社会史的研究就日渐重要，成为史学研究一个不可缺少的组成部分。

在社会历史学刚兴起的时候，历史学者是主要的研究者。研究政治史的学者们现在要开始研究整个社会，他们就把政治史当作一种基础，在这基础上进行延伸和扩张。1944年，英国历史学家特里维廉说社会史就是"研究除政治史以外的其他历史"。这句话现在虽然常常被人引用，但其理想和英雄色彩，远甚于一个严格的科学定义。他的著作《英国社会史》，也谈不上是部力作。真正具有开拓意义的倒是年鉴派创始人马克·布洛赫所著的《封建社会》，那是一部影响很大的作品。封建主义原指一种政治或法律的形态，如私人掌握政府职能、掌握军队和分散割据等，布洛赫把这个研究范围扩大了，他要寻找这种状况的经济、社会原因。他发现政治形态的变化不仅与城市兴衰、商业贸易成败连在一起，也同社会阶层的变动有关。这样，封建主义就不仅是一种政治形态，还是一种社会类型。布洛赫还运用了定义调查模型，他根据"封建主义"这个定义模型来进行证实证伪，这与社会学家马克斯·韦伯的理想原型很有相通之处。布洛赫的著作后人视之为"总体的历史学"的一个实例，基本精神是历史学博大精深，政治、经济、社会和文化因素在其中互相作用，呈现出一种既互相影响又相对独立的松散的结构，吸引人们对其进行理解和开拓。历史学的研究范围因而有所扩大，尤值得一提的是对普通人研究的重视。普通人就是穷人，就是没有特权的人们。研究一般的小人物，史料比较难找，所以没有见到什么有分量的描写个别普通人的传记史学。我们所见到的是对普通人群体的研究。研究穷人的运动（社会运动）、农民起义也不普遍，如1933—1968年，英语世界中没有出现一本研究德国农民战争的著作。社会历史学主要研究的是和平时期普通人的生活，不仅仅是研究普通人的革命。研究普通的平民百姓自然是历史学研究的一个进步，然而困难却不小，况且广大的读者也并不喜欢读这样的著作，他们已经习惯于阅读那些描写伟大人物或伟大历史事件的著作，并且常常为那些史实不确切、但却充满英雄主义的历史描述而激动。

那些学识渊博但知识分子气质极重的学者们很快就把社会生活史的研究弄复杂了。一些学者发现语言的研究是生活史研究的一个重要方面。语言的研究又带动了对语言区域、民族区域社会状况的研究，这样就出现了一种史学同地理文化学、人类学相结合的趋势。区域史、民族社会史的研究范围很广，当然不仅局限于研究普通人，还研究富人、研究风俗和社会习惯。对医院、学校、贫穷、疾病、童工使用等的调查也在进行，不过没有出现什么令人耳目一新的杰作。生活史是一种范围很广泛的研究，它概念模糊，界限并不明确。

有争议的是经济史的研究。经济同社会之间的关系十分密切，但在学术界，却习惯于把社会研究和经济研究看成是两个独立的研究领域，经济史并不包括在社会史的范围之内。这从年鉴派杂志的名称——《年鉴：社会、经济和文明》中可以看出。当然这在学术界也有不同看法，在德国，是一向注重社会和经济的联系的。马克思主义史学家也强调经济的发展是社会发展的基础，也不主张把经济的研究和社会的研究截然分开。另外，有些历史学家虽然也研究经济史，但研究的领域要比经济史宽，他们称自己是社会历史学家。

心态的研究就是探讨社会集体心理。社会心理通常用"Mentalities"一词来表达，可译为时代精神、社会思潮或社会集体心理，指特定时期由思想家提倡的、社会大多数人遵行的社会价值和道德标准。这种社会心理起源于一定的文化背景，制约着人的行为，并且决定时代的风尚和个人的观念和想法。社会心理历史学首先研究的是某个特定时代的一般心理，如"中世纪的观念""12世纪的观念"等。法国年鉴派创始人之一的吕西安·费弗尔是这种研究方法的奠基人。他在1942年出版的《拉伯雷的宗教：16世纪的不信教问题》是社会心理历史学的一部经典著作。全书讨论的是16世纪人们是否已经不信教的问题。1922年研究拉伯雷问题的法国著名学者阿伯尔·里弗兰克提出一个观点，认为文艺复兴时期的作家拉伯雷的论著是尖锐地反对基督教的。费弗尔不同意这种观点，于是着手研究16世纪法国人的信仰和社会集体心理。与同时代大多数的拉伯雷研究者不同，费弗尔不是完全从拉伯雷的书中去探讨拉伯雷的思想的，而是首先考察拉伯雷生活的那个时代的文化和风俗习惯，如16世纪的宗教对公共活动和对私人生活的影响，哲学、科学和经院哲学中的唯名论对宗教的冲击，等等。通过考察，费弗尔认为，在一个由教堂的钟声迎接婴儿出生，又由同样的钟声祈送死者的时代里，宗教和宗教典礼影响着人们的一切日常生活，出生、成人、结婚、入教、死亡、人际交往，无一不与宗教有密切关系。在这样一种社会文化中，16世纪人们是不可能不信基督教的。

从社会历史学的兴起阶段看，似乎存在着不少问题。

第一是社会历史学的概念十分模糊，而且在学术界没有什么统一的认识。西方社会史学的实际创始人如马克·布洛赫、费弗尔等，只承认自己是历史学家，并没有称自己为社会历史学家。一些研究经济史的人如亨利·皮朗（Henri Pirenne）等人，也认为自己只是经济史学家，不觉得自己是社会历史学家。一些研究社会形态发展、经济基础与上层建筑关系的学者，习惯上称自己为马克思主义学派，他们也认为社会历史学的称谓意义不很明确。所以，在社会史的兴起阶段，社会史只是一个很空泛的概念。

第二个问题是纵向研究和横向研究的关系。当时的经济史学家和马克思主义学者，都自觉或不自觉地把社会史当作一种纵向研究的学科，主要是研究社会形态的发展或经济类型的演化，时间跨度一般都比较大。对于怎样进行一个社会的横向研究，人们考虑得并不充分。法国年鉴派的学者是主张横向研究社会历史学的，可是他们的方向并不明确。由于经济史和文明史实际上是同社会史分而治之的，所以经济史和文明史，还有思想史的研究实际上都很独立，它们可以舍弃社会史而成为独立的学科。但是，纯粹的"社会史"实际上又是不存在的，因为如果讲社会史完全不讲一个社会的经济和思想，又实在无法成立。社会史夹在经济史和思想史中间，处处感到束手束脚。

在社会发展的问题上，社会功能说和经济因素决定说也产生了一定的矛盾。社会学家如韦伯等人把社会因素、经济因素、精神因素等看成是互相影响、互相作用的，其中一种因素可以影响其他因素，同时也被其他因素所影响。经济学家则认为经济因素是决定社会发展的主要因素。不过，在社会学兴起阶段，这种不同观点的争论并不激烈，人们把它看作是方法论的差别，不是唯心主义和唯物主义的对立。

虽然存在这些问题，但是，这时的社会历史学处在方兴未艾阶段，人们对社会历史学抱有无限希望和美好憧憬。社会史的研究角度深具吸引力，它向历史学家呈现了一片处女地。生活史、心态史、语言学等研究都是很新奇的课题，而且是一批资深学者所大力提倡的。马克思主义学者和经济史学家虽然不尽赞同社会功能说，但对致力于研究社会与经济、研究普通人的历史的尝试，是持赞成态度的；年鉴学派强调扩大研究面，提倡"总体历史学"，自然也是社会历史学的赞同者；语言学家、社会学家认为这是个吸引人的做法，他们努力在社会历史学上打上自己专业的烙印。可以说，这时的人们都为一种理想鼓舞着，兴奋着，他们求大同，存小异，同心合力筹建社会历史学，这为社会历史学的兴起奠定了良好的基础。

大争论：社会历史学进入发展阶段　从20世纪60年代起，社会历史学和社会学进行了密切的交叉，社会历史学的含义起了变化：它不仅在研究对象方面与传统历史学不同，更主要的是在研究方法上开始明显打上社会学理论和方法的烙印。社会历史学的研究领域扩展到对人口、都市化和现代化、社会冲突、家庭、妇女地位、婚姻制度、劳动状况、城乡区别、社会结构、社会流动、宗教、社团等的探讨。社会历史学与社会学不同之处，主要是社会历史学研究历史上的社会学问题，而社会学研究当今的社会学问题。

这种社会学对历史学的"侵入"，引起史学界很大的震动。历史学家没有受过社会学、人类学、心理学、计量统计等方面的训练，他们对这些学科进入历史研究的领域抱着非常反感和十分不欢迎的态度。比较棘手的问题有以下几个方面：

首先是理论上的争论。社会学家、人类学家带来了许多社会科学的理论模式，然后套用这些模式来解释历史。西方的历史学家习惯于就事论事地分析历史问题，他们觉得这些社会科学家的理论模式过于抽象、缺乏历史感和时间感。

在社会学领域中，相当流行的三大理论是功能理论、冲突理论和社会角色理论。功能理论强调社会各个组织、制度的和谐合作，如古典的功能理论视社会为一整体，其中各种制度如家庭、宗教、政治、教育等有如人体的各个器官，各自具有特定的功能，为社会所必需。它们之间的和谐相处，能够保证社会的安定和发展。现代的功能理论仍然关心社会的机制平衡，以防止社会机制的紊乱为研究的一大目的。它认为社会的各种结构和制度之间必须保持结构上的平衡，例如，家庭的结构如果处理不好，就会影响经济，同样，如果经济制度上存在问题，也会反过来影响家庭。结构平衡说把社会之间各种制度都视为同等重要，否认某些制度会决定另外一些制度。功能理论还制定出一套社会制度运行是否正常的测试方法，根据这些方法可以测试社会制度的运行情况，以防止社会功能的紊乱。功能学说的弱点是社会自然调节论，否认国家机器的重要调节功能。另外，功能说是一种结果论，主要是从各个制度运行后造成的后果来测试社会功能的，没有明显结果时，就不能测试。因此它是从一个制度对另一个制度所产生的影响来评价社会制度运行情况的，对每个具体制度的内在变化，没有做出解释。

冲突理论主要是从社会各个群体之间对立的角度来分析社会矛盾的。例如，一个社会中的人是分为不同的人群的，有富人、穷人、男人、女人、白种人、黑种人等。由于他们之间的差异，导致社会冲突的出现。有的时候，这种社会冲突是由社会结构决定的，如社会的结构能使某些人富裕，某些人贫穷。另外如男女之间、老年人与青年人之间的社会冲突，不一定是阶级之间的冲突，这些冲突主要产生于社会各个群体间的差异。社会冲突论主张改革社会，然后依靠政府的权力，缓和社会各个群体之间的冲突。社会冲突论强调了事物之间对立的一面，希望通过社会改革解决社会的矛盾。冲突论对于社会冲突的分析具有很大意义。同时，还要看到社会群体间也具有互相统一的一面，这能使社会得到稳定。如在家庭中夫妇之间有时会出现剧烈冲突。然而，并不是所有的夫妇争吵都会导致离婚。因为，在夫妇之间还有互相统一的一面存在。矛盾的对立统一，是社会发展的根本方式。

　　社会角色理论研究的中心问题是个人和社会之间的关系。角色理论认为每个人都在社会里扮演一定的角色，一个人在社会上要遇到不同的人，如朋友、领导、家人、老师等，他们对他都有所要求和期望；一个人在社会上也要扮演不同的角色，如对学生而言他是老师，对下级而言他是领导，对朋友而言他是朋友，对妻子而言他是丈夫，对父母而言他是儿子等。所以，人们在社会中的地位和所扮演的角色，都是在与别人进行交往时才获得的。他是否能够充当一个好的角色，在于他是否服从了社会对他的期望。所以，他的行为，不仅取决于他自己的愿望，还取决于他周围的人对他所履行的角色的不同要求。如果他扮演好了这些角色，他就能够取得社会的承认，反之，他就要受到惩罚。角色理论重视社会人际关系的处理，要求人们遵守社会交际的基本规则，以保证社会基础与社会结构之间的和谐稳定。

　　功能理论、冲突理论和社会角色理论都从一定的角度揭示和解释了社会中存在的矛盾与统一。对于研究历史也有一定的启发。从社会角度看问题，可以看到单个历史事件对社会可能产生的复杂影响。从一个事物对其他事物所产生的影响来测评该事物的性质特征，对于历史研究也是有启发意义的。最后，角色理论要求对人进行全方位的考察，这对评价历史人物具有实际意义。

社会结构理论。社会结构有四个要素：社会身份、社会作用、内部的关系和社会制度。每一个元素都起到在个人和社会之间建立联系的作用。

社会身份是一个人在社会结构中所处的位置。它告诉人们每个人以什么样的身份介入社会：如作为一个母亲、大学教授、共和国公民或一个正在服刑的囚犯。了解人们的身份以后，人们在社会的交往中比较容易识别每个人的社会特征。如果不明确人们的身份，在人的社会交往上就会有许多不便。例如一名想要寻求结婚对象的女性邀请一名男士到家里去约会，吃饭时却发现他已不是单身，这顿饭当然也就吃不好了。

一个人在现代的社会里可以有不止一个身份。例如，一个女教授的社会身份可以既是教授又是妻子；一个青年人可以既是一个大学生，又是一个值夜班的工人，在家里还可能是一个哥哥、弟弟、恋人或丈夫。不过，在一个传统的社会里，人的社会身份比较单一，如在封建社会里，一个贵族不可能去做一个工人，一个农奴也不能去当行政官。一个妇女也许只能当妻子，而不能兼做科学家。人的社会身份的多元化，反映了贵族社会向平民社会的转化，反映了社会流动的加剧，也反映了社会结构的日益复杂化。

社会身份的取得可以分为获得性和继承性两大类。获得性的身份是靠一个人在社会上的努力所取得的。如大学毕业生的身份是一个人经过大学阶段的学习，成绩合格、品行优良才取得的；一个母亲的身份意味着作为社会个人的她承担着养育子女的工作；一个领导者的身份指某人的工作经历、经验得到社会的承认和信任，由社会向他授予的一种身份地位。继承性的身份是指与生俱来或由人的生理性因素导致的人的社会身份的改变，如男女性别、白人黑人以及随着人的生理性变化而产生的青年人、老年人等不同的社会身份。在一个传统的社会如封建社会里，人的社会地位如贵族身份、贵族特权也可以是继承性的，然而这一种继承性的社会地位早已不再为一个现代社会所接受。一个健康的现代社会把继承性的身份局限在生理方面，而排斥了其他性质的继承性身份制度。

由于在一个传统社会里，社会结构比较单一，所以人们常通过对阶级或阶层的分析来研究社会结构。如西欧中世纪的社会结构可以分为祈祷的僧侣、打仗的贵族和做工的农民等，人的职业和社会地位统一，其经济收入也按照社会身份来分配。在一个现代社会里，脑力劳动者和体力劳动者之间、城乡之间、社会管理阶层与被管理阶层之间的关系不再完全是一种统治与被统治的关系，社会关系比较复杂。一个大公司的经理和他管辖之下的公司职员可能是老板和雇工的关系，也可能是分工不同。

在经济收入上，一个体力工人，如一个汽车修理工人的收入与一个大学教授的工资相差无几，这是屡见不鲜的。在一个现代社会里，相当鼓励人们发挥自己的才能，允许按照每个人的才能不断地进行垂直或水平的社会流动。如一个工人可以成为一个工程师，一个农民有可能当领导。同时，在一个现代社会里，职业性身份的改变也不意味着其他社会地位的变化。如一个干部可以下去当普通的工人，整个社会也依然对他尊重，他的经济收入也并不比从前减少。可见，现代社会的阶级结构要比传统社会来得广泛，对它的分析也要更加仔细，不能简单化处理。

在这个阶段，受社会学和其他社会科学学科的影响，产生了一些新的研究课题，如人口史、城市史、妇女史等。其中比较有争论的是有关妇女史、家庭和婚姻以及现代化进程的研究。

妇女史可以说是社会学研究的一个分支，现在它有走向独立学科的趋势。妇女史的研究一开始就很激进，大致可以归纳为以下几个类型。首先是"她的历史"。这种妇女史认为妇女有与男子不同的经历和经验，女性应该以自己的方式写作历史。例如研究妇女运动史和普通妇女的生活史，旨在强调男女平等，表达解释妇女的意识和行为。这种妇女史讨论超阶级的妇女受迫害论，认为社会和历史研究都偏向男子，贬低妇女的作用。因此妇女是没有历史的。第二种妇女史是妇女社会学，主张根据社会学的理论和方法重新改写有关妇女的历史。要求把历史研究的重点放到研究家庭关系、婚姻和性关系，认为这些内容比研究政治还要来得重要。这种妇女史不承认妇女史只是历史研究的一个部门，要求开辟妇女研究的专门学科。第三种妇女史认为性别差异内含有阶级差异，如美国学者那塔利·戴维斯（Natalie Zemon Davis）认为历史上的性别具有阶级的意义，性别影响社会顺序的排列和历史的发展。妇女因此是一个种族、一个阶级。因为社会显然对不同的性别使用不同法律、要求、舆论等。第四种妇女史研究强调妇女对政治的参与，如研究妇女运动、女权主义的发展等。研究妇女史的主要是些女性学者，她们的讨论会也往往只有女性才能参加，这时妇女史的著作强调男性对女性的压迫，调子越来越高，出现了一些像坡莫瑞（Sarah B. Pomeroy）《女神、妓女、妻子和奴隶》这样的著作。

家庭制度的演变是社会史学研究的一个重要方面。例如，古今家庭至少有十个方面的不同。

1. 家庭的概念，一个现代的家庭主要指丈夫、妻子、孩子和其他家庭成员居住和生活在一起，有一个亲戚朋友的圈子，还有一个以父亲的姓为主的家庭世系。而一个古代或中世纪家庭的范围要比现代家庭更为广泛，许多血缘上没有关系的人们也住在一起，有时家庭指家族，是一个介于部落和家庭之间的亲缘单位。

2. 从功能来看，现代家庭是孩子们社会化的场所，是成人们实现、满足他们的感情、生理、心理和生活需要的场所。在古代、中世纪，家庭的功能还包括政治单位、纳税单位、宗教学校、司法机构（家族司法）和劳动单位。

3. 从亲戚关系来看，在古代和中世纪，家庭是隶属于家族、部落的，这些组织对家庭有直接的控制作用，而现代家庭基本上不受家族、亲戚的控制。

4.古代的家庭以大家庭为主,现代家庭以夫妻、子女组成的核心家庭为主。

5.在古代和中世纪,家庭是重要的生产单位,现代家庭主要是生活单位。

6.在婚姻问题上,古代、中世纪的婚姻往往由父母、家族和其他人决定、安排,现代婚姻主要是男女双方自己决定,是自由恋爱的产物。

7.从家庭内部的关系来看,现代家庭比较简单健康,夫妻关系比较好,父母对子女的照顾也比较多。在古代、中世纪,往往是家长制,父母不能很好地照料、培养子女,有人说在古代和中世纪早期,西欧社会的儿童没有童年期。

8.在家庭人口控制方面,现代人有计划生育等措施,古代人自己无法控制家庭人口,往往残酷地杀死女婴,导致男女比例失调。

9.对于家长的态度很不一样,古代、中世纪家长的权力很大,现代家庭比较民主,子女自动、自觉地照顾父母。

10.古代的家庭居住环境同现代不一样,现代人的家务比古代人要轻。

从婚姻的演变来看,可以划分出传统的、近代的和现代的婚姻关系。在择偶标准方面,主要有三个阶段的变化。在传统婚姻关系里,政治因素、经济因素是决定婚姻的重要条件。婚姻的目的是为了传宗接代,较少考虑爱情的因素。在近代婚姻关系里,这种政治经济因素决定的现象逐渐让位给生物因素决定论。在婚姻关系中,经济和政治因素不如生物性的因素如外貌感情等来得重要。进入现代社会以后,感情和文化上的因素逐渐占主要支配地位。例如理解、爱情、尊重、社会期望、防止孤独、自我满足等社会文化内容成为影响婚姻的重要因素。从婚姻制度上来看,强迫的婚姻、多偶制渐渐让位于自愿的、一夫一妻制的婚姻。家庭制度上,三代以上共居的大家庭制度逐渐让位于丈夫、妻子和子女为主体的两代人的核心家庭制。另外,在夫妻关系、妇女地位、子女抚养、婚龄差异、社会对离婚的态度、婚姻市场、结婚嫁妆、聘礼和婚礼形式等方面古代和现代都有很大的差异。这些内容往往成为社会史研究的课题。有趣的是在家庭史的研究中,历史学家和社会学家很难对话,例如,哈佛教授奥茨门德(Steven Ozment)写的《当父亲们统治的时候:欧洲宗教改革中的家庭生活》是本很不错的研究德国宗教改革时期妇女和家庭的著作,但因其研究的方法和角度是历史学的描述和考证,因此奥茨门德虽在史学界备受推崇,但社会学界却不承认他是一位社会历史学家。研究妇女史的学者们似乎也不大愿意提到奥茨门德。

现代化进程研究探讨一个社会怎样发展成现代类型。在一些大学历史系中,常开设"现代国家的起源"或"现代人的产生"这样的课程。现代化研究往往通过横向和纵向的比较研究,揭示和解释社会各个方面的发展。这与历史学强调经济发展、生产方式演变推动历史发展的模式很不一样。社会学家用的是多种因素论述法。例如，比较普遍的划分是把社会分为农业社会、不发达的工业社会和发达的工业社会等阶段，逐渐找出各类社会的问题和特征，寻找社会发展的一般特征和规律，借鉴成功的经验，总结失败的教训等。例如，在最近200年内，世界范围内社会发展相当迅速：

1. 世界人口从1750年的7.25亿增加到40多亿，增加了6倍以上。增进的速度是农业社会的7倍。

2. 城乡的比重出现巨大的变化，在发达的工业国家里，90%的地区是城市，而在农业国家里，90%的地区是农村。

3. 工业社会妇女生育的子女数量是前工业社会的1/3左右。

4. 在先进工业社会里，婴儿的存活率是前工业社会的3倍。

5. 先进工业社会的国民经济人均产值是前工业社会的10倍以上。

6. 劳动的分工在先进的工业社会里趋向复杂化细致化。

7. 专制君主制度在先进的工业社会里不再存在。

8. 政府的功能在先进的工业社会里进一步扩大。

9. 在先进的工业社会里，普遍采用义务教育，文盲几乎消灭。

10. 社会的价值观念和风俗习惯发生巨大变化。

11. 工业社会比前工业社会更加注重交通、通信和对信息产业的发展，拥有优秀的通讯交通和运输体系。

12. 在现代社会里文化是世界性的，思潮、文学艺术的风格、服饰式样、语言和社会组织的结构都走向全球化，闭关自守不再可能。

13. 工业社会里家庭与社会的关系日趋密切，家庭成为一种基本的社会组织，并对社会生产起重要作用。

14. 妇女在先进的工业社会里更多地参与社会生活和经济生活，妇女和男子日趋平等化。

15. 在工业社会里年轻人的作用日趋重要，形成年轻人特殊的文化和价值观念，等等。①

从这些例子来看，社会学家们对现代化进程的研究与传统的历史学研究相比，无论是从方法论还是理论上来看，都是十分不同的。

大多数历史学家其实也不反对利用社会学上的一些理论和方法研究社会史，他们反对的是这些宏观的历史解释脱离了"具体问题具体分析"的史学研究传统，害怕活生生的历史会变成社会学理论的简单注解。有些历史学家因而反其道而行之，他们抛弃宏观理论，专门研究一些非常细小的民风民俗问题，包括民间宗教、巫术、圣物崇拜等。有些敏感的历史学家感到有必要对社会史的研究进行一些归纳，从而导致了一种以专门研究社会各个面为己任的历史学的产生。20世纪70年代以后，社会历史学向研究社会的历史学发展，从而产生了一系列新的问题。

大综合的趋势：社会历史学的新发展 20世纪70年代中叶，

---

① Michael S. Bassis, ed., *Sociology*, New York, 1988, p.168.

西方学者开始对社会史学进行深刻的反省,具体表现为大综合趋势的出现,这既反映在方法论上,也反映在文化史、妇女史、社会与家庭史、人类历史学等各个方面。

综合的趋势可以说是从70年代初开始的。英国历史学家、伦敦大学经济社会历史学教授霍布斯鲍姆(E. J. Hobsbawm)在1971年发表了《从社会史到研究社会的历史》一文,可以说是从传统的角度对社会史进行反思的杰作。该文试图解决有关社会史研究发展方向的一些重要问题。霍布斯鲍姆认为研究社会的历史首先应该是一种历史学,例如需要有编年性质的时间概念。他要求把关于社会结构及其进化的宏观研究同有关历史发展的具体过程的微观研究紧密结合起来,以考察社会的复杂结构及其变化的一般模式和具体发生的历史现象,以及这两者之间的微妙关系。其次,他提出应该对"社会"一词划出一个大致的范围,区分澄清一下诸如"资本主义社会""日本或英国的社会""基督教或伊斯兰教社会""现代社会""部落社会"等关于"社会"这一概念的不同含义。他不主张把社会的范围划得太小,也不主张以一个国家、一个地区划分社会。他比较倾向从纵向来考虑"社会"一词的含义,这样可以找到一些社会结构变化的类型和关系,使社会史的研究具有时间上的特征。他感到要确立关于社会的概念实在是一非常棘手的难题,所以他也没有下什么绝对的结论,只是提出一个问题,以引起人们的重视。再次,他提出建立研究社会的工作模型(层次)的设想,比如一个研究者可以从调查物质和历史环境入手,进而探讨生产的动力和技术发展，以及这些发展中所体现的人与人之间的关系。然后，可以探讨社会的经济结构，如劳动分工、交换、积累、剩余产品的分配，以及体现在这些经济关系中的人际社会关系。在社会结构的大体形态明确以后，可以深入分析具体的历史现象，寻找各个具体问题的特殊特征。通过对历史上的社会结构类型的研究，就可以看出历史是怎样发展的。他期望人们能够做到宏观和微观相结合，既考察社会的结构性的发展和进步，又研究具体的历史现象，包括社会的集体心理、具体的社会运动、思想和文化的进步等。在具体问题上，霍布斯鲍姆对社会研究的一些研究领域作了评论。他认为人口和亲缘关系的研究以及城市的研究实际上已发展为独立的研究领域，有了一些与众不同的理论、方法和学术刊物。其中人口史和城市发展史的研究显得尤为重要。在阶级和社群的研究领域里，他赞赏深入研究某个阶级或阶层存在的条件、关系和行为，如汤普逊（Edward Thompson）对英国工人阶级的研究，斯通（Lawrence Stone）关于伊丽莎白时代贵族的研究，及拉德瑞（E. Le Roy Ladurie）关于农民的研究。这些研究具有地区研究的性质，又有时间的规定性，所以它们显得很具体，不是泛泛而论地在讨论什么阶级和阶级斗争。此外，在社会运动和社会发展的问题上，霍布斯鲍姆也发表了一些很有意思的建议。[1]

---

[1] E. J. Hobsbawm, "From Social History to the History of Society" in Felix Gilbert, ed., *Historical Studies Today,* New York, 1972, pp.1–26.

霍布斯鲍姆所构思的研究社会的模式想要解决的问题实际上就是如何解决宏观与微观、横向与纵向、社会学与历史学之间合理结合的问题。这种构思的出发点当然是不错的，运用的经济解释模式我们也比较熟悉。

然而，20世纪70—90年代西方社会史学实际上所走过的发展道路，却远比霍布斯鲍姆的模式要来得复杂，出现了很多70年代以前的人们没有想到的问题。

尤值得一提的是社会史和文化史的结合趋势。过去，社会史和文化史的界线划得很清楚，社会史研究经济和社会结构的演变，文化史研究文学、艺术和思想意识形态方面的变化。但这20年来，文化史的研究重心转到了对文化规则的探讨，文化规则是无形的，但却处处制约人们的行为。这样，社会史和文化研究就有了结合的可能性。无论是社会史的范围，还是文化史的范围都有所扩大，人们认识到文化具有社会性，它不是孤立的个人行为，不是真空，而是互相影响着的集体行为。人类是一个整体，过的是群体生活。文化与社会因此是同一个物体的两面：没有文化，社会无法存在，因为没有影响共同行为的基础；没有社会，文化也不能存在，因为没有互相作用的环境，人们无法交换知识、价值、信仰和行为准则。这种对文化与社会的广泛理解，使社会史和文化史的界线变得模糊不清。大致说来，人们开始把不可见的有关价值系统的问题和可见的比较制度化的事物，都看作社会史的研究范围。爱情、婚姻、语言、传统、习俗、观念、信仰、行为准则，以及物质方面的进步、政治和社会制度的发展、人的物质需要和人们如何进行生产等问题，都成为社会史的研究领域。

由于文化史的研究并入了社会史的研究之中，以至于社会史的研究领域其实既包括社会制度体系，又包括了价值体系的研究。例如宗教的研究，已成为社会史研究的一个重要方面。社会史要研究人们的思想和行动以及这些思想行动的规则和类型，这就把年鉴学派所说的"经济、社会和文明"全都包括进社会史的研究范围之内。19世纪末20世纪初一些学者们提出的政治或社会状况的变化受到更加深刻的文化因素制约的理论又重新受到重视。人们期望能够揭示某个特定时代的文化规则，以便理解这个时代的人们所想和所做的。研究者用提问的方法先找出各种个别的"形式"，再通过综合，归纳出一个时代的一般性的文化特征。文化特征和社会经济特征被看成是互相影响的，有时文化规则影响人们的思考和行为，有时社会和经济的特征又影响人们的思考和文化规则。两者是可以互相渗透的。

大文化和小文化之间出现综合趋势。大文化指的是上层贵族的精英文化，小文化指的是民间文化、大众文化。在20世纪五六十年代，人们认为这两种文化是对立的，互不来往的。随着研究的深入，人们逐渐认识到大文化和小文化之间有一种互相影响、互相交流的关系存在。1978年伯克（Peter Burke）出版了《近代早期欧洲的大众文化》一书，提出大小文化之间互相影响的理论。这是一本影响很大的著作，改变了一代人对大众文化的看法，社会文化史甚至因此要研究上层文化、大众文化以及两者之间的复杂关系。上层文化主要是指由知识分子、艺术家们所创建的，主要流行于上流社会和知识分子间的书面文化。上层文化集中了一个民族文化中最优秀的东西，不能仅仅把它视为贵族文化而加以抛弃。下层文化是一种口述的文化，它流行于普通百姓的生活之中，是民间文化、民间信仰、民间习俗和民间传说的集大成者。上层文化和下层文化之间常常出现互相渗透、互相影响的情况。精英文化、民间文化、民间宗教、民间的风俗传说，现在都是社会文化史研究的重要对象，社会文化史研究领域有了很大的扩展。①

以人与社会为主题来进行综合是大综合趋势的另一个方面。如强调研究一些人类普遍存在的问题。一个重点是考虑人的性别、年龄、种族及文化教育等方面的差异。这些因素又被引入对社会结构的解释。关于人的社会学研究中强调用一些非阶级性质的差别来解释历史，认为脑力劳动者和体力劳动者之间、城乡之间、社会管理阶层与被管理阶层之间的关系不再完全是一种统治与被统治的关系，也不一定是一种阶级关系。

在妇女史的研究中，把男女之间看作完全对立以及性别阶级论等过激看法也正在得到修正。妇女史的专家们日趋客观，认识到不能离开男性来研究妇女史。男主外女主内的看法，把家庭与社会截然分开的做法也是不正确的，有人提出公共的圈子和私人

---

① See Peter Burke, *Popular Culture in Early Modern Europe*, New York, 1978.

的圈子之间存在着互相影响两者相通的关系。[1]有人还提出要实事求是地看待男性的权力问题。性别的研究要同社会、文化的研究结合起来才可能做到客观。在方法论上，历史学家、社会学家和妇女学家比以往更易于互相宽容，出现新的合作趋势。

在方法论上，20世纪70年代从一个角度对一个问题定论的做法得到纠正。70年代，人们习惯于用一个因素解释历史。如研究一场革命，经济学家会从经济角度找出一种解释，说明革命是由于经济原因造成的，人口学家则强调革命的起因是人口问题，政治学家强调是政治原因，社会学家、城市研究学者、思想史学者都从自己的研究角度为革命找到一种解释。70年代后期至90年代的学者们走向多种因素综合说，如德国历史学家布瑞克（Peter Blickle）的《1525年革命：对德国农民战争的新透视》[2]一书，就反映出这种倾向。他从政治、法律、经济、社会各种因素的互相作用中，提出"农业社会秩序"这一系统论的结构概念，可以说是方法论上大综合趋势的一种反映。

从西方社会历史学的发展道路来看，第一，社会史的研究范围主要集中在社会发展、革命、社会结构、家庭、妇女、人口、婚姻、宗教、城市、农民、人民生活、风俗习惯、医学卫生发展等方面，这些研究已被正规的历史教科书视为必须写入教材的社

---

[1] Dena Goodman, "Public Sphere and Private Life: Toward a Synthesis of Current Historiography to the Old Regime" in *History and Theory*, NO.1, 1992.
[2] ［德］彼得·布瑞克著，陈海珠、钱金飞、杨晋、朱孝远译：《1525年革命：对德国农民战争的新透视》，广西师范大学出版社2008年版。

会史内容。在这个范围之外的许多其他研究,如对巫术、丧葬制度的研究,没有被引入教材,它们是否也属于社会学研究的重要内容,尚处于争论之中。第二,社会史研究中的许多问题,虽然有些深入,但没有真正得到解决。例如纵向和横向的问题,经济、社会、政治、人类生理等因素之间的复杂关系问题,还有社会学、历史学、民俗学、人类学和政治学之间的结合问题,现在虽然在一种大综合的趋势下表面上结合调和了,但这种结合其实还是很生硬的,有时是牺牲原则的。第三,西方社会史研究的大综合趋势,把研究重心放到了研究社会关系中统一的一面,并出现了淡化阶级观念和经济作用的倾向,这需要引起人们的注意和警惕。对非阶级关系的研究,是不能与对阶级的研究混为一谈的,也不能以一种关系取代另一种关系。如何处理上述这些问题,主要是如何找出各种因素和关系之间的连接点,这是近阶段社会史研究中的难点和迫切需要加以解决的问题。

第八节 关于心理史

20世纪是现代历史科学进一步发展的时期。在研究方法上,描述史学向解释史学演化,形成各种理论模式和边缘学科。同样,历史学也向行为科学演化,开始深入到对历史人物的心理和行为动机的分析。这样,人的内心世界包括心理、感觉、欲望、个性、受挫感,都成了历史研究的重要组成部分。现代历史心理学便由此而生。在西方，当前最流行的历史心理学主要有弗洛伊德学派的心理史学和新弗洛伊德派的心理史学，此外，还有从年鉴派中发展出来的心态史学。

弗洛伊德的古典主义内心说　如果说现代历史心理学是以奥地利精神分析学家弗洛伊德（Sigmund Freud）1912年出版的《达·芬奇对童年的回忆》[①]一书为起点的话，那么，这本著作已经包含了古典主义内心说的全部特征。这种内心说把历史人物当作病例进行研究，通过对人物病态心理的分析，找出性格裂变的原因，并推导和估量由于这种裂变所产生的行为后果和社会影响。在提这一点的时候，我们必须理解古典主义内心说产生于弗洛伊德对当时西方文明所持有的深切怀疑和批判态度。"情欲世界"和"人是病人"这两个看法是他学说的起点。这种看法在当时具有普遍意义。如同时期的法国女作家乔治·桑在一封信中就发出过"我们离猴子还很近"的警告。现代西方学者常常把弗洛伊德与尼采相提并论，认为他的"性的动物性冲动"学说与尼采的"人类杀死了上帝"从而进入到无宗教无道德的情欲疯狂时代有相似之处。尼采渴望出现超人来结束混乱，而"人道主义者"弗洛伊德则希望用精神分析法去医治人类的病态和文明的病态。这些敏感的思想家的担忧并非全无道理，因为不久后爆发的两次世界大战在某种程度上证实了他们的看法。医治文明道德病和人类精神紊乱病的想

[①] ［奥］弗洛伊德著，车文博主编：《弗洛伊德文集第七卷：达·芬奇对童年的回忆》，长春出版社2006年版。

法促使弗洛伊德把他的研究扩展到历史心理学。他研究了两个人物，一是意大利人文主义者达·芬奇，他指出达·芬奇虽然身处不幸，但总有力量去追求自己的科学和艺术，借此获得了个性的和谐。二是美国第28届总统威尔逊，他虽然位居权力之巅，却无法摆脱胆怯、软弱的个性。可见，弗洛伊德的立意是很深刻的。

弗洛伊德既然得出了"人是动物"的结论，他的研究方向自然与传统的常规方法背道而驰。当时西方社会的现实是，帝国主义、殖民主义和社会达尔文主义并行统治。社会科学领域的非马克思主义研究者并没有超越黑格尔"存在的就是合理的"的普鲁士式国家主义论的模式。史学研究方面，兰克的实证主义熏陶出一大批常规史学家，他们只注意常规的东西，不注意异常的东西；只注意群体的行为，不注意个体的行为。他们认为，个人意志和个人欲望都是邪恶的，但在道貌岸然之下，却纵容与宽容罪恶。弗洛伊德对此深恶痛绝，他大谈男人、女人、性欲、婚姻，为的就是去探索在这个冷漠世界坚硬的外壳下究竟还有几分人情味存在。通过研究，他发现温暖的家庭居然是夫妻、父子相争的战场，连天真无邪的儿童，也是情欲深重，不是在暗恋母亲与父亲作对，就是同时与双亲作不协调的斗争。人类既然已不可救药，那就只有承认现实，用理性去规范行为，以防止损己害人的悲剧出现。于是，弗洛伊德提出了人的个性三要素，即本我、自我和超我的互相作用。本我代表动物欲望，追求欲望满足及消除紧张，以获得欲望满足时的快感。但是，本我是无法单独去实现目的，它必须依赖自我。自我就是个人，它控制人的行为以便把本我欲望纳入可行的计划之中。超我对社会而言，指社会的力量，对个人而言，是一种把人欲限制在道德范围内的道德力量。它限制本我欲望与自我在社会现实中的无限发展，以防止情欲疯狂状态即文明病态的出现。弗洛伊德认为，这一整套结构本质上是互相冲突的，但只要运行合理，就可以保持一种冲突中的和谐，使欲望与自我统一，自我与社会统一。

上述相当复杂的概念和思想集中体现在弗洛伊德的《达·芬奇对童年的回忆》一书中。这本书开头就直接用性欲、潜意识、儿童期性恋情结等来解释达·芬奇一生的行为，其中所隐藏着的政治含义反而模糊不清。弗洛伊德说，达·芬奇是个双重个性的人物：有时他温柔如善良的女孩，素食，买鸟放生，有时又狂妄猎奇，怀疑学术，蔑视权威，并研制最有效率的杀人武器。他抱超然态度处世，不紧不慢地画画，刚画了初稿就放弃，留下一大堆未完成的画稿。弗洛伊德认为性冷淡和性生活受挫引起的心理变态是导致达·芬奇温柔与暴烈矛盾性格的原因。弗洛伊德在达·芬奇的童年期找到了性变态因素。达·芬奇是公证人比罗·芬奇与一农家女于1452年生的私生子。他1—5岁可能生活在没有父亲的环境中。但在一个地方教会里曾发现一张1457年的比罗·芬奇的税单，内有达·芬奇的名字，据此，可推测达·芬奇在5岁时才正式回归父亲，被芬奇家族所承认。然而1—5岁正是弗洛伊德理论中所认为的个性形成时期，这个时期没有父亲，会引起个性严重失衡。由于童年时代达·芬奇只有母亲而没有父亲,只有恋母情结而无与父亲抗衡的妒忌情结,使他一出生就面临巨大困惑,从而导致他心理变态;太多的母性教育使他生成了女性化性格,这种个性又使他不再追求女性,形成性冷淡的习惯。另一方面,性的生理性压抑又必须有宣泄之处,因此性欲转变为求学的欲望。弗洛伊德还认为,由于达·芬奇幼年时心理受挫,出生后就处于内部心理剧烈的不平衡状态中,他的"利比多"——即原始的、无组织的而又不可抗拒的性冲动受到抑制,不能从正常方向得到满足,便通过变态转化为钻研学问的推动力。这种动因促使他在事业上获得成功。由于达·芬奇具有同性恋倾向,他的个性显得十分女性化,这种心态使他对妇女的描绘细腻入微,但同时又只能停留在一种完美的想象中而无法更深入地去感受个体女性的特征。所以,在达·芬奇所画的所有妇女形象中,妇女的微笑都与蒙娜丽莎相似,而蒙娜丽莎在本质上就是他自己母亲的影子。相反,对男性世界,达·芬奇则处处表现出一种轻蔑,男性世界中的一切对他来说都不是尽善尽美的,甚至是需要摧毁、再造和更新的。他制造飞行器,希望展翅高飞;他打破常规的平面画法,另辟蹊径,去体现立体、空间和生活;他研究新式武器,希望克敌制胜;他狂妄不羁地对待大公诸侯、世俗贵族,常不履行契约,作画一拖就是几年。他作品中的男性形象远比女性个性鲜明,《最后的晚餐》中的人物形象就显得极为生动和深刻。达·芬奇的一生经历了常人无法了解的剧烈的内心冲突,在他宁静、寡欲、沉默、温柔、善良和克制的外表下面跳动的是一颗坚强、刚毅、道德而又不可理喻的受伤的心。

弗洛伊德在与威廉·布利特合著的《托马斯·伍德罗·威尔逊：心理研究》[①]一书中，对人物做了与达·芬奇完全不同的处理。达·芬奇所处的时代乃是文化与道德的时代，因此达·芬奇虽然心理病态，但却能把动物本性转为积极创新的动力，并使自己成为一代伟人，永垂于世；而威尔逊任职期间人世早已成为"失乐园"，因此这位总统终身不能克服病态心理，以致他的统治也是病夫治国。弗洛伊德认为，威尔逊的性格特征是懦弱不刚，缺乏自信，过于猜疑，笃信上帝。这些特征是由于他有一个严厉专制的父亲。"专制的父亲"在这里其实有两重含义：一是指威尔逊真有一个严厉的父亲；二是泛指在"失乐园"的社会中几无道德，自私竞利的现实导致人类心灵扭曲。据弗洛伊德分析，在威尔逊恋母情结刚萌芽时，就遭到了父亲强有力的干涉，他失去母爱，只得对父亲的强权屈从。这种屈从使他无法自立，一生总是在父亲的影子下生活，做父亲要他做的一切事情，甚至到了40岁，仍然没有自主意识。他一生唯唯诺诺，小心翼翼，被动地应付一切。他虔诚信教，这不仅是他痛苦之心所需要的唯一安慰，还因为上帝即是父亲（同为 Father 一词），潜意识中对父亲的畏惧使他也敬畏上帝。威尔逊的这种懦弱个性最终导致他在政治上不断失误，造成1912—1920年他在位期间美国的内外政策摇摆不定，软弱无力。

[①] Sigmund Freud and William C. Bullitt, *Thomas Woodrow Wilson: A Psychological Study*, Boston, Houghton Mifflin, 1967.

弗洛伊德的历史心理学至少存在四大缺陷。第一是文明观的缺陷，即试图用人的生理性心理病态来解释政治，用道德批判的人学来兴建人道社会。这种天真，使他看不到当时社会存在的实质问题。例如，1930年弗洛伊德访问柏林，当美国驻德大使问他对纳粹政权的看法时，他天真地答道："一个产生过歌德的国家是不可能走上歧途的。"① 第二是古典主义内心说的缺陷，即强调历史人物的个人性格决定历史和国家命运，伟人的童年生活会对几十年后国家的命运发生决定性影响，这自然是非历史主义的。第三是在方法论上全凭模型推论，没有史实的分析基础。正因为这样，某些现代西方学者把弗洛伊德的著作说成是"主观臆造"和"愚蠢与伤感的荒唐结合"。② 这虽然有些夸张，但问题是存在的。例如弗洛伊德在立论时常常自相矛盾：他强调父权统治夺去了威尔逊童年的母爱和女性温柔环境，但在同一书中又说威尔逊是命运的宠儿，他的姐妹和表姐妹使他很顺利地从对母亲的爱转到了对家庭外部女性的爱。第四是弗洛伊德"人是病人"的结论未免太悲观，因为人总有正常的时候。所有这些缺陷都反映出早期历史心理学的古典主义特征。

弗洛伊德的历史心理学及他的《达·芬奇对童年的回忆》在1945年之前没有引起历史学界的注意。在1945—1960年间则引起

---

① 转引自徐贲：《人文科学的批判哲学——米歇尔·福柯和他的话语理论》，载美国《知识分子》杂志1988年春季号，第29页。

② Robin W. Winks, *The Historian as Detective: Essays on Evidence*, New York, Harpercollins, 1970, p.487.

了历史学界的强烈反响和争论。20世纪70年代以后,随着历史心理学的崛起,此书被现代学者誉为"一切历史心理学传记的典范"。① 这个变化是由于两次世界大战使人们认识到,历史的发展是曲折的,时刻都会有反常、反理性的邪恶现象出现。这使美国的一部分历史学家相信,用心理学的理论和方法做出解释是可行的。1957年,弗洛伊德的历史心理学终于被一些历史学家所承认,并成为历史学中的一个边缘分支。美国历史协会主席威廉·兰格在当时指出:"历史学仍有丰富的地盘向纵深发展,我个人认为,新史学无疑将更加精炼,特别是通过对现代心理学概念的探讨,将加深我们对历史的理解。"②

新弗洛伊德历史心理学 20世纪60—70年代,古典弗洛伊德派历史心理学开始向新弗洛伊德历史心理学转化,推动这个转化的是美国历史心理学家埃利克·埃利克森(Erik H. Erikson,1902—1994)。他是《青年路德传》《儿童期与社会》《甘地的真理:好战的非暴力起源》及其他几部专著的作者和新弗洛伊德主义心理史学的奠基人。

埃利克森与弗洛伊德不同之处在于他从人的社会化过程中认识到人的个性发展、婴儿期、童年期的恋父恋母情结对个性成长

---

① Joseph D. Liehtenberg, "Freud's Leonard: Psychobiography and Autobiography of Genius," *Journal of the American Psychoanalytic Association*, 1978, 26, pp.863-880.

② Ernst Breisach, *Historiography: Ancient, Medieval, and Modern*, Chicago, University of Chicago Press, 1983, p.343.

不起主要作用，起主要作用的是人际关系和社会关系的影响。在他看来，人的个性是发展、变化的，人生的各个时期有不同的矛盾、危机和统一。埃利克森的后期著作开始从人的群体文化背景考察人的心理与行为，并建立了一套比弗洛伊德历史心理学更加复杂的解释体系。他把社会化理论、发展心理学理论、弗洛伊德心理分析理论和群体文化概念融为一体。直到目前这个体系在史学界仍有很大影响。

埃利克森在1958年出版的《青年路德传》[①]是建立上述体系的初步尝试。他企图在马丁·路德青春期的生活经历与中年期的宗教改革思想之间架一座桥梁，进而说明路德在走向社会过程中的矛盾心理是他宗教改革思想形成的重要原因。与弗洛伊德相似，埃利克森也是把马丁·路德当作一个病例来研究的。只是路德的心灵之病不仅仅是恋父或恋母，更是他在社会化过程中所经历的心理危机。埃利克森所谓的青春期大致是指15岁至22岁，包括路德在家庭、学校与修道院生活的种种经历。他把路德的这些早期经历串联起来，似乎就可以解释路德走向宗教改革的内在原因。

《青年路德传》一书共分八章。第一章总论，说明路德是作者的一个研究实例，阐明全书所采用的方法是为了讨论青春期心理危机的复杂问题。埃利克森把这个时期看作人生的决定性时期。因为青春期危机的潜因是人的社会化，一个人能否度过这一危机，

---

① Erik H. Erikson, *Young Man Luther: A study in Psychoanalysis and History*, New York, W. W. Norton & Company. Inc., 1958.

是能否获得"第二次出生"的关键。第二章主要讨论一个"他是谁"的问题。路德有一天在教堂里大声叫道"我什么都不是!"作者据此得出路德在青春期自我迷失的结论。因为那时路德大约21岁,由于不能自制,所以在社会化过程中迷失自我。第三章讨论"服从谁"的问题。在青年路德周围到处都是权威,从父母到社会人际关系,究竟应该服从谁呢?这些权威都在迫使路德向他们就范,却激起路德心灵深处的一种逆反心理,被压抑的个性深处传来"谁也不服从"的声音。第四章分析青年路德的个性特征,认为他属于那种"或全部拥有或什么也没有"的人物。具有这种个性的人有时出奇平静,在社会各个角落里无影无踪,如路德在奥古斯丁会修道院中的隐居。但这类人一旦行动就会走极端,或一鸣惊人或彻底沉沦。埃利克森把这归为心理矛盾危机的结果。第五章讨论路德解决心理危机的办法,即遁入修道院,舍弃法律学业,企图在宗教事业中得到安慰。表面上看,他是在逃避社会,以自己灵肉两方面的"死去"摆脱社会的压迫和自己心理上的压抑。但深入地看,这时的路德仍是一个"普通人",心中蕴藏的反抗情绪在平静的外表之下更深化了。第六章名为"含义的含义",讨论路德思想体系的形成,主要是对神学理论和传统社会价值观的怀疑。第七章名为"信仰与愤怒",提出路德神学的产生是他长期受压抑的逆反心理的总爆发,愤怒导致呐喊,终于一发而不可收,致使他对一切压迫自己的社会权威都进行最激烈的反抗。第八章是结论,仍在讨论历史心理学研究的方法问题。有趣的是,埃利克森在本章中还直接把路德与弗洛伊德进行比较，说明两人都是传统文化的叛逆者，由此引出路德这个实例的普遍意义：人的心理在危机中发展，大致经过相似的发展阶段，人与社会间的对立是普遍的，也是人人必经的过程。

如果把埃利克森的理论与弗洛伊德的理论进行比较，可以发现弗洛伊德强调的是外界对人的压迫导致的心理变态，而埃利克森强调的是人怎样反抗外部压迫及逆反心理的形成过程。《青年路德传》一书就是围绕"路德叛逆个性的形成"这个中心问题展开的。压迫越大则压抑越大，压抑越大则反抗越烈。对路德的压迫主要来自家庭、学校和社会。家庭方面，路德有一个专制、贪婪、欲望强烈的父亲和一个动不动就打人的母亲。父亲从不考虑路德的意愿，只逼着他去出人头地，比如要他学法律，以便使他们这个下层家庭进入上层社会。母亲则毫无修养，为一个苹果就把路德打得头破血流。入学以后，学校课程不仅枯燥无味，还盛行体罚，在中学时路德有一次没有按规定用拉丁语回答问题，就受到了严厉的惩罚。另一方面社会又是一个强权角逐的场所，权力就是真理，弱者几无立锥之地，比如路德的一个好朋友莫名其妙地被人杀害，而周围的人对此却无动于衷。所以，路德走向社会就是走向被惩罚，他明显地是在扮演一个处处与周围不和谐的角色，最后以遁入修道院的办法，对社会进行消极反抗。然而修道院并非净土，尤其是他对宗教的钻研使他对信仰和信仰方式产生动摇。那些口口声声称赞上帝的人实际上并非那么纯洁，"以上帝的名义"仍然可以置人死地,而且罗马天主教会早已变成一个世俗世界。罗马天主教会的权力专制、僧侣腐败和对人类天性的灭绝使路德意识到:要么上帝错了,整个宗教就是一种灾难;要么人类错了,把上帝之愿变成了尘世的俗物。这种认识使他重读《圣经》,有一天他在塔楼上读《圣经·罗马书》,突然领悟整个上帝之教完全被庸俗的世人误解了。基督教本质是劝人为善,强调上帝爱人、人人相爱的道德精神,如上帝之子耶稣为了救人脱离罪恶,用流血和死亡去劝诫世人。而庸俗的世人信教是为了长命与发财,甚至将宗教变成买卖,例如教会在大庭广众之下标价出售赎罪券。一切都是罪恶与腐败,所以上帝之教与人的行为简直是对立物,于是"两个世界"的理论出现了:天国,纯洁无比,充满爱、精神与仁慈;人间,充满罪恶。路德对此愤怒了,呐喊了,他的愤怒就是他的信仰,他的愤怒就是他的宗教,他的神学的全部核心就源于这种愤怒的反抗。

《青年路德传》的问世具有开创性意义。与弗洛伊德的理论相比,埃利克森不再强调用性理论来解释人的个性发展和人的行为,而是更注重人的行为的社会根源,并指出人的个性随社会环境的变动而发展、变化。

埃利克森认为,人的内心冲突,是人与社会环境的一种对立和统一。因此,运用这种理论和方法研究一个历史人物时,实际上也在研究与这个人物有关的社会,这样,人物的历史性和社会性就被揭示出来了。然而埃利克森得出的结论仍是假设而不是真实。因为他既没有完全从社会的政治文化中去探讨问题，也没有摆脱诊疗所对病例进行心理分析的惯例，正如哈佛大学历史教授、美国宗教改革史研究权威奥茨门德批评的那样，"近代心理学家……在另一方面，相信他所掌握的证据（诊疗所中得来的经验）告诉人们一般的事，这就是人的本性。这个本性是不为特定的时代（历史时期）所局限，也不以文化背景左右的。由于相信这种寻找是科学的，心理学家就可以跨越时空去研究人的行为……心理学家承认历史文化对个人和群体行为所产生的影响，即使这样，他们也没有受过训练，去认识那些除他自己以外的别的文化"。

1963年埃利克森出版了《儿童期与社会》一书，使他的历史发展心理学进一步体系化。这本著作阐述的是人的心理发展时期及人在社会化过程中所经历的心理危机和心理变化。在这里，埃利克森开始把心理发展的过程等同于人与社会的统一过程。

埃利克森在《儿童期与社会》一书中所强调的心理发展模式，在20世纪60—70年代产生了巨大影响。人们开始运用"心理社会暂停状态""逆反心理""心理压抑和爆发"等来研究历史人物，特别是对俾斯麦、希特勒和其他德国纳粹党人的研究。例如，1971年《美国历史评论》连续刊载了彼得·洛温贝格的《海因里希·希姆莱不走运的青少年时代》和《纳粹青年追随者的心理分析》两文，在美国史学界引起极大反响。尤其是后一篇把埃利克森的青年心理学理论推广到一代青年人身上去作群体分析，这在方法论上是一个突破。《美国历史评论》1972年第2期刊登的《俾斯麦心理分析初探》一文，也属这类作品中的杰作。作者奥托·弗兰茨从分析俾斯麦的权力欲入手，去发掘他的心理根源，认为俾斯麦性格的形成，源于他同父母、朋友、社会的关系，"俾斯麦更多的是由血，而不是由铁构成的"。从这些作品的思路来看，重点仍是用性格、人道及家庭关系的理论来分析人的行为，但运用这一套温情脉脉的理论来解释德国铁血首相和纳粹主义的行为未必合乎时宜，也未必符合埃利克森开创新弗洛伊德派理论的原意。①

在美国新一代的历史心理学家风行埃利克森新弗洛伊德主义的时候，埃利克森本人却在他的理论中又树起了一个里程碑，这就是他在1969年出版的名著《甘地的真理：好战的非暴力起源》。②此书是埃利克森早期思想和晚期思想的分界线。在这本书中埃利克森的风格为之一变，他开始用社会文化背景来分析人物的社会群体心理。这本书既不是研究甘地这个人物，也不是单纯写甘地的儿童期与青春期，而是写成人甘地的一个重要思想——非暴力主义，以及他所经历的两种文化即印度文化和西方文化对他的影响。这本书以1918年甘地领导的一场矿工斗争为背景，以《甘地自传》为主要史料，来探讨甘地的真理与现代心理学的统一问题。埃利克森认为，甘地的生活经历是他形成非暴力思想的重要原因。甘地是一个深受印度文化和西方文化影响的人。这两种文化存在

---

① ［美］奥托·弗兰茨：《俾斯麦心理分析初探》，见田汝康、金重远选编《现代西方史学流派文选》，上海人民出版社1982年版，第301—330页。
② Erik H. Erikson, *Gandhi's Truth: On the Origins of Militant Nonviolence*, New York, W. W. Norton, 1993.

着巨大的差异。印度文化在本质上是一种强调服从,事事有禁忌和限制个性发展的文化,而西方文化则比较开放和强调个性自由。由于甘地在英国生活,受到了西方文化的影响,所以他后来往往用西方式的思维去解决印度的社会问题。甘地工作十分勤奋,在言谈中兼有东方哲人与西方自由主义思想家的特点。西方文化对甘地的影响形成他的宽容主义,因此他的思想中没有种族和宗教歧视。这使他改变了印度民族性格中的褊狭弱点。甘地幼年时非常怕蛇,但成年后却不畏蛇。他对蛇的看法的改变自然是由于他信奉了自然科学,但同时也没到要杀蛇的地步,他从不主张杀生。在印度文化中一直存在两种极端主义:一方面是褊狭,如对宗教、少数民族及被认为是敌人的人残忍地杀害或报复,另一方面是宗教禁忌导致禁止杀生的观念,在这种观念影响下,可以不问是非曲直地宽容罪恶。甘地所受的西方文化的影响使他摒弃了这两种极端主义,既反对褊狭报复,又反对不明是非的包庇,因而形成一个合理解决问题的道德尺度。这种理想,也就是甘地的真理,它不是一种无原则的温和主义,相反,正是解决印度民族与政治问题最适宜的手段。这个真理的核心就是道德上的正义,甘地由此而产生正义者必胜的信仰。就实践方面来说,甘地认为政治的力量来自道德的力量,而民族的力量则是民族认识了真理。因此,印度的解放和前途问题在本质上是民族的觉醒程度。他的非暴力主义既是这种呼唤民族觉醒的号召,也是甘地在印度成功的原因。

埃利克森《甘地的真理》一书在方法论上的开创意义是,在他本已复杂的心理学体系中又渗入了文化解释的因素。在埃利克森看来，一个历史人物虽然要受多方面的影响，如童年时代生活、家庭关系和性关系、社会化过程中心理的危机和发展、社会环境和文化背景，但其中最主要的是生活经历和社会文化背景。埃利克森经过几十年的探索，实际上已经走到了弗洛伊德体系所能容忍的极限。他只要再迈一步，就会走向群体历史心理学。但这一步是难以跨越的。埃利克森不能没有弗洛伊德这个他心目中的英雄。他认为弗洛伊德同马丁·路德一样，同是社会新思潮的发起人物，又同甘地一样，是真理的追求者和传播者。正因为这样，埃利克森在文化学的研究方面走向了弗洛伊德主义的群体论：把文化同性别联系在一起，如称英国文化为父亲文化，美国文化为母亲文化。而母性或女性文化在弗洛伊德那里又隐有道德社会的含义。因此埃利克森强调女性文化在美国人个性形成方面的作用，无非是赞扬美国社会的文明与道德。从这里我们可以看出新弗洛伊德主义对早期弗洛伊德心理学的发展，反映出这一复杂体系中的矛盾和重心的转移，即把社会文化分析同人的心理分析结合起来。

年鉴学派的心态史学 如果说早期弗洛伊德主义的重心在于强调个性形成和个性反叛，新弗洛伊德派的重心则在于研究人的心理社会化过程，那么，社会历史心理学则是在探讨文化同社会心理之间的联系。社会心理历史学是从社会文化背景中来探索时代风尚和社会心理，再从社会一般风尚中去看个人的行为。因此，它正好与弗洛伊德派的个人心理学相对立。

社会心理历史学首先研究的是某个特定时代的一般心理,如"中世纪的观念""12世纪的观念"或"16世纪的观念"。在这种研究中历史学变成了重塑历史"观念"的原料。法国年鉴派创始人之一吕西安·费弗尔(Lucien Febvre,1878—1956)是这种研究方法的奠基人。他认为:"心理学将从事三个系列的考察。首先,它将专心探讨人所得之于社会环境的东西:集团心理学;其次,考察人所得之于他的特殊机体的东西:特殊心理学或生理心理学;最后,研究人得之于其心理特点、身体结构的意外状态和社会生活的偶然事件的东西:差别心理学。"[1]他还认为按照逻辑程序,最后一项应该在研究前两项以后才能着手,否则只会越研究越混乱。由此可知社会心理学派与弗洛伊德学派之间的一个重大区别在于,前者是研究社会一般的正常心理,并在一定的程度上把社会心理看作决定个人心理的先决条件,后者则是研究社会中的异常心理,并探索这种个人心理异常的原因及对社会的反作用。两者间的区别是很明显的。

费弗尔所提倡的社会集体心理研究,推动了人们用文化背景解释社会思潮和人类心理。最普遍的是试图用社会文化解释宗教的变化,其中一个典型的例子是把16世纪宗教改革与天主教的反宗教改革说成是同一土壤中生长的两棵果树,两场运动看上去对

---

[1] 参阅田汝康、金重远选编《现代西方史学流派文选》,上海人民出版社1982年版,第54—55页。

立，实际上却有很多相似之处，二者都是从注重仪式和物质到注重精神和信仰的根本转变，从而体现了中世纪基督教与近代基督教的根本区别。例如，伯西（John Bossy）在1985年出版的《基督教在西方，1400—1700》[①]和索森恩（R. W. Southern）在1970年出版的《中世纪的西方社会与教会》[②]两书就是试图通过文化分析，解释中世纪基督教教义与近代基督教的区别。伯西认为，1400年是一重要的分水岭，在此之前，天主教的特征是圣徒崇拜、奇迹、宗教圣仪、人神合作和积德拯救等；1400年后，一种更为合理的新教诞生，无论是天主教还是路德教都更注重《圣经》、精神信仰和耶稣崇拜。这一转变的实质是教会从物质化的可见的教会向精神化的教会转变。这样一来，至少在教义转变方面，罗马教会与新教教会、宗教改革与天主教反宗教改革具有许多共同特征，即重视信仰和《圣经》取代了重视圣礼和奇迹成为近代宗教教义的主要特征。同样的方法也见诸对宗教异端的研究。所谓宗教异端是指与天主教正统观点相反的教义和理论。广义地说，是指错误的教义和教派。如12—13世纪流行于法国南部的华尔多异端，13—14世纪流行于法国的纯洁派，14—15世纪的捷克胡斯运动和英国威克里夫的宗教改革，16世纪的路德改革和随后的加尔文改革。这些被中世纪罗马教会指责为异端的教派，在现代人的眼中并非

[①] John Bossy, *Christianity in the West 1400-1700*, Oxford and New York, Oxford University Press, 1985.

[②] R. W. Southern: *Western Society and the Church in the Middle Ages*, Harmond-sworth, Penguin Books, 1970.

完全是异端。因为在不同的历史发展阶段上，人们的社会心理是不同的，所以对已定性的异端也可以翻案。因此，究竟什么是异端只能由各个时期的人们自己去定义，因为社会心理有严格的时间与特定的文化背景的规定性。

美国哈佛大学教授奥茨门德（Steven Ozment）在1983年出版了《当父亲们统治的时候：欧洲宗教改革中的家庭生活》[1]一书，该书试图用社会心理史学理论讨论宗教改革运动改变人们社会心理的问题。奥茨门德总的观点是，宗教改革运动是欧洲家庭观念改变的分界线。在此之前，是禁欲、迷信和夫权统治；在此之后是家庭的现代化，女性权力增加、夫妻平等和谐、家庭卫生改善和子女健康成长。因此，宗教改革实际上是一场社会改革。人的家庭和生活都因此而发生巨变。

奥茨门德在书中通过对婚姻、家庭、夫妻、妇女生育、子女教育等问题的论述，试图证明路德的宗教改革运动也是一场社会观念的移风易俗运动。在此之前，是禁欲、性乱、独身、巫术、死婴；此后，是健康的婚姻、和谐的性生活、夫妻间的平等相爱及近代的产科医学。与此相关的是大家庭向核心家庭转变，社会风气向人道主义进化。在方法论上，奥茨门德提出了社会心理变化的概念，以一个世纪为阶段的"长时段"让位于以一代人为限度的"短时段"，如果奥茨门德的观点能够成立，那么费弗尔笔下的

---

[1] Steven Ozment, *When Fathers Ruled: Family Life in Reformation Europe*, Cambridge, Massachusetts and London, Harvard University Press, 1983.

拉伯雷不信教的立论就可修正。因为以今人观之，社会心理是个变化的概念，拉伯雷介乎信教与不信教之间，也许正好说明他有关宗教方面的论述是当时人类心理的进步。

意大利社会心理历史学家金茨伯格研究的领域是16世纪意大利农村的农民宗教。他的成名作是1966年出版的《夜之战》和1976年出版的《乳酪与蛆虫》[①]。《夜之战》是一本研究意大利农民信仰的专著。这部著作的意义有两点：一是指出社会集体心理是有阶级性的，如在16世纪西欧，基督教信仰常被认为是普遍的社会心理，但作者通过对意大利农村的调查，发现离罗马教会很近的意大利乡村农民却相信一种与基督教无关的民间巫教；二是金茨伯格倡导用属于上层文化的教会档案来研究下层文化的方法，即批判性地研究教会审判异端的资料，从中发现普通人的心态。在《乳酪与蛆虫》这部著作中，金茨伯格进一步发展了他的"社会心理是分阶层的"思想。金茨伯格在其著作中还提出了这样一种看法：不同社会阶层的人所信奉的宗教是不同的。贵族一般信奉正统教，在那时就是罗马天主教；市民则信奉与正统教会相异的新教，如马丁·路德教或加尔文教；在乡村，上层信仰一些基督教异端；而更底层的农民要么根本不信教，要么信奉民间巫教。由此可见，抽象的社会集体心理是没有的，有的只是具体的、含有

[①] Carlo Ginzburg, *The Cheese and the Worms: The Cosmos of a Sixteenth-Century Miller*, Johns Hopkins University Press, 1997; also see Carlo Ginzburg, *The Night Battles: Witchcraft and Agrarian Cults in the Sixteenth and Seventeenth Centuries*, Johns Hopkins University Press, 1983.

阶级特点的阶层或个人的心理或心态。

在社会心理历史学的领域中,还出现一些明显搬用集体心理某些理论的历史著作。如社会心理学家哈雷·斯迪克·苏利凡(Harry Stack Sullivan)认为,人与人之间是互相影响的,人的心理特征和性格是受到"重要的别人"的影响而造成的。他的这种作用心理学理论被历史学家艾尔金斯用来研究奴隶制。艾尔金斯在《奴隶制与个性》一书中认为,奴隶的个性是由他们周围"重要的别人"造成的。例如,主人设想的奴隶都是驯服和偷懒的,而大部分的奴隶和仆人的行为正是这样。由此他提出一种观点:人的心理是由人的不同社会角色规定的。人的个性只不过是人对人际关系的巧妙应对,如果应对得体,就会在社会上成功,反之,则会受到惩罚。这种研究强调的仍是个人与社会关系,只不过把社会群体意志(弗洛伊德理论中的超我)当作个性形成的决定因素并用来解释人的行为而已。

由此看来,社会心理历史学的发展有一些基本的演变倾向。首先,费弗尔早期年鉴派时代的社会集体心理理论在时间和阶层两个方面受到挑战,大的抽象的群体研究让位给个别的、短时期变化的个人或小群体的研究。其次,人们逐渐看到了社会群体心理与个别心理之间的差异,如果进一步缩小研究范围,就会发现不仅阶层与阶层之间心态各异,而且同一阶层人们的心态也未必相同。归纳这两种发展倾向,可以发现非弗洛伊德派的社会心理学正在做与弗洛伊德学派相反的运动:从群体文化研究进入到个别心理研究。终有一天它会同弗洛伊德学派的近阶段运动——从个别心理研究向社会文化的分析转变——相遇，撞击出新历史心理学理论的火花来。

从20世纪历史心理学产生和发展的全过程看，应该充分看到这门边缘学科的可取之处。这是一门连接外部社会与人类内心世界的学问。它的一边连接着作为生物的人，包括生理欲望和生理心理发展，另一边紧连着作为社会的人——人的社会性欲望、社会与政治行为以及意义更为广泛的文化与传统。在这种研究中，家庭在社会与个人之间起着中介作用。人际关系中的一些复杂微妙之处被深刻地揭示出来，对有关历史问题的解释由此变得更加复杂、深刻、清晰和冷静。与此相联系的是人类人性的一面也被揭示出来，如马丁·路德的形象就远比单纯的"资产阶级思想家"之类的政治结论要深刻、具体得多。因为路德不仅是一个宗教改革家和思想家，而且是一个好丈夫，一个少年期的沉思者，一个妇女婚姻的提倡者和生育卫生的保卫者，一个爱喝德国啤酒的人和一个音乐爱好者。这样来评述马丁·路德也许平淡无奇，但却体现了历史的真实。

第九节　关于新史学

西欧和美国的历史学研究，自第二次世界大战以来，发生了许多重大的概念变化和方法演进。各种史学流派的兴起，如年鉴派、社会史派、心理历史学、精神史学、结构主义史学、知识史、历史人类学、计量历史学、新经济史学、新描述史学、大众史学、比较史学、追溯考古史学、地理文化史学等，都从不同方面反映了这一点。由于这些史学流派与传统史学差距甚大，故被统称为"新史学"。新史学的主要特征是什么？在观念和方法上比之传统史学究竟有什么突破？欧美史学界对此如何评价？这里拟就这些问题作一初步介绍和评述。

史学概念的变化和新旧史观的差异 西方现代新史学与传统史学的不同，主要表现在"历史是什么"和"历史学是什么"这两个基本概念上。传统史学认为，历史研究的重点在于搞清政治事件、政治法律制度的背景和后果，主要在政治、外交、法律，经济等方面作史料调查，再现和说明上层建筑领域内的问题。这种研究主要是运用文字记载的材料作归纳整理，着重叙述重要事件，再现过去社会的部分生活，并根据现代知识进行解释，以便使过去的事件更加清楚。新史学在回答"历史是什么"这一问题时有着更广泛的理解，认为历史就是以往人类的全部活动。它包括人与自然、人与社会、人的心理与情感等方面的关系。历史研究不能只研究政治事件和上层文化，还应研究特定时期普通人所想和所做。在这种被称为"总体历史学"的观念下，新史学中又分出许多流派和分支，如心理历史学研究的对象是个人、家庭和群体的情感心理发展史，并试图解释人的情绪心理对人类行为的影响以及对社会发展的推动；精神史研究的对象是特定时期的群体心理、时代思潮对人的行为的作用和关系；社会历史学研究的是社会结构并注重对家庭、婚姻、人口、社会心理等方面进行分析，并以此来解释战争、社会萧条、阶级、阶层和道德冲突等；科学史也是新史学研究的范围，即解释科技发展本身的规律及其对社会发生的影响；计量历史学特别注重人口的定量分析；文化考古史（原是文化史的一个分支）把重点放在研究不同文化间的差异，以寻找产生这种差异的历史和社会原因。

在回答"历史学是什么"这一问题上，新史学与传统史学距离更大。传统史学是一种记述与归纳性的描述史学，而新史学则是一种分析性史学。新史学认为：历史研究的目的不是为了描绘过去，而是为了回答问题，像其他学科一样，应有理论性思维和方法验证。具体说来，应有理论指导、分析模式、研究设想、实验设计、实验过程和假设、证实或证伪，以及定量定性分析。传统史学注重史料归纳与考订，贵在"让史料本身来说话"，而新史学则认为文献本身不会说话，除非研究者向它提问题。传统史学认为只要讲过去就是历史学，而新史学认为历史学的最大缺陷就在于它的学科性质不明确，任何自然科学和社会科学学科都有专门的教材论述本学科的性质和方法（如经济学、社会学、心理学等），唯独历史学没有。许多史学家甚至是在论文写成以后才思索论文是用什么方法写成的。这种状况说明历史学还停留在描述性的人文学科阶段，尚没有成为一门研究性分析性的社会科学。

新史学与传统史学在史料的概念和运用方面也存在不同。传统史学在政治史研究范围内占有史料优势（如历史文献、历史著作、文物、考古材料、历史档案等），而新史学在其研究领域（如心理情绪史、精神史和某些社会史领域）却鲜有史料。因此对新史学来说，开辟新的史料来源变得十分重要，如口述材料、报刊资料、建筑造型、私人日记等都是重要材料。传统史学对史料唯命是从，新史学却对史料的正确性表示怀疑。新史学认为，单纯利用零碎的史料并不足以提供历史真实，历史学家不应把全部注意力放在现有史料的考证上，而应放在塑造正确的历史形象上，有些重要的领域并非没有史料就不能进行研究。有些领域虽然没有留下史料却存在具有重要意义的问题，同样是一种历史真实。在这方面，历史学家的责任是运用现代科学的一切合理手段，如历史追溯法、心理分析法、结构合成法等来解决史料不足问题，使那些模糊不清的图像变得清晰，从而达到塑造宏观形象的目的。

时空概念一向是传统史学的支柱，但新史学赋予时空概念更为广泛的含义。首先，历史不是事件史，其次，时间与空间具有相对性。历史的发展与变化既有循时因地的一面，也有相对独立的一面。例如，结构主义学派认为，否认反映过去结构的现象是肯定反映今天结构现象的基础，因为历史结构的变化是按照它自己的特殊规律进行的，历史结构并非一定具有遗传性。所以，历史学家不应该把时间概念列为历史变化的最重要因素，可以适当地跨越时间限度来研究某个历史问题。譬如说，对现存结构的仔细研究，同样可以发现结构演进的特殊规律，把这种分析和发现运用于历史上的结构,就可以做出近乎正确的解释。托马斯·库恩在《科学革命的结构》一书中论证,科学研究中的最新发现就存在这种相似之处。他认为,科学上的新发现并不是对以往理论的系统掌握,而是对以往的理论和见解进行证伪和革命。新旧发现之间并不一定有直接的遗传因素,科学的进步常会有跨时间的现象。[①] 在空间概念上,新史学对传统史学以事件为点、以研究领域为线的平面历史学感到不满,因此想努力建立一种立体历史学或综合历史学。许多新史学家反对用单个原因解释历史,他们认为历史是复合的,存在着多种时速各异的动静因素。人不仅受政治影响,还受社会与自然因素的影响;不仅受外部社会时代思潮的影响,还受内在精神情绪变化及家庭关系的影响。因此,他们提出,应该把历史学从单线平面中解脱出来,以一种多学科共同研究的立体历史学取而代之。

可见,西方现代史学虽然流派众多,但却有共同的出发点和史学观念:扩大史学研究面和研究方法,用分析解释取代叙述归纳,用跨学科的综合分析取代狭窄的史料注释。这样,新史学作为对传统史学的一种挑战,便在西方史学界流行起来。

评介几种较为流行的"新史学" 当前西方史学界中在"新史学"名下究竟有多少种流派,还是一个未知数。这里仅根据一些学派在西方国家的影响程度,择要叙述。一般说来,就新史学的

---

① Thomas S. Kuhn, *The Structure of Scientific Revolution*, Chicago and London, University of Chicago Press, 1996, pp.2-9; pp.66-67.

潮流而言，法国领先，英国次之，美国则全盘引进并在国内外进行激烈争论。此外，德国在史料整理方面成绩卓著，历史社会学方法的运用也引人注目，但其他方面却并不突出。新史学在意大利、比利时等地也有人研究，不时有杰作问世。

法国的年鉴派被公认是西方新史学的开端。初期年鉴派的主要特征是"总体历史学"的概念和"科学无藩篱"的方法论设想。它的创始人费弗尔和布洛赫鉴于第一次世界大战后西欧和世界多变的政治经济局势，深感传统的事件考据式历史学不仅不能抓住人类活动的真实状况，还有害于历史研究本身。他们提出，历史应该是总的人类活动史，其中包括政治、经济、社会、文化、精神及人类居住的生态环境等方面，这些方面是互相交错和联系的。历史学家只有通过全面的考察，才能真正了解特定时代的人类，才能正确解释历史上的重大事件。由此出发，年鉴派开始强调研究人类活动中一切延续或交替的结构。所谓结构，既包括生态结构、社会结构、经济结构和文化结构，也包括人的心理结构和时代精神结构。历史学家不仅要研究杰出的历史人物，更要研究普通人。当历史凌驾于普通人之上，只研究少数人和少数事件时，这种研究就难以真实。历史学家只有致力于研究普通人和他们的社会生活与生态环境，才能描绘出历史的真实画面。费弗尔就是运用地理学、文化学、社会学、经济学和心理学理论来解释历史的。晚年，他还把历史研究的重心转移到人类精神史方面，即研究人类总体的时代精神和心理结构。在费弗尔的全部历史学理论中，已经包含着以后的历史心理学、文化历史学和社会历史学等新史学的萌芽，历史学的概念已经从单个考据转到了综合分析。布洛赫主要研究经济史和社会史，从总体历史学出发，他拒绝用单个原因解释历史。他的名著《封建社会》把封建制度当成一个系统来研究，努力发掘特定时期的整个社会面。在《历史学家的技艺》一书中，他又提出要更广泛地搜集史料，除搜集文字记载和口述材料之外，还要从包括社会结构和社会制度的整体上来解释历史。他认为，只有这样才能克服个人观念，把握历史全貌。①

年鉴派发展到第二代即布罗代尔时期，已经开始向结构主义靠拢。通过长期研究，布罗代尔发现世界的变化只是一种结构的变化，而结构的变化又有三种不同的速度：一是长期延续的结构，如土地、海洋、气候、地理等在几千年中变化甚微，它们对每个时代的生产构成和社会组织都起着有力的制约作用；二是中长期延续的结构，其中以一代人的生命长度为变化时限，更多的是超越一代人甚至几代人的生命长度，布罗代尔和后期年鉴派特别注重这种时限的结构研究，如价格变化的趋向、土地所有制、人口变化等；最后是短于人的生命时限的运动变化结构，如社会政治状况、政府政策和法令等方面的变化。后期年鉴派把这三种结构分别称之为不变结构（相对而言）、可变结构和易变结构，并且认为那种相对稳定的不变结构（地理条件和人口）最为重要，其次才是经济和社会的演进，再次是一般人的文化结构的变化，最低层

---

① Marc Bloch, *The Historian's Craft*, New York, 1953, pp.48–78.

次的才是政治现象。由此可见,年鉴派发展到后期,已经把前期总体历史的概念,变成了各个分解结构的综合。而在这种分解的结构中,又只重视较为固定的结构,作为历史研究中十分重要的政治因素,已经无足轻重,甚至无须研究了。

把结构主义史学推向极端的是法国人列维·斯特劳斯。他所创立的历史人类学,也可处于后期年鉴派之列,但他比年鉴派走得更远,故又称之为"斯特劳斯派"。斯特劳斯认为,不仅历史现象、事件是无关紧要的,即使是时间、地点以及自然地理也无关宏旨,历史研究的目的应是跳过一切去发现结构以及结构后面隐藏的宇宙法则。按他的说法,所谓历史研究不过是研究人类活动和人的行为,而人的活动又分别受可见的法则、特殊的法则和宇宙法则所控制。可见的法则就是一般常理,控制着人们的一般行为,它可以被体会到,并且有变化,有时间性。特殊的法则也叫群体法则,它是宇宙法则派生出来的,随宇宙法则而变化,控制着历史上"人群"的社会生活和社会行为。最后是宇宙法则,只有它才反映出人类的本质特性。宇宙法则是独立于人类意志之上的根本法则,它没有时间性,也无法直接观察,只能在特殊的群体法则的不变成分中才能被体验到。他进一步指出,人类的一切活动都受制于永恒稳定的宇宙法,而宇宙法只有一个,当它应用于人类群体社会时,就化为无数的特殊群体法,从而控制和规定了人类社会的群体结构。这些群体法再进一步派生出可见的一般行为法,如常理、规章制度等,进而控制人类的个别活动。斯特劳斯由此指出，历史研究的方向应是反向研究，从事件现象看群体结构，再从群体结构的稳定部分里寻找宇宙法。在他看来，人类已不再是有行动决定力的个人，他们都从属于被各种法则控制的结构。只要理解非个体与无时限的总法则——宇宙法，就可找到体验人类一切行为的关键钥匙。因此，最好的历史研究应该是不局限于历史主义的研究。既然宇宙法是不变的又是决定一切的，那么，它就既决定过去（历史），也决定今天的人类行为。这样，过去与现在就是平行的而不是遗传继承的。极端地说，研究历史完全可以从今天开始，至于过去那些不正确、不完全却又被历史学家奉为珍宝的史料更是没有意义，一切变化的发生自有决定它们的特殊法则存在，因此，可以用寻找到的法则去"正确地"解释一切。年代的顺序不是必须的，历史学应该是一种人类学。过去、现在和将来的差异仅是不同文化结构上的区别，所以传统的历史研究应该为现代行为科学所取代。[①]

年鉴派、结构派及斯特劳斯派的历史人类学，在西方又被称为社会历史学或历史社会学。历史社会学的定义和内涵并不明确，它只是近二十年才在史学界展开讨论的。在法国年鉴学派出现以前，历史社会学与传统历史学的差异主要表现在研究领域：一是关于历史上的社会问题，历史社会学家们调查医院、学校、贫穷、疾病、精神错乱等，其目的是为了弄清这些问题对社会产生什么

---

① Ernst Breisach, *Historiography: Ancient, Medieval, and Modern*, Chicago, University of Chicago Press, 1983, pp.374-375.

影响。二是社会生活史，如家庭、工作场所和社区内所产生的日常生活。正如英国著名历史学家特维延（Sir George Otto Trevelyan）在1944年出版的《英国社会史》中所说："社会史是研究除政治史以外的一切的人们的历史。"这部著作通常被人认为是社会历史学的开端。这部著作不谈政治史，对经济的叙述也很少，但在大量的小标题下却再现了一般人的社会生活史。三是平民或平常人的历史，即不见于一般政治史著的普通人的历史。自年鉴派出现后，历史社会学的含义起了变化，它不仅在研究对象方面与一般的历史学不同，更主要的是研究方法不同。当今的历史社会学，已明显地打上社会学理论与方法的烙印，研究课题也扩展到人口、都市化、社会冲突、家庭婚姻、劳动者的空闲时间与劳动时间之比、城乡区别、社会发展水平或垂向流动，以及宗教、社团、社区、学校等领域。历史社会学不同于社会学之处是：前者是研究历史上的社会问题，后者是研究现实中的社会问题。

从以上简要介绍的几种学派演进的情况看，近年来西方的史学已经有了很大的发展和修正，一方面，不同理论和流派繁衍不息，另一方面研究逐渐趋于客观。

研究方法的改进 西方新史学之所以盛行，除了它的理论和概念具有吸引力外，在方法上也有很大的创新。由于历史研究面的拓展和解释历史学的提倡，传统的史料归纳和史料批判的研究方法和手段已显得落后了。在历史科学化的总标题下，新一代史学家进行了不少新的创造性尝试，主要表现在以下几方面：

（一）把历史学与其他学科相结合，产生了新的边缘学科和综合研究。按照美国伊利诺州立大学教授、著名历史研究方法学者劳伦斯·沃克（Lawrence Walker）的理论，历史学若同另一门学科相结合，一定要有一种互补与反馈的关系存在，否则，这种结合就没有意义。这种互补关系存在的前提是，相结合的两门学科都应该是成熟的学科。如果有一门学科缺乏成熟性，它对历史学就没有什么贡献，反之，别的学科也不能从历史学中获益。历史边缘学科恰恰依赖于这种相关性。由于历史学本身是一门已经发展成熟并基本定型的学科，因此从理论上讲，它可以同一切现成的或将要成熟的学科相结合。例如历史学可以同政治学、经济学、心理学、社会学和数理统计学相结合，从而产生相关历史边缘学。但是，历史学还不能同有机化学、核物理学相结合，因为前者只是一些研究的课题，而不是成熟了的学科，后者虽然已经相当成熟，但由于该学科的性质与历史学距离太远，二者间的相关系数太小，所以不能结合为对这两个学科都有益的边缘学科，或新的历史边缘学。①

那么，历史学与其他学科结合究竟产生了哪些新的历史边缘学呢？第一，历史学与人类学结合产生了历史人类学或人类文化学。人类文化学主要研究人类文化的演进，涉及范围有家庭、婚姻与亲缘关系、历史上的年龄结构、性别关系、群体心理、生产

---

① 参阅劳伦斯·沃克《史学和历史研究方法课程导言》，美国伊利诺依州立大学历史系讲义，1985年8月第1号。

与分配、政治组织与法律制度、宗教和传说、文化与个人、文化与发展、乡村、都市与社会化等，还包括亚洲、非洲、欧洲与美洲人民之间的文化差异，以及造成这种差异的原因。[1]

第二，历史学与地理学相结合，产生了历史地理和边疆沿革地理、地理社会学和文化地理学。地理社会学的研究重点是建筑和居住。它分纵向研究和横向研究。纵向是研究原始建筑至现代建筑的演化；横向是研究世界各地居住条件和建筑造型中反映出来的社会心理的不同，以及人与社会、人与空间的联系，比较宗教（如东方的佛教、印度教、道教与西方的犹太教、基督教和阿拉伯的伊斯兰教）的异同，分析起源和不同地域内的民族心理，探寻科学演进和科学思维在各地的发展程度，食物构成对各地人口生理和心理的影响以及对生产结构的影响，人口、语言与交流，各地教育水准和受教育的程度在人口中的比例，土地利用的合理程度，村落和居住点以及城市地理选择、交通发达程度对社会的影响等。地理文化学主要是从广义上研究人类文化的演进，涉及范围有文化与自然、人类起源与人种分布、文化与种族、卫生与医疗、社会和政治结构、农业文化、工业文化和能源、城乡区别和宗教差异、都市化与社会化程度、人口发展趋势和环境污染问题，以及人类应怎样考虑人与世界、人与自然的关系等。[2]

---

[1] Abraham Rosman, *The Tapestry of Culture: An Introduction to Cultural Anthropology*, Boston, McGraw-Hill Humanities, 2004, pp.24-32.
[2] Henry M. Kendall, *Introduction to Cultural Geography*, New York, Harcourt, 1976, pp.2-17.

第三，历史学与文学、哲学相结合产生了知识史或称意识形态史（又称观念史、思潮史）。它是一门专门研究人类意识形态演进的学科，即研究每个时代所产生的反映时代与社会特色并对社会产生重大影响的一切时代思潮。根据这个定义，思潮史并非哲学史，因为哲学史研究的是哲学这门学科自身的发展史，而思潮史研究的对象则是思潮对社会结构所产生的影响。这一派的史学家们认为，一切冲击社会的新思潮都应研究，无论是哲学、科学、文学还是神学的观念：从基督教到经院哲学、从牛顿到伏尔泰、从达尔文到马克思、从理性主义到反理主义、从弗洛伊德到萨特的存在主义、从悲观主义到嬉皮士的性开放运动、从文艺复兴时期的女性美到现代的女权主义，这一切均属于知识史研究的范围。它的宗旨是思想家们必须从象牙塔中走出来，到社会中去进行调查研究。目前，知识史这门学科在美国已成为大学历史系学生的必修课程，因为研究社会意识形态被认为是文科学生必不可少的训练。[1]

第四，除了上文提到的各种新兴学科以外，历史边缘学还有与经济学、医学、人口学、科技学结合产生的历史经济学、历史医学、历史人口学、科技发展史学等。历史经济学和经济学的相互关系是：经济学提供理论，用以解释历史上的经济现象，而历史学则提供史料支持或证明经济学中的某种经济理论。历史医学

---

[1] For examples, see Franklin Le Van Baumer, *Main Currents of Western Thought*, New Haven, Yale University Press, 1978; Crane Brinton, *Ideas and Man*, Englewood Cliffs, N.J.: Prentice-Hall, Inc, 1963.

研究的是医学、医药发展的历史，从医学的角度来分析人类文明的进化程度。历史人口学研究人口在各个历史时期的发展变化。科技发展史学主要研究人类科学思维方式的进步。总之，历史学已成为一种滋养各个学科尤其是其他社会科学的养料；历史学也从其他学科不断汲取理论和方法，促使自身日益现代化。

（二）从描述性学科向实验性学科转化，走上了运用理性假设和计量史学的道路，各个史学流派运用不同的理论和分析模型来研究历史。早在马克·布洛赫创立法国年鉴学派时就已提出过这一研究方法。布洛赫认为，史学家在研究历史时，应该有一个思维分析方式或研究模型。这一模型不是凭空而来，而是根据已有的概念、知识和对史料的认识建立起来的。模式往往表现为一个定义模型和另一套验证这种定义模型的实验设计或研究设计。例如可以把"封建主义"作为一个定义模型，表述西欧中古社会特定的政治分裂局面，具体表现为公共权力和军事武装掌握在私人手里。国家行政制度亦为私人豪门所制定，并通过契约（领主与附庸、封主与封地获得者之间）关系来实现。这个定义模型对不对呢？需要通过多方面的调查才能确定。为了做好调查，首先要有个调查设计。研究者这时会提出许多问题，如：封建主义是不是只有上述三个特征？是不是仅仅局限于欧洲？封建关系源自哪里？在英、法、德、意等国有什么不同？为什么会产生这种制度？军事制度和封建制的关系究竟如何？等等。在提出一大堆问题之后，研究者就可以舍去与主题无关的问题而选择有关的重要问题进行排列组合，并设计调查的第一步、第二步、第三步等。通过调查，这些问题一步步被弄清，从而发现事物原型与定义模型之间的不同。这种不同就是研究成果，因为这意味着一种新定义的产生和一幅更清晰的历史画面的再现。然而，历史学家的工作并没有结束，他还必须解释和分析他所发现的新东西。这又涉及一种更为复杂的思考，例如仅仅发现欧洲各国封建主义的不同，或者发现欧洲与日本封建制度的不同是容易的，但要解释这种不同的根源就复杂得多。从这点上说，新史学的分析模型与马克斯·韦伯的理想原型有相通之处。韦伯曾建议设计一种分析问题的理想原型，它不是实际存在的各种特征的综合，而是研究者用思维所设想的一种定义或特点，然后再用这种理想模型来验证个别事物。在验证过程中，不管原先的模型被证实还是被证伪，它总能为分析与调查提供帮助。它从一种理论假设出发，然后确定课题假设，再借助一切调查手段去验证这些假设。这一步骤的关键是概念的探测，即把概念化为一些变项指数、指标，以便用来反映事物的本质，最后再用事实来肯定、修正或推翻假设。但是，韦伯的这一社会学方法被引入历史研究以后，增加了问题的复杂性。首先，历史学家研究历史时，并非完全是从纯假设出发，而是已经有了一定的史料基础；其次，历史学家调查的材料是一些零星的历史碎片，很难直接转化为指数与指标；最后，历史学家并不满足于发现某种新的概念，相反，这只是解释历史现象的一种前提。历史学虽然能够向实验科学发展，但毕竟不是实验科学，从某种意义上说，它缺乏自然科学那样严密的公理性法则,因此,经验与实证的成分往往同时存在。①

(三)为了建立更严密的论证体系(尚未发展为实验体系),数理统计与电子计算机被用于历史研究。计量史学和计算机变得如此重要,是因为新史学派中的大多数人已从研究个体转到了群体,遇到了大量需要统计与分析的数据,而计算机技术的发展正好为上述需要提供了迅速处理信息、统计与分析材料的能力。计量史学主要用于数据集中的地方,如人口统计,家庭结构、婚姻制度分析,居住条件、学校制度的分析,选举状况、决议通过票数,以及经济状况、工资、物价、产量、财政收支的统计等。采用计量学来研究历史,其意义是很大的。它可以验证和确定史实,也可以用来作历史比较,从而发现许多原来被忽略的问题。例如,在研究德国宗教改革这一专题时,历史学家过去总是从马丁·路德的小册子和其他文件中去判断这场运动的性质,但是在运用数理统计方法后,却发现在当时参与这场运动的2000个城镇中,仅研究了80个城市。同时,还发现参加这一运动的大约有1600万人,马丁·路德的小册子在1520年前后约发行了20万册,而当时识字的人约占德国总人口的4%~5%,这些人大部分集中在城市,假设马丁·路德的小册子全部落到识字人的手里,在当时的德国仍然有一千多万人不能读到。那些没有读过这本书的人之所以参加德

---

① Lawrence Walker,"Review Essay Feudal Society by Marc Bloch," in *History and Theory*, No.2, 1963.

国宗教改革运动，主要是从乡村牧师的讲道中得知马丁·路德的观点。至于他们是否同意路德的观点，根本就是一个谜。因此，如果仅按马丁·路德小册子中的观点去评价德国宗教改革的性质，是过于简单和极不谨慎的。① 再如1524—1525年的德国农民战争，过去历史学家总认为地租的增加是导致农民战争的主要原因。但是，在用数理统计方法研究后发现，这一时期的地租是稳定的，与100年前相比增加并不大，由此可见地租增加不是导致这场战争的主要原因。

从上述例子看，采用数理统计方法研究历史，虽然能帮助研究者从主观臆断和孤证考据中解脱出来，使所引用的史实更准确。但是应该看到，这种方法仍存在不少问题。它往往只能说明历史现象却不能说明本质。因为历史资料具有非集合的性质，资料来源与种类并非一体，怎样选、怎样编、选什么、弃什么，常与历史学家的个人志趣、观点、立场有关，因而得出的结论也会因人而异。此外，历史学家把一大堆数字引入论著，也会使读者感到枯燥乏味。

（四）新史学家对资料都持慎重态度，他们总是尽量利用一切可以找到的材料来研究历史。但是随着研究的深入，他们发现历史资料有三大缺陷：第一，历史资料基本属于上层文化范畴，多为政治史方面的材料，缺乏社会史方面的材料；第二，历史资料

---

① R. W. Scfibner, *The German Reformation*, Hampshire and London, Macmillan, 1986, p.26.

缺乏对普通人生活与风俗的记载，第三，历史资料一般都比较零碎，缺乏系统性，因而可信度不高。因此，历史学家仅根据史料的"碎片"来判断历史问题，是复原不出历史的真实图像的。所以他们就只好另辟途径来解决史料不足的问题。他们提出，是否把历史看作立体的、全息的，而不是平面的或点与线的，是复原历史真实图像的关键。例如，要研究中世纪的青少年犯罪问题，如果缺少这方面的材料，传统历史学家会停止这项研究，但是对一个新史学家来说，他只要相信这个问题是存在的，并有研究的意义，就能坚持下去。史学家们会利用现代发展心理学的理论，去判断青少年心理与犯罪心理的一般特征；会利用有关财产和婚姻关系的材料，去判断当时社会价值观念和结婚年龄；会利用当时的伦理道德观念和社会心理结构，去分析当时存在的代沟和逆反心理；会根据政府的法令和法庭判决书，来估计青少年的犯罪比例和对社会的危害程度；会研究当时的教育制度和生产制度，从而找出青少年的文化程度和空闲时间及经济收入；会去研究国家的控制机能来判断青少年的犯罪量。总之，新史学家们会在社会各个领域找到复原历史图像的材料。虽然在复原过程中，多次运用了判断与估计，但由于有一定的史料基础，并进行了全面的社会考察，因此他们最后得出的结论，一般不会离史实太远，从某个角度说，其可靠性可能比单凭一些零散的材料所做出的判断还略高些。

（五）追溯历史学也是新史学的一种研究方法。当历史学家进入一个非常重要而史料又极少的研究领域时，要使研究坚持下去，就不能不采用追溯历史学的方法。如研究中古时期西欧贵族的起源，过去的办法是漫无边际地寻找这个时期的史料，一旦发现了一些零碎资料后，史学家们就立即用来解释历史现象，这种做法的可靠性和可行性是令人怀疑的。新史学家在这里采用的是追溯法，即不是从中古时期开始研究，而是从目前已掌握的某些事物的基本结构着手分析，去追溯事物发展的线索。中古时期有关贵族结构的资料虽然较少，但17—18世纪的资料较多，据此，历史学家可用提问的方式，先弄清15—16世纪的贵族状况，然后再弄清13—14世纪的贵族状况，依此追溯下去，直到实在没有材料的年代为止。需要注意的是，研究者在做这样的追溯时，应该先用历史模型进行假设，从已知的特征出发，寻找根源。同时还可引入比较研究的方法，如果有关资料在法国没有，并不等于德国没有，研究者可用同一时期、同一问题的同类材料作旁证。当然这一方法也有缺点，因为研究者是从现代追溯以往，这就很容易掺入现代人的观念，从而使所得的结论缺乏说服力。

从出现新的史学思潮到作为体系的新史学形成，西方史学界大约用了五六十年。新史学对于历史学的最大贡献是，敏锐了历史学家的思维，拓宽了史学研究的领域，为直接服务于社会提供了可能性，同时也使历史学自身向科学化和现代化迈进了一步。

但是，新史学仍然有相当大的局限性，这种局限性既表现在理论上，也表现在方法上。例如社会史学家拉德瑞（Emmanuel Le

Roy Ladurie)指出:"应该反对两种倾向:一是只注意事件不注意结构;一是只注意结构,仅用功能观点机械地看问题,把一切都视为结构注定的,否认事件的重要性和历史的偶然性。好的历史学家应该研究结构和事件,把事件当作旧结构向新结构转化的桥梁;应注意背景和事件、事件与结构、通过对部分与整体、偶然与必然的认识,建立正确的历史思维。"[1]美国著名女历史学家、纽约市立大学荣誉教授格特鲁德·希曼费白(Gertrude Himmelfarb)1984年在《哈泼斯杂志》(Harper's Magazine)上撰文,也尖锐地批评了某些新历史学忽略政治研究的倾向,指出人是社会动物、政治动物,历史学若忽视对政治的研究和对史料的考订,是极为错误的。[2]还应该指出,新史学的理论和方法以及研究的领域,虽然都打着西方社会的政治烙印,但这并不等于对我国的历史研究没有一点借鉴作用。

第十节　关于全球文化

20世纪末期,学术界乃至一般民众才开始普遍重视全球文化问题的重要性,人们以一种十分关切的态度来研究这个问题的方方面面。这一问题的迫切性是由现代世界发生的各种政治、经济

---

[1] Emmanuel Le Roy Ladurie, *The Territory of History*, Chicago: The University of Chicago Press, 1973, pp.111-131.
[2] Gertrude Himmelfarb, "Denigrating the Rule of Reason", *Harper's Magazine*, April, 1984.

和文化问题引发的。约翰·汤姆林森（John Tomlinson）誉之为"全球化位于现代文化的中心，文化的践履则位于全球化的中心"。①罗兰·罗伯逊（Roland Robertson）誉其为"把世界浓缩为一个单一地域"。②而对于马孔姆·沃特（Malcolm Water）来说，全球文化不啻是一个较高的发展层次，因为"物质的交流是地区性的，政治的交流是国际性的，象征符号的交流是全球性的"。③上述研究均表明了全球文化所具有的伟大意义。这一意义迄今仍为世界各地的历史学家、人类学家所认同。例如，克里福特·基尔茨（Clifford Geertz）说"文化不是一种力量，它是一种被社会事件所决定了的事物"。④而在马丁·阿尔布劳（Martin Albrow）那里，全球化却成为一个新时代的开端："我们生活在自己的时代里，全球化时代以史无前例的方式使世界向我们开放。"⑤

汤姆林森、罗伯逊、沃特——这些名字已成为对全球文化看法各异的象征。最初对全球化做出的传统的学术研究经常被曲解，甚至陷入政治事件的泥潭。在各种研究兴起的基础上，文化学者们不再容忍这样的观点：全球化仅仅是政治、经济的运动

---

① John Tomlinson, *Globalization and Culture*, Chicago, The University of Chicago Press, 1999, p.1.
② R. Robertson, *Globalization: Social Theory and Global Culture*, London, Sage, 1992, p.6.
③ M. Water, *Globalization*, London, Routledge, 1995, p.9.
④ C. Geertz, *The Interpretation of Cultures*, New York, Basic Books, 1973, p.14.
⑤ M. Albrow, *The Global Age: State and Society Beyond Modernity*, Cambridge, Polity Press, 1997, p.2.

或是跨地区的大区域兴起问题。取而代之的是，学者们开始转向由社会学家和媒介传播学家们迅速开辟的世界联系网络研究。汤姆林森提出全球化多维度的观点，因为在他的《全球化和文化》（*Globalization and Culture*）所考察的世界联系网络中，他无法在以往经济、政治、军事、社会、技术、环境的解释中为全球文化找到合适的位置。他相信存在着一种多维度的"全球化"，其中文化的维度是一个需要对其进行单独研究的核心领域。汤姆林森把全球文化变成了一个专门探讨各地人们互相联系的问题，并力图避免让人认为，仅仅是文化之外的因素激发了全球文化。

在文化学者展现的这幅新画面里，我们看到了一个新的领域——全球文化的研究——在急速兴起。尽管目前这些研究仅仅是理论性、观念性的探讨，它们的重要性却无法被忽视。这种研究首先为我们提出了一些重要的研究课题，包括全球化和文化的关系、全球化和现代性的关系、全球文化传播的技术和媒介问题、全球文化传播的重要意义、文化的归属感危机、超地区的文化传播原因、文化差异和社会文化之间的距离、文化一体化和地区的保护主义、全球文化取代面对面交流的可能性等。我们把这种研究的动态变化归因于急速开辟的文化学研究，尽管其中大多是理论性的，多限于理论的归纳和观点、看法的争论。在意识形态上保持中立的历史学家和社会学家，例如迈克·萨伐奇（Mike Savage）、该诺·巴格诺（Gaynor Bagnail）等人和印度学者哈伦努尔·拉西德·可汗（Harunur Rashid Khan）则发表了许多关于全球文化引起归属感问题的地区性的实地调查材料，从而使更细致深入地研究全球文化的影响成为可能。随着全球文化研究的逐步深入发展，一些重要的理论问题和现实问题也渐渐浮现出来。为了叙述方便，我们把存在的问题分为原因、内容和影响三个方面来探讨。

1. 原因。最近，汤姆林森再次强调他的观点，即"文化有别于支持它的科学技术"[1]，因此交流技术的提高不应被视为全球文化兴起的主要原因。这种强调的目的在于纠正一种倾向——人们在讨论文化的时候其实总是在谈论另一个与文化不尽相同的东西，即文化借以传播的手段如全球化的通讯、媒体的技术。[2] 在这一点上，汤姆林森以安东尼·吉登斯（Anthony Giddens）为例加以批评，因为吉登斯在谈论文化的维度时，实际上总是在谈论"交流技术如何戏剧性地影响全球化的所有方面"。[3] 汤姆林森的这个看法标志着从研究全球化的技术向研究全球文化本身转折。认真关注全球文化传播的科学技术是非常重要的，但这个问题一旦被人们接受，那么把全球文化仅当作科技的发展加以探讨就会使人们厌倦。汤姆林森告诫说，"公正地说，在他关于全球化的著作里，吉登斯没有把注意力放在文化的观念上"，以至于把文化与科技混为一谈。

---

[1] John Tomlinson, *Globalization and Culture*, Chicago, The University of Chicago Press, 1999, p.20.
[2] John Tomlinson, *Globalization and Culture*, Chicago, The University of Chicago Press, 1999, p.21.
[3] John Tomlinson, *Globalization and Culture*, Chicago, The University of Chicago Press, 1999, p.21.

汤姆林森的做法是要把文化维度的概念从仅仅探讨科技扩展到高度重视文化本身。然而，汤姆林森并不草率，如果考虑到汤姆林森对沃特观点的批判，就知道汤姆林森认为文化的传播不能没有技术力量的支持，而那些磁带、录像、网络、电视也是一种物质手段。低估经济因素、物资因素来谈论文化的产生，就会陷入"唯心主义者的论调"。[①]

与上述的折中看法类似，在"社会事件决定全球文化"的问题上，汤姆林森也把事件视为全球文化兴起的一个动因，尽管他不主张用"事件决定论"解释全球文化的兴起。在他看来，与其说是社会事件决定全球文化，毋宁说是文化在参与各种社会事件并产生后果。无论是政治事件还是经济事件，其实都有文化的参与。"即使是吃饭和挨饿这样的决定，也是一种文化上的决定。"[②]这样，汤姆林森论证了文化在个人、集体对特定事情做出反应时的重要意义。换言之，文化不是社会事件被动的、派生的现象，而是自始至终参与、影响事件和行为方式的因素。这样一来，社会事件和全球文化就是一种互相联系、互相影响的关系。这种强调与传统的历史观念相左，因为在一个全球文化的世界里，联系和互动往往决定事件的发生、发展及其结局。汤姆林森的这种看法得到许多现代文化论者的赞同。

[①] John Tomlinson, *Globalization and Culture*, Chicago, The University of Chicago Press, 1999, p.23.

[②] John Tomlinson, *Globalization and Culture*, Chicago, The University of Chicago Press, 1999, p.24.

关于全球文化起源问题的另一场争论来自对历史的看法。大卫·海尔德（David Held）、安东尼·马克格瑞（Anthony McGrew）等人认为，全球化起源于历史的延续发展，在《全球化的转变：政治的、经济的和文化的》一书中，他们提出全球化是一个历史发展进程的看法。全书把全球化分为1500年之前的时代、近代早期（1500—1850）、现代（1850—1945）、当代（1945年以后）四个时期，认为在各个时期都有不同的特征，尽管全球化是在近代早期以后才充分发展起来的。[①]这样的观点注定会遭到争论。这一点并不是偶然的，因为许多研究全球化的学者并不是历史学家，他们更倾向于把全球化看成是一个当代社会的发展成果。这是一场在成名的学院派历史学家和政治学家、社会学家之间的激烈争论。与历史学家不同，社会学家、政治学家、经济学家诸如著名的社会学家安东尼·吉登斯更倾向于把全球化看作是现代性的一种结果。吉登斯认为现代性具有四个维度：资本主义、工业化、政治控制（特别是对民族国家的政治控制）和军事权势。他把这四个维度与全球化诸维度（世界性的资本主义经济、劳动的国际分工、民族国家制度、世界军事秩序）相联系，就形成了他的全球化乃是现代性的一种结果的看法。[②]然而，在社会学家阵营内部对于这一问题也存在观点上的分歧。吉登斯对全球化的解释有把现代性简单贴上全球

[①] David Held, Anthony McGrew, David Goldblatt and Jonathan Perraton, *Global Transformations*, Stanford University Press, 1999, pp.1–35.
[②] Anthony Giddens, *The Consequences of Modernity*, Stanford University Press, 1990, p.47.

化的标签而显得缺乏严密论证的嫌疑,因此被全球化研究的国际权威罗伯逊指责为"现代性研究的扩展",他评论道:"这是一种现代性的扩展,从社会扩展到了世界。这是在全球化的范围内谈现代性。"①

2. 现代性。如果我们回到全球文化的内容上来,那么,西方化和现代化这两种不同的解释就浮上水面。在一些学者们眼中,扮演全球化主角的乃是西方文化。而在另外一些学者那里,全球化的目标不是西方化而是全球的现代化。然而,即使是视全球化为现代化这样的观点,也遭到了人们的反对,例如有人指出那是一种在全球化的名义下资本主义的扩张。最近,汤姆林森在批评政治学家约翰·格雷(John Gray)的观点时对此作了一个重要解释,他认为在反对全球化的人中间,存在着激进派和保守派的区分。激进的左派无疑反对全球的资本主义化,而像格雷那样的学者却属于后者,他来自保守主义阵营,尽管他也指责全球化无疑是在宣扬"19世纪的英国和20世纪的美国的经济个人主义"。② 汤姆林森指出:格雷是站在保守派的立场上说话的,因为他反对的实际上是一种新的、以全球化为标签的"自由主义"。这种新自由主义本身是一种大综合:既有全球资本主义的自由市场、自由主义精神,又有启蒙时代的传统,如人文主义、开放性的发展、征服和

---

① R. Robertson, *Globalization: Social Theory and Global Culture*, London, Sage, 1992, p.142.

② John Gray, *Endgames: Questions in Late Modern Political Thought*, Cambridge, Political Press, 1997, p.150.

控制自然界。汤姆林森不无深刻地认为，格雷的做法无疑是一石二鸟，站在保守主义的立场上，他"既反对了新自由主义，又反对了马克思主义反对资本主义的传统立场"。①

公正地说，全球的现代化是一个比较好的提法。全球化的主要目的不在于克服那种不顾整体而只注重地方利益的个体主义，而在于通过全球化的文化观念传播，让先进的事物在世界范围内得到认可和应用。这种观点可以表述成这样一个问题："扫除落后的和过时的限制，以及源于各种落后的意识形态和体制的障碍。"对于非西方的学者而言，这是有关自己国家如何实现现代化目标的一个基本问题：发展中国家通过力行改革和同世界标准接轨而得到提升，包括推翻落后的思想和体制，在开放的基础上获得解放。

3. 影响。学术界在全球文化的起因和内容的理解上莫衷一是，对其影响的看法也同样显示出分歧。对于全球文化持乐观态度的可以用"新的人文主义国际环境"一词来加以概括，特征是承认在全球化的推动下，世界的联系和沟通将会得到增强，一些基本的观念如"我们只有一个地球""人类的共同福祉"会被人们普遍接受，进而成为保卫世界和平、保护自然环境和世界资源的一种动因。这样，各国之间人们的紧密甚至是相互依赖的关系，必将推动先进的事物在全球进行传播，这会影响世界格局，导致一个全

---

① John Tomlinson, *Globalization and Culture*, Chicago, The University of Chicago Press, 1999, p.66.

新时代的到来。与此相反，对全球文化持悲观态度的观点，可以归纳为"文化帝国主义"的入侵，因为像迪士尼乐园、好莱坞电影、可口可乐、米老鼠这样的事物在全球的传播，结果将会导致民族文化的削弱，特别是将引起所谓的"文化归属感危机"。

现将各种观点概述如下：

1. 一方认为，似乎全球文化是资本主义文化和民族国家文化的对抗，也在意识形态和文化层面上得到反映，引起了资本主义的扩张和文化帝国主义的入侵。另一方认为，似乎是历史的发展引起了全球文化和全球人民的联系。各个民族国家受到"全球文化的"激励。即使不把改革与开放当作一项根本原则，"全球化"也仍然是各国走向现代的一个重要杠杆。

2. 一方认为，全球文化的目标是扫除和抑制与现代精神相违背的一切障碍。另一方认为，目标似乎是维护和加强资本主义的政治、经济和文化利益，因而具有侵略性；而且由于各地之间存在显著的地域发展差异，因此全球化就必然只对发达国家有利，而且将以牺牲发展中国家的利益为代价。

尽管上述各种理论经受了检验且在不断深入辩论中有所发展，但很清楚的是，这些理论在许多方面仍然缺乏实践检验的证据。在研究范围方面，也存在着许多空白之处需要补充。更需要指出的是，上述这些理论把全球文化的研究置于一个理论框架之内，尽管这一框架显然是由西方学者奠定的。因此，全球文化的概念是否得到了正确的理论阐释仍有待证明。具体说来，这意味着东方学者可以采用自己的经验来批判地考察那些为西方学者奉为经典的、业已承认了的观念。

如果说全球文化的研究还需要有什么突破的话，那么，毫无疑问，这一研究不宜放在"西方文化的世界性传播"这一狭隘的框架中进行研究。学者们相信，既然我们探讨的是全球文化，那么，就要重视各个国家的民族文化和民族文化传统，特别是那些传统是如何走向全球的。只有这样做，才能得到相当完整的关于全球文化的历史图景。但在此过程中，我们不能忽略了民族国家和民族文化乃是全球文化的真正基础这一传统看法。假如全球文化只是一方的文化而不是全世界优秀文化元素的互动和综合，那么，全球文化就不能成立。通过布尔丁（Boulding）、列那（Mlinar）、韦伯那（Werbner）和莫多德（Modood）（几个名字就够了）的著作，我们得知，复杂的全球文化现象可以从各种地域文化的互动和糅合之间得到解释。我研究的目的旨在从新的角度提出问题，得出全球文化特征及其影响的新看法。以下是我认为重要的问题。

1. 作为一种强势的单一文化如西方文化的兴起，能否准确地解释全球文化的兴起？或者换一种说法，简单地赞同全球文化的传播就是一种西方文化的传播，是否足以说明问题？

2. 全球化的文化基础究竟是什么？全球文化的内容如此广阔而且其所传播范围间的差异又如此之大，那么除了"西方文化""现代性"之外，有没有一种归纳是有效的？如果不是上述事物给予全球文化内部的一致性，那么，又是什么给予了这种一致性？

3. 近年的全球化研究表明：全球文化的不断成熟是从近代早期开始的，到目前也还没有结束。那么，当前是否存在着进入全球文化的转折点？我们目前是否已经进入了一个全球文化的时代，以至于民族国家的文化因此而遭到了"文化归属感危机"，这些问题现在是，并且将来仍然是核心的问题。

既然我们把民族文化视为全球文化的一个基础，那么，文化上的尊重就是文化走向全球的一个最基本的条件。在现代文化中，没有什么比尊重各种文化传统更为重要的了。越是自己的文化高度发展，就越要尊重其他民族的文化，并且善于从其他文化那里学习到自己所缺乏的东西。对于一切优秀的文化元素，除了尊重它们之外，并别无选择。

全球文化导致世界文化的单一化还是多元化，是一个值得重视的问题。任何一种文化要发展，都必须吸收其他文化的营养。冷战模式和把某种文化宣布为现代而对其他文化加以限制的做法，对于任何一个国家来说，均是有害无益的。每一个民族都对世界文明都有所贡献。中国的中医、书法、京剧与西方的诗歌、芭蕾舞和油画一样，都是民族文化的旗帜。这一旗帜并不会在全球化过程中变得暗淡，相反，它会变得更加鲜明，使得其他民族的人们也能够理解。这就是说，我们需要探讨和制订一些基本的原则，规定事物优秀的科学标准。只要有科学的标准，那么，优劣的比较当然不可避免。科学的制度、理性的制度，归根结底就是一个优胜劣出的原则。只要一个东西是优秀的，就会在世界范围内被接受，而不会仅仅被限制在某个地区或者某个民族的范畴。

我们注意到在全球文化的冲击下，越来越多的事物被当作人类的普遍标准来加以接受。人类的标准是跨越国界的科学的标准，它不以国家为基本文化单位来衡量。树立这样的人类的、全球的标准，目的不在于解放某一部分人，而是要让全人类得到幸福。由一个民族压迫其他民族而使自己成为优胜的自私的做法，目前正在被一种国际化的双赢机制所取代。人类的福祉作为一个衡量进步的大单位，要求人们跨越国界来考虑问题。

在方法论上，对于民族文化的理解和尊重是一把钥匙。对于不了解的东西你怎么会尊重呢？自以为是的做法，除可笑之外别无他物。全球化的文化基础，正是建立在对不同文化传统充分承认和尊重的基础上的。假如离开了这一条，就只会热衷于认可自己的文化，而对其他民族的文化漠不关心并且很不尊重，这显然违背了实行全球化的开放原则和实现全球化所需要的社会机制。

在全球文化的传播方面，要看到现代传播媒介的重要作用。如果计算机网络和全球交通没有把世界联成一片，那么人们对于自己民族以外的文化确实会很难理解。此外，无知本身也是一道无法跨越的障碍，因而教育是全球文化传播的一个重要手段。教育承担着了解外部世界的重要任务，是一种沟通人类语言和思想的桥梁。按照世界标准开展教育工作，可以帮助人们摆脱狭隘的地方主义。

需要指出的是，文化认同的基础是建立在对差异的认识上的。文化的认同是建立在对多元文化合理性的认同上的，因此只能通过对各种文明基本元素的学习来理解。所谓的文化尊重，就是尊重文化的传统和文化的差异性，不强迫不同的文化必须按照自己的文化原则来行事。现代性的发展，必将在我们人类的字汇中消灭"野蛮人"这样一种传统的称谓。

这样来看问题的话，那么，以科学为基础的世界秩序正在实现。如果要把世界秩序定位在某个文明上，那么，就无法躲避以某种文明为主导类型来构建世界秩序的做法。但是，真正的世界秩序并不是建立在单个文明的基础上而是建立在科学的基础上的，因此，现代化的过程与所谓的东方化、西方化无关，而只同科学化、优秀性有关。人类在重新奠定自己文明基础和世界秩序的时候，首先考虑的问题并不是西方还是东方，而是如何确立科学的标准和如何遴选、吸收世界各地的优秀文化成果。只有根据客观的科学标准而不是某种特定的文化传统或地域概念来建立世界秩序，全球化的文化基础才有可能真正地建立。

我们需要对各种文明发展的独特性加以理解。首先，传统的文明转化主要是一种纵向的演化，而不是一种横向的演化。但是，文化和文明之间又是互相影响的，这就产生了横向的网络联系，这对单纯的纵向性的历史演化来说，无疑是一种巨大的进步。当前，文明的演进是一种横向的趋同化和纵向的独特性发展的互动，作为一种进步，文明演化的速度可以明显地提高。从这个意义上说，全球化促使一种文明转变为现代的文明并非没有可能。这种横向的影响和纵向的发展，尽管形式不同，基本原理却是相通的。纵向的发展具有趋同化的现象值得引起普遍注意，原因在于，其发展的基础是科学的进步，因此，科学化的标准就应当是相同的。这是导致社会发展趋同化的真正基础。

我以为，如果要进行关于全球文化的研究，要注意以下几个问题。第一，是论述全球文化的要义，包括分析文化的全球化趋势和全球文化这两个不同的概念。这势必涉及探讨跨区域的文化概念、文化的全球化趋势、何谓全球文化、全球文化传播的途径和全球化时代的文化特征等诸多内容。第二，要分析全球化的文化基础，以便考察文化全球化的文化条件、全球化的科技条件和全球化的必要前提。这需要着重阐明一些全球文化交流中需要遵守的基本原则如文化的比较、文化上的尊重、民族文化和全球文化的互动和全球文化的共享。我认为只有在自愿、比较和选择的基础上，全球文化的出现才是有益的和健康的。第三，探讨全球文化带来的机遇，要分析的命题包括了文化的多元化、全球文化与环境保护、全球文化与人类健康、教育的全球化、国际标准的采用和世界优秀文化间的互动等。第四，要认真对待全球化带来的挑战和文化认同问题。例如：何谓文化认同感？怎样理解"文化认同感危机"？分析这一问题有来自印度、英国和中国的研究报告，这些研究报告可以视为全球文化对世界各地文化的冲击以及导致的不同反应，说明了所谓的文化认同问题，只要处理得当，还是可以解决的。全球化和各种民族文化的发展并不矛盾，相反，它们之间可以相辅相成，并推动本国的文化和全球文化的充分发展。第五，要探讨全球文化与民族文化的关系，特别是探讨研究世界各个民族国民性的重要性。针对一些学者提出的全球化意味着"历史已经结束"的看法，我认为这是对历史概念的误用，即用空间代替时间，这种做法既不符合实际，又完全否定了不同民族国家的文化传统，是一种不负责任的、反历史主义的文化观。试问：如果离开了各个民族国家文化传统及其所创建的优秀文化，那么，哪里还会有所谓的全球文化？通过这一讨论，我想找出全球文化和民族文化之间的关系，特别是民族意识和全球意识如何提升民族文化的问题。我认为：全球化不是全球文化的单一化，而是世界文化的极大丰富和一种多元化的发展；全球化是现代化进程中的一个组成部分，目的是在世界优秀文化整合的基础上获得现代的文化秩序，并以此来获得全球和谐。正是在这样的前提下，全球化的发展才是健康的、正面的，才会对当今世界产生许多有益的、实质性的影响。

"全球文化和全球和谐"这一研究的开展，是我2004至2005年期间在美国加利福尼亚大学伯克利校区作富布莱特访问教授时期进行的。那时，我住在加利福尼亚大学伯克利校区国际部的宿舍里，却能够通过互联网、传真机、电话指导我在北京大学历史系的七名研究生，包括审阅他们的博士论文初稿。学校不远处的加利福尼亚湾沿岸矗立着修造桥梁用的巨型起重塔吊，是从中国进口的。开门出去，银行的取款机里，有着完备的中文系统，使我完全可以像在北京一样，根据中文的提示来存取款。只要打开电视机，我不仅可以看到中央电视台第四频道的全套节目，还可以看到美国旧金山的全套中文节目，包括中国的电视剧《李卫当官》。在加州我着重研究的是加利福尼亚大学关于历史学高等教育管理的模式，当时兴趣正浓，时有发现，因为深切感到加州大学文科管理的许多经验，对于中国大学历史系的改革，也同样具有重要的参考价值。校园所到之处，亚裔学生到处可见，我们完全可以通过中文和英文两种语言，来进行深层次的思想、学术交流。这些生活琐事，传递给我们一个全球化时期已然来临的重要信息。作为一种生活方式，全球化带来的各种思想的、物质的、学术的、社会的和文化的变化，留给我特别深刻的印象。

这样看来，在上面列出的三个问题的基础上，我还应当明智地添上第四个。这个问题就是：

全球文化和民族文化之间到底有什么联系？能否表明这种观点：全球文化是各民族文化相互依赖和互相发展的结果。因此，在全球文化的时代，文化的发展将不再只是地区范围内自我文化的简单叠加。

第三章

创作的一般性质

现在我们就来验证世界史的学习与世界史的研究之间的关系。世界史的学习是去感知已有的世界史知识，也就是说，是去掌握那些业已存在的、奉献给自己的历史知识。这种知识，只有通过学生的知觉才能被掌握。但是，世界史的研究却是一种创造新知识的活动。它既不同于阅读历史书籍或上课记笔记，也不同于以欣赏者的身份对自己阅读的东西做出评价。它显示的，而且有时仅仅显示的，只是一种丝毫不打算模仿其他作品的新东西。真正的世界史研究者即使从别人的著作中汲取灵感，那也是为了改造原有的世界图像，去对世界史进行再创造。研究者在发挥其创造力的时候，他是从自己的主体意识出发的，他是自己特有的那个世界的本原。当他企图通过劳动去获得新的、更为准确的历史知识时，就与仅仅以接受其他人告诉他的历史知识为目的的学习者不同。正是因为研究者们永远能够重建世界史的客观结构，所以我们才会获得最新和最可靠的世界历史图像。

研究者之所以具有这样高度的使命感是由于他们能够创造。也就是说，他们试图通过自己的发现来为人类提供更为完美的新世界。大学的本科阶段和研究生阶段正是在这里形成分界的。这样的区分有其意义，因为它在把学习者变成研究者的同时，毫不含糊地要求激发他们的主体创造力，而这正是任何一个历史戏剧的欣赏者竭尽所能而无法获得的。研究生在这里施展潜能的空间非常巨大，因为他们不再是被动的欣赏者和评价者，而是"在剧场观看演出的观众以某种方式参与演出"。① 这是大学历史系研究生课程设置的胜利：人只有亲身参与某种重大发现时才能领悟自己所在殿堂的宏伟，因为从学生向学者的转变，正是从这里开始起步的。

第一节　优秀学位论文的要求

　　撰写学位论文的任务保证了研究生作为作者的主体性。他们离开了观众的席位，却在"发现的世界"里找到了位置。那么这个发现的世界赋予他们的位置究竟是什么呢？它是各种科研能力、科研理论和科研方法的综合体。凭借这种能力，他们获得了"研究者"和"作者"的称号。当代史学是非常强调研究者的这种作者特性的。例如：程应镠先生认为理想的传记作者既要有历史学家

---

① ［法］米·杜夫海纳著，韩树站译：《审美经验现象学》，文化艺术出版社1992年版，第125页。

的严谨和深刻，又要有文学家的激情和技巧。① 在美国加州大学圣地亚哥分校任教的周锡瑞（Joseph W. Esherick）教授则认为研究者（作者）必须具有非常清晰的研究目的，如他1987年出版的《义和团运动的起源》一书所要解决的核心问题，就是"在稳定的社会结构和剧烈的历史变迁中，寻找到内在的合理的理论联系"。② 这两位著名历史学家对研究者提出的要求所以能够说服我们，是因为它赋予研究者（作者）的不仅是一种主体性的存在，而且还有把这种主体性发扬光大到发现一个新世界的可能：拥有最新研究成果的作者向人们宣告在他们那里有一个更为精微的新世界。之所以说这个世界是精微的，是因为新的世界图像远比旧的世界图像来得精确。

的确，对以把研究生训练成为未来学者为使命的历史系教师来说，他们必须赋予研究生新的、与本科生不尽相同的使命。乍一看，研究生似乎只是本科生学习生涯的延续，但是，当他们的作者形象从背景中突出来时，就说明了他们自己的独立性，因为在他们那里，原有的历史图像是可以改动的，必要时还可以去重新创作。正如英国前首相丘吉尔所言：大学不仅仅要传授学生知识，更重要的是传授智慧；不仅仅要传授技术，更重要的是锻造人格。正是这种作者身份和能力训练使研究生同本科生拉开了距

---

① 程应镠：《流金集》，上海古籍出版社1995年版，第127页。
② ［美］周锡瑞著，张俊义、王栋译：《义和团运动的起源》，江苏人民出版社1994年版，第9页。

第三章 创作的一般性质

离。也正是在这里，阅读变成了写作，接受变成了创造。

让我们多用一点篇幅来谈谈撰写研究生学位论文有何特殊要求这个问题吧。这也是研究生们必须面临的问题。他们比本科生更多地被要求把写作纳入自己的日常生活。同样，他们也更为迫切地想要教师提供撰写研究性论文的秘诀，以便把自己的触角伸向四面八方，把未知的四周纳入自己的世界，使之理性化和审美化。研究生们面临的处境和他们的心情就是这样。对我们来说，现在正是告诉他们必须重视以下四个要素的时候了。

第一个要素是"要有原始发现"。这里的"原始发现"不是指经过深思熟虑的重大发现，也不是指研究者已经获得了一个非常明确的结论。在这里，"原始发现"是指研究过程中的一项重要突破，至少它将成为一种转折，帮助研究者把知识陈述性的论文变成富有观点、具有创新精神的论文。例如：某博士研究生要想以"但丁政治思想研究"为题撰写博士论文。我们知道，但丁是意大利文艺复兴时期著名的诗人，写过《神曲》《新生》《论俗语》《论世界帝国》等著名作品。我问该博士生准备如何撰写其学位论文，得到如下的回答：(一)时代背景方面：文艺复兴和但丁其人的介绍；(二)从《神曲》看但丁的政治理想；(三)从《论世界帝国》看但丁的政府构建；(四)从《论俗语》看但丁的文化政治观；(五)但丁政治思想的特点及性质。对于这样的提纲我当然无法满意，因为这里只是在陈述但丁的思想或别人对于但丁的评论，缺乏作者自己独到的原创性的论点。但是，在和该博士生的长谈中，她的一句话却引起我的注意:"在认真比较但丁《神曲》中所论述的人物和真实的历史人物后,发现这两者之间存在着显著的差异。"甚而可以说,但丁有根据自己的原则改编历史的嫌疑。为了表述出自己的政治观点,必须使骷髅复活,而《神曲》中鬼魂和但丁的对话,表现的不完全是鬼魂在世时的面貌,而是为了表述但丁的政治思想让鬼魂说出来的言语,而且以生命的鲜明形象呈现出来。这样,被但丁审判的鬼魂们便具有了活人的特性。在肯定这确实是该研究生的"原始发现"后,我建议她把博士论文的题目改为"论但丁的历史人物评价:对但丁政治思想的一项历史学解读"。经过改造之后,她的提纲有所变化:(一)但丁评价历史人物的方法和政治意图;(二)但丁是怎样评价政治人物的;(三)但丁是怎样评价宗教人物的;(四)但丁是怎样评价文化人物的;(五)从评价历史人物看但丁的政治思想。同时,她把每章分为四个小节并列出标题,如在"但丁怎样评价政治人物"一章中,第一节为"但丁是怎样评价政治人物的?"第二节为"真实的历史人物与但丁的评价有何异同?"第三节为"但丁为何要改编历史、有何政治意图?"第四节为"我们如何看待但丁的政治人物评价?"这样,通过一个相当独特的视角,给人云亦云的但丁政治思想提供了新的研究方法和新视野。

那么,这里的突破点是什么呢?是新的章节安排,一种想法,还是某种切实可行的新东西?我们不妨再来谈谈研究者对深化其研究对象的自然经验。在第一个研究框架中,研究者其实只是一个欣赏者,她阅读了但丁的作品,也看到了但丁的观点和一些角色随着某种观念做一些动作，或者摆出一些姿势。但是，这种研究有创新之处吗？没有。欣赏者在这里做的只是各种观点和史料的汇编，却缺乏一个主题，一个由她自己发现的主题。但是，在第二个论文框架里，研究者找到了一个全新的视野，"但丁为什么要篡改历史人物、有何政治意图"成为核心，这使研究者能够以但丁的历史人物评价为对象达到研究但丁政治思想的目的。同时，这在当时是一个尚未被人研究过的领域，研究者可以比较《神曲》中的众多人物，去区分哪些人物基本上是符合历史原型的，哪些不是，哪些是被严重歪曲了的。这样，研究者能够深入探讨但丁政治思想的本质，而不是站在欣赏者的立场上去提炼和概括但丁的思想。同样是一项对于但丁政治思想的研究，后一个提纲明显要优于第一个提纲。

另一个例子非常清楚地说明研究者的"原始发现"能够在陈旧的课题中揭示出什么新内容。有一位研究生要以马丁·路德政治上是否保守为主题撰写她的学位论文。很明显，这是一个非常陈旧的题目，我的第一个反应就是劝说那位同学不要进行这项研究，因为我对其是否会有新的突破表示怀疑。然而，这位同学说的一番话却让我吃惊，她说："以往对路德政治思想的研究都是以分析笔载的文字文献为基础的，并没有注意到口述材料和图像材料的分析和运用。通过对宗教改革时期几十幅马丁·路德的木刻版画进行研究，我发现文字材料中的路德显得保守，而木刻版画中的路德形象却显得激进，况且路德自己还说过'凡是我能够说的话我用文字来表述，凡是不能说、不易说的话，我就用图像来表述'。"正是在这里，图像材料不同于文字材料，只根据文字材料说路德政治保守是不全面的。理由是：如果说文字材料只是写给有阅读能力的宗教人士看的，那图像材料作为一种宣传手段，却能直接面对广大参与运动的百姓。对这些百姓来说，图像中的路德形象——往往被塑造成一位圣徒或人民革命的领袖——就是百姓运动的领袖，而不是神学家。正因为此，"原始发现"带来了对马丁·路德政治思想的新评价，后来这位同学在一个全国性的核心期刊上发表了这篇论文，她在文章中这么写道："必须看到，对视觉作品的研究是一个前途广阔，但至今尚未被人充分认识、充分研究的专门领域。如何通过文本材料和视觉材料的对照，来重新解读、理解德国宗教改革思想的核心观念，是我们目前必须做的一件事情。对我们来说，文献材料因为本身的局限性还不足以提供一幅德国宗教改革的完整图像，但视觉材料的研究，将有可能为我们弥补这个缺陷，让我们在一些重要的问题上找到令人满意的答案。"

第二个要素是"以小见大"。一篇论文，哪怕是一篇博士学位论文，都不可能把所有事情说清楚。论文的题目太大了，研究者可能会驾驭不住，事倍功半。在这里，我们能做到的，就是选择一个合适的切入点。然后，就某个问题，充分阐明自己的立场和观点。令人感到耳目一新的东西，就是你的文章中有闪光点，即你能够见别人未见之事，发前人未发之言。社会学家马克斯·韦伯研究新教伦理，如果他的著作仅冠名以"新教伦理研究"，那一定不如"新教伦理与资本主义精神"来得重要，因为后者除了论述新教伦理之外，还揭示了这种伦理与资本主义精神之间的相关性，从而使其研究对象具有了全新的意义。如前章所示，程应镠先生写《论林逋》，全文仅四千余字，却发现了林逋这位隐士两大有别于其他隐士的地方：一是与范仲淹等改革家结交，二是无论生前还是死后，都受到皇帝的褒奖。程先生据此异态继续分析，抽丝剥茧，以小见大，揭示出皇帝褒奖林逋的政治原因：宋真宗、仁宗两朝，士大夫猎逐官位，尤其是贪恋官位，不肯服从朝廷颁布的七十致仕令。这种贪荣风气极盛之际，弗趋荣利、乐居山林的林逋自然会受到朝廷的鼓励和士林的景仰。[1]这样，就揭示出宋代吏治的重大问题，具有极其丰富的表现力。这种以小见大的文章还有另一种作用。如果它能上升到理论高度，或是提出新的理论，或是对传统理论的范畴和内容进行了修正、证伪，那么这篇论文就能立即构成人们对理论的重新思考，足以引起学界的高度重视。同样，并非任何以小见大的文章都能构成优秀作品，它只有被赋予创新意义和理论意义时才能如此。再举一个例子：德国著名历史学家彼得·布瑞克（Peter Blickle）研究1525年的德国农民战争，他的《1525年革命：对德国农民战争的新透视》[2]一书，目的在于

---

[1] 程应镠：《流金集》，上海古籍出版社1995年版，第132页。
[2] ［德］彼得·布瑞克著，陈海珠、钱金飞、杨晋、朱孝远译：《1525年革命：对德国农民战争的新透视》，广西师范大学出版社2008年版。

揭示近代西方政治制度的起源——从百姓革命那里去解释西方近代政治制度产生的根源（详细介绍请见第四章）。这就"以小见大"地把对农民战争的研究上升到了探讨重大政治理论的高度，不仅给这部专著带来了创新精神，而且被赋予了新的意义的德国农民战争也在这个大理论框架下显得更加雄伟壮观。

第三个要素是"要有观点和严密的论证"。例如：我们有什么权利谈论学科意义和理论意义呢？如果说哲学的情感指的是对某项真理的洞察，那么，历史的情感却要求我们拥有明确的观点和严密的论证方法。这样，另一个问题出现了：如何具有问题意识和亮出自己明确的观点呢？考虑这个问题，我们就得到以下三重规定性：首先，问题意识把研究对象置于发现问题、提出问题和解决问题的过程中，从而形成了某项研究的理论核心。其次，围绕这个核心，会提出一个具有创意的研究提纲，论述的一切将围绕着这个提纲而展开，研究的成果在结构上避免了简单的史料堆砌，或成为各种相关知识的汇编。最后，通过严密的论证，提出的观点（无论是学科的还是理论的）得到可靠的支持，从而令人信服地解决了该问题。

当一项研究还停留在知识性的考察或史料分析时，那只能算进行到一半的研究，至少在事实上如此。作为教师，有责任帮助研究生们明白他们的研究所处的阶段。令人惊讶的是，有很多尚处于知识汇编和史料陈述阶段的文章，却作为学位论文的最后成果被提交。倘若接受那样的论文，那就是向历史经验本身否定的史料汇编屈服了。因为历史经验感受到自己对象的深刻性，它拒绝把这种深刻性归结为纯粹的史料堆砌。或者说，就史料陈述而言，它揭示了研究的领域，但就历史研究——被研究对象的特征和性质而言，它并没有解决问题（尽管对于问题意识不强的作者而言，完成历史陈述即算完成了论文）。所以历史研究明确提出的问题就是被研究对象的价值判断和性质判断问题。但有些研究者往往不承认一篇论文必须提出问题和解决问题，从而回避了围绕问题得出核心观点、再围绕核心观点展开论文布局和严密论证这个难题。这样做的结果可想而知，就是文章写得很散，很像是领人进入了一家尚未整理过的房间，被引领者根本无法在其中把知觉连接到真实的历史图像上去，也无从获得领悟真理的快乐和体验作品审美情趣的新鲜感。

要避免这种结果，必须依靠问题意识——通过提出问题和解决问题来形成观点，这有助于作者根据自己的核心理念来编写作品提纲，使作品成为合乎逻辑的理智对象。例如一位研究生以"马丁·路德婚姻观中的女性建构"为题来撰写硕士学位论文，在四五万字的论文里她谈到了马丁·路德婚姻观的缘起、路德婚姻观在新教运动中的实践过程，还谈到了新教婚姻改革运动对贵妇、修女和未婚女性的影响。照理说，从思想、实践和作用来分析路德改教时期新教婚姻改革运动的特性并无不当，只是研究者缺乏一个明确的观点，使其论文的主题显得模糊。自然，那篇论文提出的问题并不陌生，因为作者想通过以上陈述来说明路德婚姻观的进步性。但是，研究者何以能够想到"路德的婚姻观是进步的"这个结论，而不是另外一个呢？是别人的一些研究成果和她所看到的一些史料，尤其是教科书上所说的宗教改革具有反对封建禁欲主义的意图和包括路德在内的新教僧侣打破独身主义、开始结婚的事实。换句话说，是别人的观点和一定的材料诱发了该研究者去进一步论证"路德的婚姻观是进步的"观点，并且试图把这种观点推进到社会实践和阶层分析的层面。

针对这篇论文，指导教师提出两个建议。首先，该论文缺乏自己独特的观点。真正优秀的学位论文不是各种史料的堆砌，而是要用史料来证明自己的新观点。其次，对路德提倡世俗婚姻的负面作用缺乏分析，因为路德曾经说过"让妇女们生孩子到死，她们被创造出来就是为这个"[1]的话，而且改革家们也往往是"从宗教原理和政治目的出发，简单化地认为应该把每个妇女都送到家庭里去，去'找个主人'，不管是去做妻子，还是当佣人"。[2]经过这样指导后，该研究生开始重新阅读史料，发现了由新教僧侣领导的婚姻改革运动对当时的妇女确实有强迫性的一面，尤其是年轻女性轻易被送到毫不了解的各种家庭里去，直接造成对她们安全的极大威胁。形成了以上看法之后，该研究生形成了她自己的核心论点，最后给出了一幅更有力、更准确的新教婚姻改革图像。

---

[1] ［德］马丁·路德：《马丁·路德全集》第20卷，法兰克福1826—1857年德文版，第84页。
[2] 朱孝远：《婚姻的世俗化与妇女地位——德国宗教改革时期婚姻改革的评析》，见《中西历史论辩集》，学林出版社1992年版，第198—199页。

有时，编写一个出色的论文提纲是完成一篇优秀的博士论文的关键所在。例如：周锡瑞教授以"端方的私人网络与晚清政治"为题要一名研究生完成一篇博士学位论文。该博士生编写的论文提纲很巧妙，全文分三个部分：第一章"一两白银"，讨论要拥有多少权限和银子才能管好一个州县；第二章"什么时候官员会提升"和第三章"什么时候官员将贬官"，动态分析了晚清时期的官场规则，这三章组成了第一部分，勾画出晚清官场和吏治的结构。第二部分论述端方的私人网络，也分三章。第一章研究端方的私人网络，说明像端方这样的清朝大员，他的私人网络主要是在中央层面和地方大员那里，而那些大员甚至州吏又会拥有自己的私人网络和人脉，以至端方只要联络不多的几个人，就可以控制从中央到地方的各个方面。第二章探讨私人网络与公共网络之关系，认为满清官员向君主或上级呈递奏章时是非常明智的，他们知道哪些奏章可以通过公共网络提交上去，而另一些奏章则必须通过私人网络进行提交，否则将遭到拒绝或不予理睬。只要比较这两种网络，就能够理解晚清政治的性质：这既是晚清政治的一种腐败，又是官员权限的一种增加。第三章分析私人网络的成败，哪些人是成功运用了私人网络和私人关系、哪些是不成功的，原因何在？这三章阐明了私人网络在朝廷的实际操作过程，辨明了公共网络与私人网络的不同性质，并且从研究端方的私人网络出发，从制度上研究私人网络的政治作用。第三部分探讨私人网络与晚清政治这个主题，也分三章，第一章探讨私人网络与晚清政治；

第二章探讨私人网络与辛亥革命，因为研究者发现：革命党人并没有废除私人网络，反而利用这种网络关系来推进革命事业。最后一章是总结：着重分析私人网络的特点、作用和性质，以及它在晚清政治和辛亥革命中的位置。这篇论文一经完成即得到学术界高度的赞赏，其所以如此，是由于该文从初级的、单一的私人网络（人脉）分析中看到揭示晚清政治状态的核心意向所在，研究者"以小见大"，把对端方私人网络的研究，扩展到了对整个晚清吏治和辛亥革命做出评价的重大命题中，从而显示了作者卓越的学术功底和科研能力。

第四个要素，是"要有捍卫真理的勇气，对谬误有颠覆性的破坏力"。所谓的科学性就是要切断一些联系，再接上一些联系：正如一棵学术之树，如果主干和枝叶之间重要的联系（相关性）没有被揭示，那么，就必然会缺乏养料而走向枯萎；同样，如果在其枝叶上附上了过多错误的结论和模棱两可的论断，那么，这棵树也必然重病缠身，无法繁荣茂盛。因此，作为一个研究者，必须把学术创新当作自己的使命，要为自己研究的学科提供新视角、新知识和新理论，而不应该满足于纯粹的知识学习和观点汇编。为此，研究者要具备批判谬误的勇气和能力，因为如果一项研究的基本概念和基本理论是错的，那就有歪曲研究对象的危险。为了学科的发展，研究者除了破旧立新之外别无他法。同样，作为指导教师，一定要告诉学生学位论文与历史常识的区别：论文是专门研究和解决问题的，它期待在现有的研究基础上有新的发现，得出新的结论。如果还站在原有的角度抄袭原有的知识或结论，那必将一事无成，根本不可能做一个学科的开拓创新者。

这样，在强调研究的创新意义的同时就维护了历史研究的客观性。在这里不想过分夸大本科生教育与研究生教育之间的差异，但必须指出，研究生的培养是以增进和强化学生的科研能力为根本目标的。所以要公平评价一个研究生的学业，单单强调他的渊博学识是不够的，还必须强调其创造知识、修正谬误、孕育理论的使命。当然，这种使命是内在于作品中的，因为作品就是具体的思想和方法的承载体。也就是说，研究生不是知识被动的接受者，通过严格的训练和实践，研究生同一切真正的研究者一样，主体的全部注意力被引向了创造，他站到和投身于学科的前沿阵地，要在已知的世界之外再开拓出一个世界。正是这种创造性知觉让研究生不同于本科生。在本科生的世界里，一切都像春天的花园般毋庸置疑：万物竞争、空气清新、风景秀丽、富有繁殖力、动作优美和尽善尽美。但在研究者发现的世界里，作品是以实验报告的形式来展现的，一个客观的完整世界的概念是尚未确定的。一方面，研究者抛弃欣赏者唯美主义的偏见，开始认真对待客观世界；另一方面，他高举科学验证的武器，企图在已知世界和未知世界之间建立某种联系。当已知世界不再是被接受而是被思考时，作为创造性主体的研究者，寻求的是"在自己的面前"产生的现实世界。在这里，重要的不是对已知世界的精彩描绘，而是对这种描绘的真实性的检验。这种检验根植于在已知世界和未知世界中去发现世界的客观现实性,它高于一般的审美知觉,然而只有通过揭示与审美知觉相关的那种自律存在,它才能赋予审美对象以活力,因为审美对象的形式只有在符合真实性的前提下,才能够显得格外完整。

第二节　研究的步骤

你想写出优秀的学术著作吗?那么,你就要去撰写那种具有开拓意义的、能够提供新知识、新理论或新方法的并且有可能发展成为一个单独学科的重要著作。你的著作不仅要以第一手原始史料为基础,还要提供读者新知识、新解释体系、新方法和新的理论分析。有时,即使你提供的是有关某一地区的个案研究,因为具有理论高度,那也属于一流的上乘之作。加利福尼亚大学圣地亚哥分校一位著名的女历史学家说,好的学术著作就是奠定某个研究方向的很硬的石头,以后的研究者对此无法绕过。他们对这样的重要作品会给予高度重视。与那些不重要的作品相比,前者是人们翘首以盼的奠基之作,后者是可以不去阅读或者轻易绕过去的作品。两者间的区别不言而喻。

优秀的史学著作是通过若干个步骤写成的。至少经过12个研究步骤写成,概述如下:

1.确定领域(如政治史、妇女史)。这时研究者要注意扬长避短,尽量选择自己最熟悉、最有兴趣也最有自我优势的领域进行研究。研究者需要准备两张纸，一张记录自己的优点，另一张记录自己的缺点。前者是为确定领域而准备，后者是为学习而准备。

2. 确定选题。因为领域过于广泛，研究者需要从中选择一个较小的题目来开始研究（如领域为美国妇女史，选题为"共和国的母亲"）。这时，研究者需要考虑自己选题的政治意义、学科意义、现实意义和社会影响（可以通过听广播、看电视或去图书馆查资料来确定自己选题的意义）。在确定选题的时候，一定要选择有原始材料的题目来做。如果没有原始材料，即使是很感兴趣的题目，也应当放弃。

3. 广泛阅读。研究者要阅读两方面的著作。一是阅读与自己选题有关的专著和论文，二是阅读相关的理论著作。第一种阅读可以帮助研究者掌握学术动态，知道自己的研究应当继承哪些观点，突破口在哪里，哪些错误的观点需要放弃。学术动态是指同类课题人们已经发表了的著作，这将帮助研究者走向学术前沿。第二种阅读指宏观或中观的著名理论，如政治学理论、经济学理论、社会学理论或史学理论，会帮助研究者形成理论思维，使之进入对重大理论的分析。

4. 提出问题。在大量阅读上述两种材料的基础上，研究者需要就自己的研究提出一系列的问题，通常要提出30—40个问题，然后把这些问题分门别类，组成章节。这样，研究者就有了做研究必需的问题意识，也有了全文最初的提纲。做完这些工作以后，研究者就应该思考到哪里去寻找自己所需要的原始材料（回答这些问题需要哪些原始材料以及到哪里去搜集）。

5. 搜集原始材料。研究者需要花费半年至一年时间来有效完成这项工作。研究者最好去事件发生地搜集原始材料，而不是躲在图书馆里轻松摘抄现成的史料汇编或史料集。研究者要去的地方最好是事件发生的中心区，而非边缘地区。如果研究者的选题涉及发生在地方上的事件，那么基层的乡镇派出所、县公安局、县法院是搜集史料的理想去处。但是，如果研究者想要研究的是某项国家的政策，那么，也许研究者要去中央档案馆里搜集原始材料。举例来说，加州大学伯克利校区的一位历史教授想要撰写一本名为"森林保护法对美国木材加工企业的影响"的专著，为此，他到美国国家档案馆去寻找各个时期美国森林保护法的内容；接着，他又去某木材加工企业蹲点调查，以便搜集来自生产第一线的材料。他的基本理念是这样的：由美国政府颁布的诸森林保护法集中代表的是美国政府的利益（政治），它的颁布，会直接对木材加工企业的生产（经济）造成影响。为了自己的利益，木材加工企业也会想出各种办法来对付、抵制对自己不利的森林保护法条文。历时多年，他终于完成了这部专著。根据他的研究，美国政府不仅知道了颁布怎样的森林保护法会导致木材生产下降，而且也知道了木材生产企业会想出什么办法来同政府抗衡。因此，这部专著一出版就受到美国政府的欢迎。同样，木材加工企业也对这部专著高度重视，因为从中可以找到政府、企业间互动的规律，并且可以从中学到很多对付美国政府的办法。加州大学历史系的一位女历史学家研究的领域是美国妇女史，要做的课题是"美国母亲形象的变化：1945—1975"。在阅读相关专著的时候，她发现20世纪后期有位著名公共作家曾经出版过一本著作，提出"美国妇女都是贤妻良母"的说法是不准确的，因为事实上，美国的家庭主妇非常劳累，她们一生操劳，根本没有时间享受。这部著作问世以后，原作者收到了大量美国家庭主妇写给他的信。有赞成他观点的，也有不赞成的。加州大学的那位女历史学家读到这一信息，就花时间去寻找那些来信，终于很幸运地找到了两千多封母亲们的来信。这些来信的内容非常丰富，涉及美国家庭主妇的出身、籍贯、学历、婚姻、心理、公共事务、家庭关系、情感、企盼和忧虑各个方面。根据这些信件反映的内容，研究者分类研究，终于完成了一部重要的著作，受到美国各个方面、尤其是家庭主妇的好评。

找到史料以后，研究者要把这些实地调查来的原始史料抄写、复印。然后，装在多个箱子里带回自己学校。如果在研究过程中发现原始材料不够或者有误，还需要再次外出搜集材料，直到满意为止。

6. 史料整理工作，需要1—2年才能完成。搜集到原始材料之后，研究者要对这些材料进行分类、分析、制作卡片、写出自己的评语。最后，研究者有了一份按照章节排列的原始材料汇编（以卡片的形式，或以段落摘抄的形式），并且上面还有许多研究者自己的分析、观点、看法和评语。这时，研究者还要把自己新搜集来的史料与其他同类著作中所用的原始材料进行比较，看看自己在史料搜集或史料分析方面是否有重大的突破。此时，研究者需要把原始材料与第二手材料（别人的同类著作）结合起来考虑，看看自己的新思路是否能够成立，是否具有说服力。

7.用半年时间，写出一部再现性的书稿。这是该研究产生的第一个全稿，特点是力求客观，防止主观，因此这是一部以描述事情本身为主的再现性的书稿（是什么，就是什么）。注意研究者现在写的是一部描述性的著作，要尽量做到客观。因为研究者已经进行了大量的史料分析，所以完成这么一部20万—30万字的描述性著作，并非难事。

8.用半年时间修改著作，重点是形成解释框架，把业已完成的再现性著作（是什么的著作）转化成解释性（具有一定表现力）的著作。为了对某事件的起因、当事人的动机、事件特征、事件意义作出自己的解释和评价，研究者要建立一个有新意的解释体系，并根据这个体系来重新安排著作的章节，力求突出自己的观点。在对历史进行解释的时候，研究者既要充分阐明自己的观点，又要从学说史的角度，说明自己的研究受益于哪些前辈学者的研究。这次修订至关重要，只有完成了这次修改，这部作品才能够算是一部专著，研究者也才能够感受到科学研究的严谨。反过来说，解释框架也唤醒了研究者创新的希望。他之所以花费时间进行这么一次彻底的修改只是因为他被学术气氛所包围并能感觉到自己对学术的认真参与。

9. 表现的世界反过来需要理论的指导。更确切地说，研究者这时要对传统的理论进行证实或证伪，要形成自己的理论思维，对以往理论中的不合理处进行挑战或修正，或者对其应用的范畴进行确认（如某阶层分析的理论能够很好地应用于法国大革命，却不能随意用于1525年的德国农民战争），并且要说明其原因。经过这个步骤你才可能提出自己新的理论，并且以此来解释你的新发现。这样一来，即使你研究的只是一个地方性个案，你的著作也必然引起同行的重视——对已经上升到理论并且对以往重大理论进行验证、修正甚至提出挑战的著作，没有人会不重视。

研究者这种关注理论的意识可以用两个命题来阐明。首先，它引起对规律性的重视。我们说过，规律性能够从现象的归纳中得出（归纳法），也可以从被证实了的假设中得出（演绎法）。如果专著只是对某种现象的证实，那么这种研究还不能够算是理论研究，因为这时只有某个现象被证明是完全真实的：它不具有普遍意义。把实证的研究推进到理论的研究，就是从特殊研究走向了一般研究，这有助于引起普遍意义上的重视。在历史研究中，我们习惯通过实证去验证假设，或者通过实证去证明理论的正确，却没有认识到实证性的研究也可以提出新的理论。一旦把对现象的研究提升到发现规律、提出新的理论的高度，那么，即使只是个别地区、个别事件的探讨，也注定要成为学术界格外重视的成果。因为它把个别推向了一般，并且在建立复杂关联性的基础上，总结出了规律性。理论探讨就是"超越自身，走向一种意义，而这种意义的光辉，使对象产生出新的面貌"。[①] 其次，它导致对以往理论的证明或证伪。这种证明或证伪会引起对以往理论的修正或挑战，或者使以往的理论在新研究的基础上显示出不同寻常的奇光异彩。同样，重大的理论突破会带来学科面貌的改观，围绕着新的理论，会产生引领性的发现和新的学科群的出现，而这就是世界史学科发展必需的新的学科增长点。如果说科学创新主要体现在重大理论发现、引领性创新和技术突破三个方面的话，那么，理论突破就将触动世界史研究的灵魂，因而使研究具有一种深度，从而使一个更为客观的完整世界根据这一新的发现来调整它的经纬。总之，理论研究使研究者开始重新考虑和调整他与这个世界的连接点。只有这样，研究者的作品才能够被提升到理论创建的高贵地位，而不再只是研究整体中的某一部分，反倒成为一块新的奠基石起到一种不可替代的作用，同时对欣赏者和哲学家起着作用。

10. 完成作品。经过四次修改，你的全文首次得以完成。

11. 同行评议和再次修改。的确，一部优秀作品的产生，同行评议的阶段是不能被忽略的："自思"自然能够带来很大的发现，但在这种思考中，研究者参照的是他自身，是他具有的认识世界的能力和表述世界的能力。但是，这种判断力仍然是有局限

---

① ［法］米·杜夫海纳著，韩树站译：《审美经验现象学》，文化艺术出版社1992年版，第224页。

的，因为研究者主要是对他的研究对象思考而不是对他自身思考。建议把完成的书稿印制20份，分别寄给研究者的导师、同行、出版社的编辑、赞同和反对自己的专家们，请求他们对自己的著作提出严厉的批评。收到他们的反馈后，研究者要参考他们的意见，认真思考，仔细修订，完善稿件。

12. 最后定稿。这时研究者要做几件事：第一，把全稿的文字压缩掉五分之二，以保证你的文字简练，让你文稿中的许多句子看起来是在下结论。第二，对全稿每个段落的主题句认真修订，使自己的文稿变得明白无误，能够清楚表述自己的观点。最后，再次检查书稿的文笔，注意学术规范，注意文笔优美和逻辑正确。经过这样的修订后，研究者可以毫不犹豫地把它提交给导师或出版社了。

第三节　关于立论

常听人说，撰写一篇史学论文主要是一个资料积累的过程，有了充足的材料，你又能认真分析和理解这些材料，那么，你就有望写出精彩的文章来。这样的说法看起来没什么不妥，但我总是隐隐约约地感到这里面有什么地方不太对。现在我们总算有点明白了：这里的问题是有关作品的高度问题，没有一定的高度和写作前充分的心理准备，我们撰写的文章将很难产生意义。

撰写任何文章，总是要运用一定的方法，无论是考据的方法，还是逻辑推理的方法，总是写作必不可少的工具。因此，撰写论文前，先要有一个方法论的问题。当然，方法的运用可以因文而异，各种方法甚至可以同时交叉使用，但方法论的问题必须重视。方法有好坏之分和先进、落后之别，关键是能否与主题相适应，以便帮助你完成发现的过程并让你透过表象向更深处发掘。史学方法的运用更多地取决于神圣和公正的信念，以及你的智慧和看问题的深度。

同样，在写作之前，你要尊重学术传统，必须把你的见识融入某种传统之中，必须对以往该课题的研究状况有所了解，它会把你引向新发现之路。历史研究是循着一定的轨道进行的，我们只能在前人工作的基础上把该研究工作进一步向前推进。因此，思考传统，无论是中国的还是外国的传统，我以为是必须一个步骤，否则的话，你说的话别人将很难理解。如果你割裂了传统，你的文章会显得不够规范，同时，也会降低它应有的学术深度。

除方法和传统外，还要考虑读者。如果作者不关心其作品的阅读者们的需要，是很不明智的，因为随着你的论文发表或你的专著出版，你的作品最后是要拿到读者那里检验的。一个人如果写作时只考虑自己，甚至以为自己写的东西读者越看不懂越好，那其实是既糟蹋了自己又贬低了读者，理所当然地为真正的智者所鄙视。史学作品最终是为大众立言的，其所载之事也是历史中的众人所为，所以史学家当然是越谦虚、越斯文从容越好。我们要在历史中学习和塑造自己的品行，也欢迎广大的读者对我们的作品进行真正的批评，只有这样，才能找到与读者的亲近感。专心为读者考虑有助于你的行文流畅通顺，会使你不厌其烦地一遍遍修改你的文稿，并且会让你因为自己原始文稿中粗糙、无知、可笑和无聊之处感到脸红。

还要注意如何在你的作品中体现出你的个性和你的风格。风格和个性是你的知识和人格的统一，当读者从你的文章中读出了"文如其人"时，史学作品就完成了自己的目标，即保证自己所说和所思之间的统一。我相信，人永远只能在其作品里表达出他广泛思考的内容的一小部分，但是这个部分，却是思想中最清晰、最深刻、最准确的那个部分。

因此，我们要时时检查自己人格的完善和作品的完善。对自己要求很低的人对自己作品的要求也很低，他们会轻易让一些不成熟的文字发表出来。相反，一些具有伟大情操的作家，他们对自己文字的要求非常严格，在作品尚未完善时，他们是不会让文字出版的，他们避免犯错误，也注意自己理论模型的准确性、合理性。

很容易看出，一篇好的史学论文不仅仅是要叙述好一个故事，还要具有理论深度。作品的脉络往往是在一定的理论框架里运作的，史学家凭着对事件的深刻认识，善于从个别的、特殊的事件中看出相关性和普遍性，从而具有了很强的理论解释能力。对于他们来说，历史学也是一种理论批判的学问，因为各种事件的发生和发展，总有其特定的背景，如果未能找到一种合理的解释，那么,他们不会认为自己的作品是完成了的。这种对历史的解释绝对不是某种幻想,也不是作者随意发表的意见,而是"原始的事实"和"理论的思考"结合而成的一种复杂关系。在这里,任何行为都是有因果联系的,因此,历史进程也就显得合理了。理解叙述故事和解释事件的区别,可以明白"历史原则"是如何在史学领域中被贯彻的。很明显,这里说的就是人们对以往人类行为的描绘和解释,两者之间的这种联系,自始至终都存在于历史写作中。

为了区分本质性的东西和非本质性的东西,历史学家需要对其所述之事进行历史评价。历史评价这个概念,足以表明历史学家不是被动地叙述历史,而是要用合理的价值观发表对于历史事件的科学见解。这样看来,认识不断变化的人性就是问题的关键了。人类社会发展的很大一部分,都是通过人性的不断完善来实现的。不言而喻,历史评价所依据的肯定不是对事件的表面观察,相反,它基本考虑起因和影响这两个决定性因素。历史学家在起因中看到了某种可能性。但事件的真正发生,却是和人的主观能动性紧密联系着的。从这个意义上说,历史事件和自然事件是大不相同的,因为后者显然不需要用许多伦理观念对命题进行价值判断。评论历史事件就不同了,它往往是人类有意识、有目的的活动,因此我们宁可用经验和逻辑来考察事件发生的动机,也不愿放弃严密的思考,轻易地把它等同于偶然发生的自然事件。在这里,事件是等待解释或判断的凭证,而历史学家就同时身兼心理分析学家和历史法官，要对其所涉及的复杂案件定性、定论。这就是总结历史的经验，即使没有替历史下最后的定论，至少是对生活中产生的问题进行了回答。这些分析和这些答案通常都是人类宝贵的经验，同时也是历史作品引人入胜的真正原因。

开始写作时如何打破困境。历史论文的写作，肯定不只是一种随意的工作。研究者先要有一种问题意识，而提出问题的高度，又同研究者自己所关心的问题以及自己的人格高度有关。有了这种问题意识后，研究者才能产生强烈的写作愿望。写作，从某种意义上说，是为了解决问题。这种心情，研究者一定体会得到。

第四节　关于课题设计[①]

课题设计首先是要建立假设模型。历史研究的目的是发现。每个人都可以有自己独到的研究方式。对于历史系大学生来说，掌握史学研究的一般步骤是至关重要的。这里讨论的课题设计，目的在于树立课题设计方面的方法上的理念。我们把研究课题的设计分解成选题、运筹、证据、分析综合、检验、交流表达六个系统。目的在于在讲述具体的历史研究手段之前，先给大家一个有关历史研究的总体概念。

---

① 本节部分内容，参考了 Earl Babbie, *The Practice of Social Research*, Belmont, California, Wadsworth Publishing Co., 1973, pp.71-92.

首先是假设的提出。假设也称为第一次综合。它不是空想，而是研究工作进行到一定阶段，人们对于所研究的问题进行的理性思考。在过去的史学研究中，认为假设是观点先行，以论带史，会导致先定论。其实假设只是一种常用的研究手段，它不是一种结论。

假设具有如下特点：第一，有很多支持假设的事实，而基本上没有与假设对立的事实；第二，假设不违背常理和常识，它有理论的支持；第三，假设具有弹性，可以被用来证明或证伪；第四，假设越简单越好。建立假设的目的是帮助人们确立研究的范围，有的放矢地选择史料。如果把整个研究比喻为一棵大树的话，假设帮助人们树立有关大树的整体概念，提示人们不要只埋头于分析每一片叶子，更要注意主要的枝条，如注意与研究对象有关的原因、特征、过程、后果等。假设在实际操作的过程中要经过多次的修改，这个修改过程，就是研究者论点不断深化的过程。经过史料的实证，假设渐渐向解释过渡，人们的研究工作也逐渐趋于完善和深化。

从技术角度来看，假设是作者对史料所作的初步归纳和理论性思考，如下图：

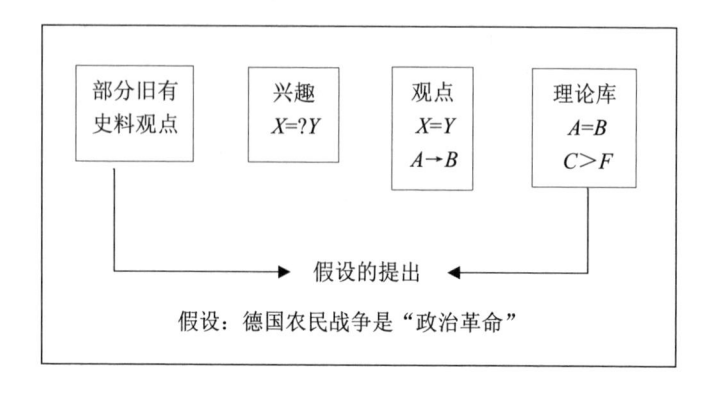

```
┌─────────────────────────────────────────────────────┐
│  ┌──────────┐   ┌──────┐   ┌──────┐   ┌──────┐     │
│  │部分旧有  │   │兴趣  │   │观点  │   │理论库│     │
│  │史料观点  │   │X=?Y  │   │X=Y   │   │A=B   │     │
│  │          │   │      │   │A→B   │   │C>F   │     │
│  └────┬─────┘   └──────┘   └──────┘   └───┬──┘     │
│       │              ▼        ▲            │        │
│       └─────────►假设的提出◄───────────────┘        │
│                                                     │
│       假设：德国农民战争是"政治革命"                │
└─────────────────────────────────────────────────────┘
```

从上图看，研究者在提出假设时对史料、原有观点已有初步了解，并且对这个课题产生了浓厚的兴趣。他接触了理论库（人们已建立的有关这一问题或相关问题的理论性解释等，如"封建社会""资本主义""德国农民战争是资产阶级革命"），并形成了自己的一些不确定的观点。在这里，字母 A、B、X、Y 等代表一些理论上的观念；X=Y 或 X≠Y 指的是两个现象的相关性，或两种不同的可能性。兴趣指研究者或许对某个问题本身感兴趣，或者不同意过去某部著作中对这个问题的解释。这都是帮助人们假设的因素。这时或许能产生一些初步的观点，更准确地说，是猜想，因为想法还没有被证实。最后，你将对你的"观点"作进一步的理性思考，或者进入理论库中去作更深的思考，这会帮助你形成新的观点和想法。例如，你研究的课题是西欧中世纪的城市兴起问题，你最初的猜想是城市的兴起与农业发展有关，你需要去理论库考察很多理论，包括相关概念和解释：如封建社会，商品经济，货币，农业生产方式，还有以前的学者对城市兴起的解释，如"资本主义兴起论""军事论""手工业发展论"等。这就加深了你对该问题的思考，也许你会发现仅从农业的发展来解释城市的兴起是不够的，你应该把重心放到城市和农村、市场甚至上层建筑的关系上。经过这些复杂的思考后，你才产生了某种假设，同时也对进一步发掘史料产生了兴趣。

其次是运筹系统。在一个运筹的系统中，要确定如何验证假设的具体方法和各种概念的具体范围。运筹是一种分析性的工作，目的是建立研究的范围和尺度。例如，

范围：调查德国农民战争的怨情陈述书；

方法：计量和比较的方法；

时间：1525年；

重点：各地的差异。

1525年革命同以往欧洲农民起义的区别运筹系统列表如下：

概念运筹 （关于课题的 具体概念） 概念1 概念2 概念3 ……	方法选择 （比较方法） 演绎法 归纳法 逻辑抽象 历史方法 计量方法 边缘历史方法	确定尺度 调查的范围 史料收集范围 抽样调查范围 时间的规定 ……

在运筹系统中，概念的运筹比较复杂。概念是一个名词，是

对事物属性所作的一般性的抽象和概括。概念的产生要经过四个阶段。

阶段一：个别观察。例如甲通过观察，认为可以用笔把一些地域记在纸上，乙做了同样的观察，丙和丁也做了类似的观察。

阶段二：名称确立。甲乙丙丁在取得共识后，把他们所观察到的现象用"地图"一词来概括，以后他们就把关于地形、地域的记载称为地图。

阶段三：抽象名词。以后人们不再谈论什么是纸和笔记录地形、地域这件事，只用"地图"一词来作抽象表达。

阶段四：概念争论。这时人们发现"地图"一词的意思相当模糊，它具有不同含义：是指地形图呢，还是指行政地图？是指彩色的地图还是指铅笔画的草图？由于含义不同，人们需要对地图一词作更精确的分类，以反映许多具体的、特殊的现象的特性。

由于名词概念只具有一般的抽象的意义，它不能直接用来反映具体的特殊的事物。为了理解特殊的个别概念（Conception）和整体概念（Concept）之间的区别，我们要对概念进行运筹。例如：甲听乙说丙很有同情心，因为丙常去帮助别人，还照顾邻居的小孩。于是在甲的思想里就有了一种概念：丙是一个具有同情心的人。甲和丙认识后，发现丙不是一个十分具有同情心的人，因为他不愿施舍穷人，也不愿为灾区的人们捐款。甲和乙再见面时，甲就对乙说丙并不是一个深具同情心的人。甲和乙争论的结果是发现两人所用的"同情"概念很不一致。甲认为"同情"应该包括捐款等内容，乙却从来没有这样想过。对于乙来说，捐款不捐款与同情的概念无关，而属于"小气""不小气"的概念范畴。可见"同情"这一整体概念在具体应用时，具有不同的特殊的含义。

在学术研究中，我们要把整体的定义，通过运筹，化为可以具体应用的具体概念。具体的做法是"整体概念"—"名词定义"—"运筹定义"—"应用于实际问题"。我们可以通过对整体定义的分解，找出概念的具体含义。如"三好学生"这一概念，可以分解为德、智、体三项指标，其中的每一项如体育又可化为身体健康程度，体锻标准等来衡量。体锻标准又可以化为田径、球类活动等项目。通过这样的运筹，我们才能确定调查的具体范畴。这样，不可见的抽象的概念就化为了可以观察、可以进行比较的具体的概念。对概念进行运筹是史学研究中一个不可忽略的手段。

第三是证据系统。证据系统就是史料的收集、整理、批判和运用的过程。要注意原始史料、第二手材料和辅助史料之间的平衡。辅助史料不一定用在论文里，但能帮助你思考、理解背景。最后，在史料整理的基础上了解历史知识、形成关于某一课题的清晰的历史画面。

证据系统

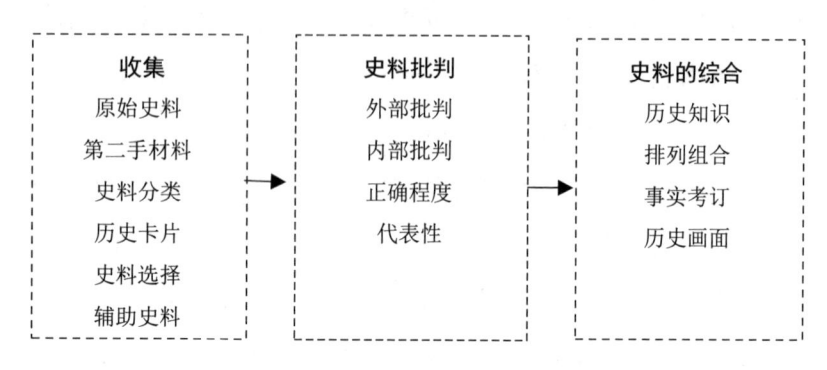

```
┌─────────────┐     ┌─────────────┐     ┌─────────────┐
│    收集     │     │  史料批判   │     │ 史料的综合  │
│  原始史料   │     │  外部批判   │     │  历史知识   │
│ 第二手材料  │ ──▶ │  内部批判   │ ──▶ │  排列组合   │
│  史料分类   │     │  正确程度   │     │  事实考订   │
│  历史卡片   │     │   代表性    │     │  历史画面   │
│  史料选择   │     │             │     │             │
│  辅助史料   │     │             │     │             │
└─────────────┘     └─────────────┘     └─────────────┘
```

证据类型：传单
正确程度：可信度

第四是分析综合系统。分析与综合是对史料提出问题，证明你的设想，最后形成你的解释和结论。历史学虽然不能像社会学那样直接向研究对象发问卷，但可以通过某种形式向史料提问题。我们有了史料以后，要对之进行分析，进行共同点的整理、综合，再上升到理论解释的高度。

综合分析系统

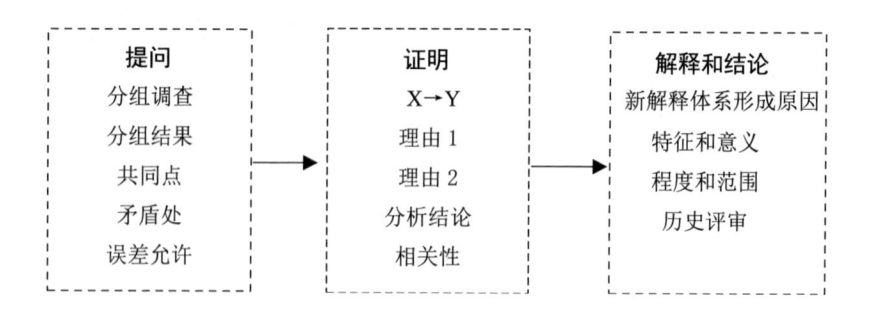

```
┌─────────────┐     ┌─────────────┐     ┌──────────────────┐
│    提问     │     │    证明     │     │   解释和结论     │
│  分组调查   │     │    X→Y      │     │ 新解释体系形成原因│
│  分组结果   │ ──▶ │   理由1     │ ──▶ │   特征和意义     │
│   共同点    │     │   理由2     │     │   程度和范围     │
│   矛盾处    │     │  分析结论   │     │    历史评审      │
│  误差允许   │     │   相关性    │     │                  │
└─────────────┘     └─────────────┘     └──────────────────┘
```

第五是检验系统。检验系统分别对史料问题、逻辑问题、程度和论文的结论进行检验,防止主观偏见。史料的检验包括对客观性的检查,检查所用材料有无代表性、有无典型意义,还要找出误差的允许范围。逻辑的检验包括对提问、论证、解释进行的逻辑检查等,以防止主观主义或轻易地下判断。程度的检验包括检验必然和偶然、差异和对立、可能和肯定以及论证中的矛盾之处。有时候,两者只是差别关系,就要防止把它说成是对立的关系。在对解释和结论检验时,要注意新解释体系的应用范围、理论概念以及解释理论的事实依据。还要防止把特殊推向一般,并要注意防止孤证。

检验系统

史料可靠	逻辑检查	程度检查	解释检验
客观	提问逻辑	必然偶然	原因
偏见	解释逻辑	差异对立	动力
典型	证明逻辑	可能肯定	意义
误差	矛盾结论	……	……

第六是交流表达系统。在表达系统里,要确定体裁、角度和文章类型。在写作时要注意写作步骤和表达的明白性。

交流表达系统

文章类型	体裁	研究类型	研究角度	语言
探索型	编年	规律探索	政治经济	描绘
叙述型	传记	区域研究	思想社会	叙述
分析解释型	专题	宏观微观	妇女军事	分析
考订型	……	……	文化制度	解释
报告型			心理	

写作系统

题目的要求→广泛阅读→卡片摘录→提纲→草稿→修改稿→索引

调查范围确立以后，分析和综合就是历史研究的基本方法，涉及如何理解、比较，如何选择材料、形成观点等一系列复杂的思考过程。有的史学工作者在初步接触史料后就能发现问题，开始形成清晰的思路。大多数研究者研究上的突破，却发生在研究工作的后期，有的甚至是在动笔写作时，才找到有意义的研究起点。很多初学者有这样那样的痛苦经验。他们在写成一篇有质量的论文之前，总是留下许多混乱不堪的草稿，感到十分疲倦。为了提高研究工作的一般效率，以后我们还要再探讨一些分析和调查的基本方法。

第五节　关于历史分析

现在我们来谈谈分析和调查。在史学研究中常有一种误解，认为在得出历史结论之前，所有的工作都是分析，只有到下结论时，才触及综合。实际上，分析和综合贯穿于整个研究过程中，它们是不断地交替运用的。如果只有分析而无综合，就无法发现问题。综合和分析的交换运用，帮助人们提出假设，形成观点。这对于提高工作效率，影响是很大的。

分析的方法是从系统的眼光出发对一个事物进行分解，目的是分解该事物的构成元素，以便进一步了解事物的性质。在研究初期，由于掌握的史料很少，分析往往是不够深入的。随着材料的增加，思路的开阔，系统分析的特性才能表现出来。这个时候的分析才有意义。系统认识的确立，是通过综合取得的。它帮助研究者把握问题的主要方面。

在研究者对一个课题有了系统的认识以后，可以用提问的办法来寻找事物的根本要素。例如研究的课题是"春秋时代工商业的发展"，我们可以把这个课题分解为几个更小的研究题目。例如："当时生产工具和技术水平如何？""铁器的使用和工商业的发展有什么关系？""农业状况如何？""城市手工业有无发展？""货币与农村公社土地制度的瓦解有什么关系？"这些问题是否得当，深度如何，是否抓住了问题的实质，同研究工作能否顺利进行有很大关系。如果提问与原始命题的相关性很小，如问题"大国的争霸是否促进了工商业的发展？"那就会使研究工作走远路，甚至会劳而无功。因此，在研究者还没有确定对事物的系统看法之前，他不必过早地进入猜测性的分析。如果一下子把研究面铺得很开，容易把研究引入歧途。

以上的问题即使只是初步提出，也显示了整个调查工作的异常庞大。即使仅是一个亚系统中的问题如"城市的发展状况如何？"，也会导致长时间的工作。试想春秋时期有那么多国家，选择哪一个国家才最有代表性呢？城市的范围又很广泛，其中又可以派生出多少个更为细小的问题来呢？为了处理好这些亚系统的问题或亚系统所派生的问题，我们必须时刻运用综合进行归纳。最好在进行分析之前，就建立起一个假设模型，避免研究工作偏离轨道。如果不是有的放矢地提问、分析和调查史料，我们的工作会似快实慢，效率反而不及那些不急于马上着手分析而是先研究提纲、建立假设模型的研究者。换言之，就是在着手进行分析调查之前，应该先确立调查的范围。

调查范围的确立。调查范围的确立是很棘手的事。因为，如果范围取得太大，会浪费很多时间，收效甚少。反之，如果范围取得太小，有可能漏掉重点，使研究工作变得肤浅。有时，一些看似无用的调查，在研究工作中会突然变得有用起来，而有些在研究初期看似重要的材料，最后却会弃之不用。

如何解决这个难题，关键在划出重点和非重点的调查范围。

首先看研究的重点在哪里，如果研究的重点在原因分析，那么后果和意义就不一定是调查的重点。在确立了重点范围以后，要对重点部分作重点调查。这时可以用分解的办法找出与此相关的亚系统或子系统来，如可以从原因中分解出背景、动机、理由等。在完成了这一步后，就可以围绕重点，展开经济、政治、社会结构等方面的调查。

用小标题来限定调查范围也是很好的办法。如研究的课题是"19世纪英国的童工"，第一步，可以用小标题列出"童工法规""童工生活状况""童工生产条件""童工的工资""成人工资和工作条件""一般的工作环境""工厂制度""工人技术训练"等调查内容。第二步，可以在这些调查内容中分出几个层次，如关于童工本身的调查属于第一个层次，对工厂制度的调查属于第二个层次，而对社会政治、经济方面的考察可以视为第三个层次。第三步，确定每个层次的调查内容、广度和深度，这样，一个调查的范围就大致可以确定下来了。

调查范围确立以后，需要对证据进一步精选。首先，可以考虑证据和假设之间的关系，找出什么是验证假设的最直接的材料。如果假设是"童工制度严重危害儿童健康"，那么，与此假设密切相关的"童工生活状况""生产时童工的工作条件"等史料就成了最直接的证据材料。然后，区分典型与不典型的材料。典型材料具有代表性。通过这样的区分，史料的选用也比较明确了。

对于范围很广的研究项目（如一本专著），调查工作和材料选

第三章　创作的一般性质

择会比较复杂。然而上述的基本方法仍然适用。这时需要更多地考虑材料和假设的关系。通过假设来确立调查范围，又通过调查来修正假设，这个过程也许要持续到整个研究工作的完成。只要条理清楚，方法正确，就能做到有条不紊。如果思路很乱，要注意立即停止研究工作，休息一会，以保证头脑清醒冷静。如果根据主观意志打疲劳战，就会造成随意划分调查范围的混乱局面。研究工作是不能取得进展的。

最后，在材料的运用方面，要注意原始材料、第二手材料和观点之间的平衡。研究是一项艺术性、科学性都很强的工作，研究者要有艺术家的风度和敏感，又要有科学家的才干和能力，这样才能产生精致的作品。

同别的社会科学一样，历史研究离不开对事实真实性的考察。为此，我们需要观察分析每一份史料和每一个事实。对于事物真实性的确定主要有两个方面：一是间接的真实，即我们同意和认可他人所建立的定理、概念和研究的结论，并相信这些概念和结论是真实的，这属于间接的观察。二是基于直接经验上的真实，通过我们的亲身实验来证明事实的真实性。

我们对于世界真实性的理解，绝大部分来自间接真实，只有小部分是直接真实。间接真实来自传统和权威，例如我们从报上看到的准确报道，从杂志上读到的科学论点，都可以算是间接观察来的真实。我们自己观察到的现象，如到了沸点水会沸腾等，则属于直接经验得来的真实。这两种真实在大多数情况下是可以统一的。但是，两者也会出现差异。间接观察和真实依赖于传统概念和权威结论，因为它已经过多次实验，从而具有一般的意义。这种观察有利于继承人类已有的知识。它的缺点，是有些常识和权威性结论其实也未必正确。根据自己亲身经验得来的直接真实具有经验的感性特征。它可能具有特殊意义，但不具有一般的意义。因此，这两种观察可以相互补充。

进行观察，最好要有某种观察的计划。因为漫无边际的观察容易遗漏重要的材料。在街上行走，我们不可能注意到每个路人的衣服和表情，但如果是有计划地去调查市场上的流行服饰，我们就可能找出流行服饰的类型、特点、人们的喜爱程度、优缺点等。因为，我们是带着目的去观察的。在调查史实的时候也要制订计划，建立观察的分类目标，以保证不遗漏要点，使观察比较细致深入。

历史观察要求产生一般性的观察结论和具体特殊的分类结论。例如，通过对史料的观察，我们得出某个时期农民生活水平有所下降的结论。但这只是一个一般的结论。因为，它没有指出自耕农、佃户和农奴之间的差别，也没有揭示不同地区间的差别。分类观察以后，我们能够得到更有用的分类结论。例如：自耕农和佃户生活水平下降、而农奴生活水平却与原来相同等，这就使我们的调查比过去更深入了一层。一般来说，在建立分类调查计划时，至少要考虑时间、地点、年龄、性别、阶级等方面的差异，不能用一般性的结论代替具体的、分类观察的结论。

历史观察要避免片面性。它一般有三种情况：首先，是根据某种先验的经验，"想当然"地把观察范围缩小。例如：在得出某个时期农民生活水平下降的一般性结论后，就"想当然"地认为农奴的生活水平也一定下降，因此可以不作调查。第二，是在作具体的分类观察时，由于观察结果与原先假设类似，就缩小调查范围。例如，原计划要求调查100个村子的农奴生活水平，但只调查了10个村子以后，就得出了农奴生活水平没有下降的结论。又因为与假设相符，就中止了这项调查。这是统计学上绝不允许的未完成调查，其调查结果毫无意义。第三，是研究者人为地把同其结论相反的材料去掉，只保留和结论相同的材料。这也是不被允许的。

从观察的技术手段来看，可以把历史观察分为直接观察、间接观察和概念测试三大类。直接观察是观察者自己直接看到、听到的感性观察，如当事人对事件的耳闻目睹，考古学家对证据的鉴别等。它是可以直接用感官观察的。间接观察没有耳闻目睹的特性，但可以用间接的手段观察事物，如可根据税收档案，计算出农民的经济负担等，它具有一定的抽象意义。概念测试常用于某些抽象概念的调查，如测定智商、同情、信仰等；它不能直接、也不能间接被观察到，但可通过相当复杂的概念测试得出观察结论。例如：通过一系列的测试可以测定人的智商；通过对家庭、生活、祈祷活动、教会等方面的调查，能测出宗教信仰的程度。第三类的概念测试具有观察抽象事物的特点。

调查手段的改进。对于历史事件的常规调查是检查该事件的原因、背景、过程和后果意义。即

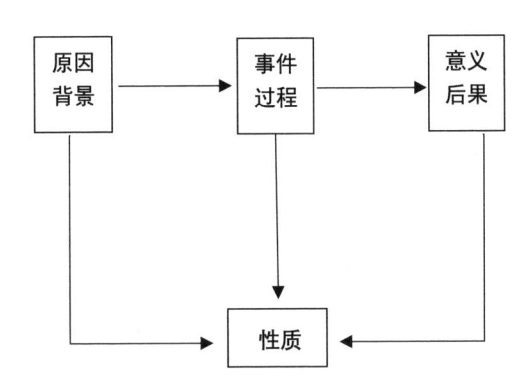

```
┌────────┐     ┌────────┐     ┌────────┐
│  原因  │────▶│  事件  │────▶│  意义  │
│  背景  │     │  过程  │     │  后果  │
└────┬───┘     └────┬───┘     └────┬───┘
     │              │              │
     │              ▼              │
     │         ┌────────┐          │
     └────────▶│  性质  │◀─────────┘
               └────────┘
```

这种调查的基础是：1.相信每一个被称为事件的历史事实都有一定的原因，相信这种原因直接导致了事件的产生；2.相信事件的过程都有成功或失败的后果；3.相信该事件的性质可以在对原因、过程和后果的调查中得出。例如，有一位邮递员误投了一封重要的信件，导致国家100万人民币的经济损失。对于这个事件的调查就可以分解为原因的调查、过程的调查和后果的调查。该邮递员是否负有法律责任、该事件的性质，也将由原因、过程、后果的调查结果来决定。从原因角度看，如果仅是一般的责任事故，邮递员可能不被判罪，但如果是政治经济的原因，那就可以把它理解为有犯罪的动机。从过程的角度看，有情节轻重的区别。从后果看，如果被误投的仅是一封平常的家信，那可能根本算不上是一事件，但如果这是一封重要的信，后果却很严重。原因、

过程、后果，都直接影响到该事件的性质。

这种常规的调查方式看似全面，其实有很大的局限性。首先，它有重异常、轻正常的倾向。历史大多是处于正常状态中的，常规调查却不是均匀地考察以往历史的全部过程，而只考察产生过重大结果的异常事件。如果没有产生重大后果，显然不是事件，就不是历史调查的范围。仅从后果的严重程度来决定事件是否值得研究的思路本身是很成问题的。第二，它把历史理解为一种事件史。在一个重大事件与另一个重大事件的研究之间，显然留下了巨大的空间，缺乏对历史连续性的考虑。这种用个别事件的排列来解释历史进程发展的做法，影响调查的客观性。第三，它具有机械理解事件原因、过程和后果的特点。事件一般都是重大事情，于是想当然地认为每一事件都应有一个重大起因，如政治、经济、思想意识形态和社会等方面的原因。这很可能与事实相违。

为了弥补常规调查的上述缺陷，我们需要引入结构调查这一概念。结构调查不是人为建立一事件的因果联系，而是努力寻找某种相对稳定的结构。结构是任何连续发展的社会的基础，它以系统的方式，体现历史发展整体的连续性。它认为，只有把人类行为放到完整的社会背景中去考察，才有可能得到理解。

在人类的社会生活中存在着各种结构。人类学家比较注重的是血缘亲属关系中的结构如家庭、邻居、氏族等；社会学家注重社会集团、社会流动、个人社会地位、政治倾向、选举意向、就业问题等结构；政治学家关心政治利益、阶级构成、政治党派、法律、国家权力、政权形式等结构；经济学家关心生产、分配和生产组织方面的结构。历史学家越来越发现上述结构也是历史研究的中心问题，特别是人的家庭生活、物质条件、基本信念等结构的重要性。这种结构性的思维，增进了对历史整体性的考虑，弥补了以事件为主单线叙述历史的缺陷。

结构调查不是努力建立一系列事件的因果联系，而是努力寻找那些相对稳定的结构。结构是任何连续发展的社会生活的一种基础，它以系统的形态、稳定的形态反映历史整体的连续性。结构和事件是一种辩证的关系，事件的发生会影响结构，结构的存在也会制约事件发展的方向。有的事件对结构影响很小，有的事件对结构影响很大。人类的行为只有从整体中去考察，才能被客观地理解。结构和事件的关系可用下图来简示：

```
/ / / / / / / / ==>事件 / /
/ / / 背景 / / / / / / / /
/ / / / / / / / / ==> / /
/ / ==> / 背景 / / / ==> / /
/ / / / / / / / / 事件 / /
```

上图中，在同一的背景（社会结构）中同时发生着不同的事件。背景如同一幅布景，各种事件（小箭头表示）的全过程在这里贡献了它们的意义。背景和结构对事件起制约作用，事件又影响结构。

这一调查思路，反映了对事物发展整体性的考虑。以上的简图反映了政策运行的情况。政策通过政府输出，但受到四方面的制约：国内社会文化结构、政策输出后的反馈、政府本身的反馈和国际上因素的影响。同时，政策的输出又直接影响了国内国际社会的布局。这个反映了对事件（政策输出）和结构关系系统考虑的思路。

在结构性的范围调查中，单一的事件所起的作用没有常规调查那么重要。它更注意历史整体变化发展的复杂性。它要揭示事物各个方面的联系和连续性。把常规调查和结构调查结合起来，可以互相弥补和互相促进。调查应当深入到对人类各种关系的深层考察，它不仅调查异常形态，也调查正常形态；不仅调查个别事件，也调查作为整体的结构。调查的范围和手段因而得到改进。

为了提高历史分析的精确性，现代历史学还引入了计量方法。这样，有些如"伟大的""典型的""有重大意义的""广泛的"之类模糊不清的概念，就让位于精确数的表述。调查范围的扩大和调查手段的改进，是历史学科学化的重要标志。

第六节　关于历史综合

综合是与分析相反的一种研究方法，它的含义是"把相关的部分和元素合并成为一个复杂的整体"。对于历史学来说，它是一个史料积累、史料提问、把相关材料合成有意义的部分和整体的过程。换言之，就是通过运用整体观念，把某个历史事件中分散的事实、史料、观点联合成一个完整的整体，以便发现作为整体的历史事件的基本结构和整体结构，形成一幅有关该事件的清晰图像。

历史综合的基础，是史料的积累和整体观念的运用。从史料积累的角度看，当史料以单个碎片结构出现时，它无法说明一个完整的事实。然而，当史料积累到一定程度时，专业历史工作者，就能从中综合出历史事物的一些结构来，使人们对历史事物有直观的认识。历史工作者经过专业训练，就具备了比较卓越的综合能力，能够从史料碎片中再现出历史事物的原形。这种整体的认识往往以一个名词概念来表达。这些名词概念和它的子系统中的名词概念对于进行历史知识的综合是非常有用的。因为整体事实的发现，一个本来模糊不清的事件就会突然变得清楚起来。

综合的意义是发现事物的整体结构和基本结构。因为人们对整体的事物结构具有敏锐的识别力，但对于分散的没有整体结构的事物往往不能理解。同时，当一个事物的整体性被揭示出来后，人们对它的理解也前进了一大步。比如人们对于随便堆放的砖头不太注意，但对砖头建造的房子却能做出评价。又如整理过的房间和没有整理过的房间，前者具有了一定的结构，就会呈现出一种美感，后者因为破坏了一定的结构，就变得混乱不堪。历史工作者需要从散乱的史料中综合出事物的整体形态，这样才能加强对某一事实的理解。

历史的综合可以从部分的归类做起。归类是在零碎的史料中发现这些史料的属性。告诉人们它们是什么方面的史料，这就使零碎的史料呈现一定的形态。以下是几组需要我们发现结构的材料：

第一组	第二组	第三组	第四组	第五组
舨航	国家	田野	细菌	海军
况含	繁重	牧场	骨架	少女
结看	圣地	鸡蛋	遗传	风浪
基里	账单	鱼塘	免疫	大海
御砝	航海	电脑	内分泌	搭救

在第一组中我们没有发现什么结构，在第二组中发现一些可能性，仍然缺乏相关性。在第三组中有关农业和现代管理，第四组包括人体和医学。第五组只包括一种结构，那是一个事件。同时，在聚类过程中，我们发现以下特征：1.时间的指示：如第三、四、五组都暗示近现代。2.内容指示：第一组像是计算机的字库，第二组有关国家和行政，第三组关于农业、副业，第四组关于人体和医学，第五组关于海上救险。3.地点的预示：如第一组可以猜测这件事发生的地方一定使用中文，第二组地点不明，第三组与农村有关，第四组与医院或医学院有关，第五组与海洋有关。4.人的活动的预示：第一组无法推测，第二组与管理活动有关，

第三组是有关农业生产活动的，第四组有关医学研究的活动，第五组与救险活动有关。

在史料归类完成后，就可以进行整体性质的综合。这时需要用到概念。概念为我们提供了一种整体的理解。有了整体观念，我们看到一个部分，就能够想象出它只是整体事实中的一个组成部分，如"手"的概念告诉我们它的根本特征，还告诉我们它是整个身体的一个组成部分。"文艺复兴""封建主义"等都是可以帮助历史学家进行整体结构综合的概念，它们告诉人们事物的一般特征。例如：不研究古典文化就称不上是"文艺复兴"。整体综合也可以从部分综合做起，历史工作者先用分类的办法从史料中得出许多"部分的整体"，接着又继续寻找与这些"部分的整体"有关系的其他部分。一个小的"部分的整体"相当于一条手臂的发现，它与人体的其他部位有联系，但彼此形状却很不相同。我们只有把它同人体的其他部分结合在一起，才能显示出整个的人体。一项行之有效的"部分整体的综合"，不仅以发现一个部分为其目的，还要寻找它同整体之间的关系。否则，研究工作的意义相对来说就很小。

在"部分整体"的综合过程中，历史学家对整体的理解也越来越深刻。通过不断地提问和证明，他们排除不符合实际的猜想，确立整体究竟是什么的观念。例如：史料记载某地有大量书籍，猜测该处：1.是所学校；2.是图书馆；3.是富裕人家的住宅。接着，又从其他史料中得知，那儿还有地理书、数学书和一些学生考卷，这时就能断定那是一所学校而非图书馆。这里考卷的发现是关键性的，因为在没有发现考卷之前，仍然有几种可能：可能是一个学校，也可能是一个图书馆。即使发现更多的其他书籍如哲学书、医学书，仍然无法确定那里是图书馆还是学校。既然那里是所学校，就要进一步调查它的性质（大学还是小学、公立还是私立等）、特征（以何见长？文科还是理科？名声如何？）、时间（中世纪还是近代？）、教育质量（谁是教师和学生等）、社会影响（毕业去向等）等。于是对"部分整体"的综合，转变为对"整体结构"的综合。

在实际的工作中，历史学家主要是通过对比"部分整体"与整体形态的办法来区分事物的属性的。一个部分整体的发现，相当于证实了一个具体的概念（Conception）与事物的整体概念（Concept）有所区别。例如"书籍的发现"只是一个"部分整体"的确立，它可以与很多整体概念兼容。如可以同"印刷厂""书店""学校""图书馆""个人书斋"等发生联系。然而，像"学校"这样的整体概念所包含的元素就不仅仅是书籍，还有其他的要素。如学校系统要有教师、教室、学生、教具、教材等；书籍只是其中一项。再如印刷厂系统要有机器、工人、印刷出版物等要素，书籍也只是其中一项。只要对照"部分整体"与每一个整体概念的要素间的差异，就可以做出正确选择，确认事物的整体属性。

一个有经验的历史工作者在进行整体综合时，与初学者至少有三个方面的不同。第一，他采用的是级差选择测试法，在"部分的整体"发现以后,他不是根据猜测去比较"部分整体"与每一个整体概念之间的关系的,而是根据可能性的级差,列出对整体概念测试的先后顺序。要做到这一步,他必须对"部分整体"的性质有具体而明确的结论。例如,他不会把发现了的"部分的整体"称为"书籍的发现",而称为"主要是教科书的发现",这样,在寻找部分与整体的关系时,"学校"就属于第一等级的测试概念,而"书斋"可能被列为末等。这就大大提高了准确性和速度。第二,有经验的历史工作者对整体概念的特征比较明确,他不是任意猜测整体概念具有什么要素的,而是通过调查、学习和分析来得出整体概念的要素,可以较有目的性的来综合整体的基本结构。如"文艺复兴"具有古籍整理、人文主义、个人主义、人本主义等特征;"西欧封建主义"的要点有"分封""采邑""私人行使国家权力""军队""分散政治"等。这样的做法可以排除不重要的测试,防止遗漏重要的测试。第三,有经验的历史工作者具有一种历史感,他们一般不直接用现代的概念进行历史综合,而是用历史上的概念来衡量历史上的事物。他们清楚意识到,一个概念的内涵和外延在不同时期是有出入的。专业经验使他们的历史研究更加真实,更接近于当时人类的活动状态。

  因此,历史整体结构的发现,并不是偶然的、突然出现的现象。这是史学工作者通过对史料的提问、对概念的运用以及通过假设等科学方法综合出来的。是人们对历史进行理解后的产物。历史工作者发现了某种史料,认为它可能与现在的某种概念类似,就去寻找它的过去的未变异结构，从而建立起某种假设的框架或整体性的认识。另一方面，历史工作者又从零零碎碎的静态的史料中发现了单一的结构、双重的结构或多种可能存在的结构。经过去伪存真后，研究者开始对这些形态进行提炼，并寻找它们之间的联系。最后，他把握和寻找到了整体。因此，整个发现完全是建立在事实证据上的，是付出很大工作量和艰巨劳动后的成果。

为了科学地进行史学研究工作，必须排除偏见和主观主义。偏见和主观主义都是与历史研究的客观性相对立的，有些偏见是时间差异造成的，如果不注意排除偏见和主观臆想，历史研究的真实性就无从体现。历史的认识是历史学家主体对客体的能动反映。但是，历史学家是一个生活在现代的现代人，而他所研究的历史，却是以往人类的行为和思想。为了达到客观的历史研究，就不能只根据历史学家的主观意志和现代价值观念去分析、评论历史上的人物和事件。历史上的人物和事件还必须与当时人们生活的环境联系起来。例如在宗教改革史的研究中，如何区分宗教异端和宗教改革家就是一个很复杂的问题。美国过去的历史学家根据中世纪人们对他们的称呼，把胡斯、约翰·威克利夫和马丁·路德等人都当作异端来处理，然而，从现代价值观念出发，历史学家又感到把这些宗教改革家称之为异端有些不妥。因为现代观念提示他们这些宗教改革家是好的，而宗教异端却是坏的。所以，近年来的历史学教材把胡斯等人的称谓都改成了宗教改革家。有的历史书更是把14世纪视为宗教改革时代的开端，理由是既然中世纪后期的异端都可以称为改革家,14世纪理所当然是改革时代的开端了。这种由现代人根据现代价值标准随意改变历史概念的做法,严格说来,也是主观偏见中的一种。

夸大某个历史事件的作用,混淆差异和对立的区别,也属于主观偏见。历史学家具有现代的价值观念和批评热情,他们遇到与现代观念比较接近的情景时,常常不自觉地把它们画上等号。这就把历史事件现代化了。有人把文艺复兴看作欧洲近代社会的开端,而把之前的欧洲社会称为黑暗的中世纪,这就把差异当成了对立,否认了历史发展的连续性。有时人们常常把文艺复兴时期的人文主义者如彼特拉克、拉伯雷等人,视为教会的对立面。

其实,文艺复兴的代表人物但丁的出生与中世纪大神学家托马斯·阿奎那的去世仅差几十年,事实上他是深受后者影响的。假如我们随意把差异当成了对立,就不能符合历史的本来面貌。从而可知,历史研究要做到客观很不容易。

把可能性当成肯定性来论述,属于方法论上的主观偏见。有的研究者把所有能够支持他观点的史料都详尽描述,但把与他的观点相矛盾的史料随意抛弃。这样,就把可能当成了肯定。与此相似的还有把偶然说成必然。论证方法虽异,但都属于不科学不严密的史学论证,是需要加以改进的。

"最后的综合"是通过对历史知识的分析和综合,形象回答"是什么"的问题,这表明研究者已经得到某事物的整体结构,然而,对这个问题的历史研究工作并没有结束,还有许多"软件"上的问题没有解决。这些问题基本上是无形的,如"原因""动机""价值""思想观念""后果""意义""规律""假设"等。不解决这些问题,对该事件的解释体系就建立不起来。最后的综合就是要考虑"硬件"和"软件"之间的关系,用某种方法把两者有机地结合起来。正因为如此,最后的综合是连接分析综合系统和解释系统的桥梁,换言之,它既是综合过程的最后一个环节,又是解释过程中有突破意义的一个环节。

"最后的综合"要求对所有的证据进行一番重新检验,主要检查观点与证据之间的相关性。以便考察:1.研究者自己有没有形成完整的观点;2.这些观点是不是能被史料证明。换言之,是把回答"是什么"的简单史学向回答"为什么"的解释史学迈进了一步。在建立工作提纲的时候,研究者实际上已经有了一些观点,而整个调查也一直是对照着提纲进行的。然而,在分析和综合的时候,研究者有可能把注意力放到了"是什么"的问题上,在"为什么"的问题上思考不足。初学者经常会碰到这样的困境:他们通过做历史卡片的办法收集了大量史料,也能够讲出一个历史事件大致的发生过程,却不能把这些证据组合成一个有机的整体,也不知怎么写出一篇优秀的历史学论文。他们的调查是一丝不苟的,所以他们在史料和史实上,都已具备了历史家的眼光,可以找出别人论文中史料运用的缺点,但就是无法形成一个完整的思路,或形成胜人一筹的观点和解释。他们不满意别人的观点,又形成不了自己的观点,这就是通常所说的"眼高手低"的尴尬局面。这时史料的收集者和整理者必须向思想者转化，因为史料自己不会回答问题，除非你问它问题。这时可以检查：1. 现在的研究结果与当初假设的观点有什么不同，为什么？ 2. 在研究的过程中产生过什么新观点，把这些新的想法用笔写下来，对它们进行系统整理，看有没有可能形成总体观点。3. 考虑调查的是什么，与别人的研究角度有什么不同？能否从重点出发，思考有无可能提出新问题。4. 不妨再读一遍所有的第二手资料，看有无可能从别人的研究成果、解释和方法中得到启发。5. 仔细对照观点和史料的一致性，对有矛盾的地方要特别予以注意。在没有矛盾的地方要检查史料的基础是否显得薄弱或重复，找出最佳的材料运用途径。

"最后的综合"要考虑在质量上是否具有学术价值。一般来说，凡是有质量的学术论文，都要求能在原有研究的最高水平的基础上对某个课题进行研究，而不是脱离原有的研究成果，在一个很初步的基础上开始。最后的综合要求把别人的研究成果综合（吸收）到目前的研究中来，以保证目前的研究是在原有基础上向前深入的一步，而不是一种重复研究，或更低水平的研究。起点较低的缺陷就是没有掌握该课题全部的现有研究成果，尤其是经过长期艰苦的研究工作后得出的调查结论和解释结论。理论上说，如果这些调查和结论言之有理又很有说服力，那么就可以接受这些成果而不必重新从最初的起点上着手研究。

"最后的综合"要把调查所得的静态的结构，还原成以往人们真实的、动态的社会活动。例如，一幅照片能够表示出一个场景，几百张互相有联系的照片可以从横向表示一个更大的场面，或从纵向表现出一个连贯的发展，但是它们都只是静态的结构，故与过去真实发生的人类活动相去甚远。要把这种静态的结构转变成动态的结构，就要运用解说。解说就是要通过静态的结构，复原出历史上曾经存在过的动态的人的活动。并解说这些活动的起因、关系、背景或条件。研究者要告诉读者发生了什么？什么时候？哪里？什么特征？什么结果？什么意义等。例如对事件过程进行解说，就要说明历史事件本身的因果关系、事件本身及其与其他事情的联系。史料丰富时，可以直接展示史料显示该过程；史料不足时，可以用比较、推断等方法把它们重组为历史的过程。又如对条件的解说要考察事件发生的条件背景、时空、其他事件、各种关系的牵制、影响以及社会法律、道德、习惯、精神、思潮、制度的影响。对动机的解释要考察客观动机与主观动机、人们参与行动的目的和原因等。

综合性的解说还要按照历史活动的本来面目，恢复人类活动时的实际次序。在进行历史研究时，人们往往是从事件的结果（重要性）中看到它的研究意义的。研究者的思路是：结果——史料调查——初步结构的发现——部分整体结构的发现——整体结构的发现——对以往事件的解释——原因的寻找等。然而，历史上人们真实活动的次序却是从起因到过程，再到后果的。综合性历史解释，需要把历史复原为事件发生时的次序，即恢复原因——过程——后果——意义的次序。通过这些最后的综合，人们加深了对历史事件联系性的理解，为再现真实的历史存在奠定了基础。

最后，"最后的综合"还要从理论出发，解释历史事件发生的深层原因，解释研究的课题对历史学有什么理论意义，并要指出研究结论的应用范围。对理论的解释是要说明每一个项目的研究价值所在。历史学家除了报告调查的结果以外，还要说明这个报告解决了历史研究上的什么理论问题。例如，有报告曾认为主要是农奴制导致了1525年德国农民战争的爆发。然而，有历史研究却发现某些已废除了农奴制的地区，也是德国农民战争的热点。这就在理论上提出了新问题。所以，这一研究具有修正传统理论的意义。新理论的提出，其意义主要是弥补原有理论的缺陷。新理论对原有的理论予以修正，从而形成新的解释体系。

第七节　关于原因分析

原因分析是透过历史的表面现象，去寻找、解释历史事件发生的深层关系。自从有了历史研究，历史学家就注重对原因的考察。原因的考察被称为历史研究的一个支柱，并且是区分编年描述史学和解释史学的标志。法国年鉴派的创始人之一马克·布洛赫称历史学就是不断地研究原因的学问。意大利历史学家克罗齐则认为：原因是历史学家把材料粘合在一起的水泥。

原因的本质是寻找历史事件发生发展的深层背景。历史事件的深层背景不能直接被观察到，需要运用分析、综合、假设和解释才能找到。正如前面提到的那样，对于一个历史事件，人们不仅要知道它发生的过程和特征，还要知道它的起因、动机、背景、条件与社会结构、社会思潮、政治制度、文化背景等方面的关系等。对于原因的分析，使描述史学向解释史学转化。尽管有些历史学家认为如强调对原因的调查会导致"观点前定论"和对具体的历史事件作机械的解释，但大部分的历史工作者都认为如果没有原因方面的分析和解释，历史研究是无法想象的。

在历史研究中，原因的解释是一件比较困难的事。因为事件的过程比较容易被观察到，而原因却具有某种抽象的含义。如果解释不当，容易把不是原因的因素当成了原因，却忽视了事件真正的起因。自然科学和历史学研究中的原因分析有区别。自然科学中的原因分析具有决定论的特点。被研究的物体没有主观能动性。自然法有自动决定事物发展变化的趋势。有时，事物的变化是由多种因素决定的，如植物的生长取决于水、养料、空气和阳光等。改变上述条件之一，就会改变植物生长的速度和形状等。但自然科学的原因终究是可以通过科学测试手段来观察到的。同时，还可以进行重复试验，其结果不变。

历史学研究中的原因解释要比自然科学来得复杂。首先，历史学中的原因，因为掺杂了人的能动因素，就不可能像自然科学那样完全做到决定论。历史学中的原因只是或然性的原因，而且基本没有重复的可能。第二，在历史研究中，一个原因往往还包含导致它出现的、更为深层的原因，称原因的原因。原因的原因是因人因地而异的，无法用统一的标准来测试。举例来说，甲、乙、丙都是学习成绩很好的高中生，后来又都考取了北大历史系。这里，我们在分析第一个原因（为什么能够考进北京大学）时，我们能够找到共同的原因（学习成绩好），但是，当分析平时成绩好的原因（原因的原因）时，我们却无法找到共同的因素。例如：甲成绩好可能是他有一个好的老师，而乙和丙成绩好可能由于他们特别用功。如果我们再考察下去，事情无疑会变得更加复杂，如甲有一个好的老师的原因是那个老师正好是他爸爸的朋友，而他的爸爸关心他的学习。乙之所以学习特别用功，是因为他具有非凡的毅力，他对其他的事情也同样肯下功夫。丙学习成绩好可能也是出于学习用功，但造成他学习用功的原因却不是有毅力，而是他的父母为了让他进入北大学习，每天逼他用功读书所致。所以，原因的原因显然没有共同的规则性。我们在分析这些原因时，只能具体情况具体分析，以免出现以偏概全的失误。

这里，我们还应当明白原因和理由之间的区别。原因一词相当复杂，可以分解出原因、动机、背景、理由等因素。例如，"为什么中国人民要抵制鸦片入华？"这个问题需要我们回答的其实并不是原因而是理由。可能的答案是鸦片的毒性和它的危害性（理由）；或是揭露帝国主义利用鸦片侵略中国的险恶用心（动机）。分析理由和动机与分析原因是不一样的，因此必须加以区分，不能用同一种方法来处理。

真正能够成为原因的问题必须满足时间、相关性等条件，在进行分析时，主要是找到因果关系，进行因果分析。例如：一个因素要成为原因，第一，它（A）必须发生在事件（B）之前，而不是之后。如果发生在事情之后，就不能成为事件的原因。第二，作为原因的事件必须同事件本身具有密切的相关性和因果关系。如"甲考试成绩不好是她昨天晚上没有读书，去看电影了"，就不是一个关于原因的分析，因为考试成绩不好与看电影没有必然的联系，相关系数很小。第三，A和B不能有共同的原因C的存在。一个众所周知的命题是"天下雨了，我的膝关节很痛"，这句话就有逻辑问题，因为天下雨不是膝盖痛的原因，空气中湿度的提高才是引起天下雨和膝盖痛的真正原因。空气湿度C是A（下雨）和B（膝盖疼）的共同原因，因此A和B之间并不存在因果关系。研究者在进行原因分析时，要注意排除不相关的因素，不能随意扩大原因调查的范围。

在分析原因、理由、动机或背景的时候，要求提高分析的精确度，不能泛泛而论。这就需要对原因调查的结果进行精确化处理。例如"富人都是保守派"这样的调查结果不够精确，因为富人有好多种，保守派也有好多种，因此必须区分出哪种富人在哪些问题上保守，这样，调查才算完成。提高分析精确度的办法如下：可把富人这个群体用X来表示，X_1代表收入高的富人，X_2是生活方式像个富人的人，X_3是有钱的商人，X_4是地主，X_5是勤劳致富的人等。再把保守的内容用Y来表示，Y_1指经济上的保守派，Y_2指政治上的保守派，Y_3指道德规范上的保守派，依此类推。最后，

分别调查 X_1 与 Y_1，X_1 与 Y_2，X_1 与 Y_3，X_2 与 Y_1，X_2 与 Y_2……之间的关系，最后才能确定究竟谁是保守派。从以上的情况看，原因调查的要点是具体问题具体分析，这样才能避免误解，提高历史调查的质量。

第八节　关于历史逻辑

有一本论历史逻辑的书，作者是美国学者费西（David Hackett Fischer），对美国的历史学家的逻辑错误进行了毫不留情的批判。[1] 这本书列举出历史出版物中数千个逻辑错误，对名人名著毫不客气。评论家温克斯（Robin W. Winks）在《纽约时报》上发表文章指出，此书的出版引起恐慌："美国历史协会的一万个成员立刻阅读，生怕在里面找到自己的名字。"[2]

逻辑是一种研究的方法和规则，主要用于区分正确的和错误的理由，并且排除错误的理由。学习逻辑能够帮助我们分析逻辑错误，练习对事物定义的技巧，对历史研究很有用。把逻辑定为思维的法则未尝不可，因为一切理由都具有思维的特征。但是，不是一切思维都是有理由的，如朗诵数目1、2、3、4、5、6、7、8、9等就无法找到特定的思维理由。因此，把逻辑当作"理由的科学"

---

[1] David Hackett Fischer, *Historians' Fallacies: Toward a Logic of Historical Thought*, Harper Torchbooks, 1970.
[2] See back cover, David Hackett Fischer, *Historians' Fallacies: Toward a Logic of Historical Thought*, Harper Torchbooks, 1970.

更为确切一些,只有当一个需要解决的问题存在时,才会去思考它的理由。逻辑就是探讨问题时用来确定正确的理由、排除错误的理由的科学。

逻辑运用也有局限性,它能够帮助人们排除错误的理由,却无法使没有理由的东西变得有理由。伟大的作品中往往会有逻辑错误,但没有逻辑错误的作品不一定都是伟大的作品。因此研究逻辑并不是要人们对工作望而生畏,而是帮助人们通过学习方法和规则,区分正确的理由和错误的理由。换言之,知识之道,不论是从哪方面入手,只要学有专长,便可望成大器,学力有如功力,积学之士,胜于纸上谈兵之人,但是,如果饱读经书,却无妙笔以传,那么学力也无从表现。这两者宜互相补充。

因此,逻辑的概念首先就是考虑前提和结果的结构。这可以是一个前提导致一个结果,如"天下雨了,我们不出去了"。这里,"天下雨"就是前提,"不出去"则是结果。在这个句子里,前提在前,结果在后。又如"他没有来上课,他病了"。这也是由一个前提导致一个结果的结构,只不过是结果在前,前提在后,也是前提通向结果的单一结构。

有时,能产生多个前提出现单一结果的结构,也可能出现单一前提出现多个结果的结构。如:"1.蒙古贵族受农耕地区汉人的影响,2.认识到人这种生产力的价值,3.过去的屠杀掳掠政策有所改变,4.他们还沿用汉法建立一些机构来征收赋税。"在这个句子里,是一个前提带几个结果,其中"受农耕地区汉人影响"是前提，后面的几句话是结果。其中"认识到人这种生产力的价值"这句话，既是"受汉人影响"的结果，又是"改变屠杀掳掠政策"的前提。图示如下：

```
            [1]
           /  \
          /   [2]
       [4]     \
                [3]
```

有的时候前提和结果的关系更为复杂，出现的是非单一的前提结果结构。这仍然能够找出其逻辑关系。例如：1.由于政府征收商品税。2.商品的价格提高了。2.由于价格提高。3.买东西的人减少了。4.征税的影响不仅仅局限于顾客。5.商店也蒙受了损失。3.商店的销售减少。6.商店的收入减少了。7.生产商品的工厂也蒙受了损失。8.销售减少使工厂不再需要很多工人。9.可见，一种税收往往可能造成比表面现象复杂的影响。[1]其逻辑关系为：

---

[1] Irving M. Copi, *Introduction to Logic*, Macmillan Publishing Company, 1986, p.44.

```
        [1]
         |
        [2]
         |
        [3]
        / \
       /   \
     [6]   [8]
     ...   ...
     [5]   [7]
       \   /
        \ /
        [4]
         |
        [9]
```

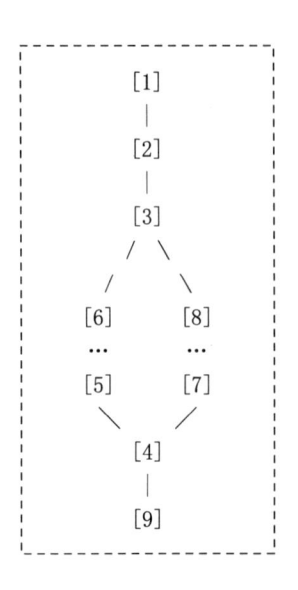

熟悉问题讨论中的前提结果结构对于研究历史是十分重要的，它可以帮助我们检验论述中的因果关系。并且可以使我们的论述精简有力，富有说服力。

有些错误是在下定义时犯下的。下定义的目的是使概念精确化。为此，要服从以下规则：1. 必须触及事物的本质。例如，说"失业者是没有工作的人或被解雇的人"，并不能完全说明事物的本质特征，不如"有工作能力的人，准备和愿意工作，但不能获得就业机会的人"更触及问题的本质。2. 不能同义循环。例如不能说"原因就是引起结果的因素"。3. 范围不能太广或太狭，如"老师是给孩子们讲课的人"的定义域显得太狭，因为老师也可以为成人上课；说"知识是一种真正的理念"，则显得太广，因而显得不够明确。4. 不能用消极解释作定义，如我们不能说"沙发是一种非床非椅、但能为人提供休息的物品",这样的定义也不够明确。

定义的类型分为新词汇定义、词面定义、理论定义和说服性的定义等。新词汇定义常用于建立科学的新概念,它的特点是割断新概念和旧有名词之间的联系,避免人们根据传统的名词含义来误解新概念。在社会科学中,常常会出现新词汇定义,如达尔文的"择优进化",弗洛伊德的"利比多",黑格尔的"绝对精神"等,这些定义的准确与否往往取决于新概念正确与否,新名词定义在这里只是代表新概念的一种符号。

词面定义有时不用新的词汇来建立新概念,而是用已有的词汇(通常是名词)来说明已经存在了的事实。这时,它的真实与否就取决于事物存在的真实性。例如,我们说"山是在地平面上由石头或泥土堆积到一定高度的地貌形态"是真实的,因为它符合已经存在的特征,反之,如果我们说"山是三条直线画成的空心图案"则是不真实的,因为它不符合该事物已经存在的特征。又如:说"麒麟是一种独角的,有鳞的,四肢有爪的动物"是不符合真实原则的,因而是不真实的,但如果说"麒麟是中国传说中的一种独角的、有鳞的、四肢生爪的祥瑞动物",则是符合真实原则的,因而是真实的。

理论定义往往具有抽象的特征,如"善""封建主义""启蒙时代"等,它们具有理论解释或理论假设的特点,因而是可以不断修正、改进的。在研究不断深化的基础上,理论定义才能趋于完善。

说服性的定义常有影响人们思考和观念的特点，并且往往是带结论的，如存在主义作家萨特的"存在主义是一种人道主义"，又如"计划生育是我国的基本国策"等，这些定义带有说服性的成分，往往附有宣传动机。

学习逻辑还要学会避免出现逻辑错误。有一种错误名为不精密的观察。在历史研究时，要避免猜测。一般来说，要先知道是什么，然后才能思考为什么。每当发现新史料的时候，要避免以孤证解释一般。不精确的观察和精确的观察的主要区别在于前者没有一个进行调查的计划，而后者却是根据计划进行观察的。例如：你同一个朋友谈话，过后你可能讲不出那个朋友穿的是什么样子的鞋子。如果你进行猜测，就很可能出现错误。但是，如果你有一个观察的计划，计划中包括了对鞋子的调查，那么，你就不会忘记你的朋友穿的究竟是什么鞋子。一个法国人去美国旅游，遇到一些不愉快的事情，他就得出一个结论，说美国人民不友好，这也是一种不精确的观察。因为，他所遇到的事情只是非常局部和表面的，不足以构成对一个民族的总体结论。同样，在一篇历史论文完成之后，作者应该检查他所运用的材料是否能够证明他的观点和结论。他的调查是一种精密的观察还是一种不精密的观察。

费西认为：从个别推向一般是一种常见的错误[①]。在进行历史

---

① *Fallacies of generalization* see David Hackett Fischer, *Historians' Fallacies: Toward a Logic of Historical Thought*, Harper Torchbooks, 1970, pp.103-130.

研究时，很可能碰到类似的事件，如果不注意进一步的调查，很可能把这些类似的事件归为同一种类型，并得出某种一般化的结论。这是史学研究中常见的一种错误。例如，有的研究者把西欧的奴隶社会看成一种充分发展了的奴隶社会，把中国的封建社会看成充分发展了的封建社会，把西欧的资本主义社会看成充分发展的资本主义社会，然后得出一般化的结论，说凡是充分发展了的社会形态都是长期延续的社会形态。在这个推论的基础上，再进一步推论：凡是充分发展了的社会形态，它的下一个社会形态往往是发展不充分的社会形态，如西欧的封建社会、中国的奴隶社会和资本主义社会等。这种解释虽然很大胆，却根本不是一种科学研究。因为研究者犯了从个别推向一般的逻辑错误。

一般来说，研究者可以通过提问来避免这种错误。首先，检查地域之间的差异。例如，在一个地区研究得出的结论，是否能够普遍应用于各个地区？地区之间有多大的差异程度？第二，检查时间造成的差异。例如，构成17世纪英国大革命的条件是否能够成为其他大革命的条件。第三，进行社会学上的检查，如分别调查不同性别、职业、阶级、年龄、文化背景的人们对某个问题的态度是否相同？能否下个一般化的结论，如每个人都赞成或反对某项改革。通过这样的检验，能够避免把特殊变成一般的错误——不根据事实，把个别性的结论推向了一般。

严格地说，带结论的提问也是一种逻辑错误。在提一个历史问题时，不能把未经证明的事情当成一个既定事实并且作为提问的基础。这就犯了问太多问题的错误。例如"如果王安石改革成功的话,宋朝能振兴吗?"这就把不能证明的事情当成提问的基础。又如:"为什么美国的黑奴制度是所有黑奴制中最残酷的奴隶制度?"这也是把未经证实的事情当成下一个提问的基础。在这里,研究者必须先证实美国的黑奴制度是最残酷的黑奴制,然后才能提出为什么的问题。

费西认为:两元性质的提问,严格地说也是一种逻辑错误。① 两元提问经常有如下表现形式,如"什么是历史学:社会科学还是人文科学?""马丁·路德的政治态度:改革家或是革命家?""文艺复兴的性质:中世纪或现代?""什么是正确的历史研究方法:以论带史还是论从史出?"这里的错误是把复杂的问题当成简单的问题来处理。例如马丁·路德可能既不是改革家也不是革命家,也可能他既是改革家又是革命家。又如"以史带论"和"论从史出"有可能都不是正确的研究方法等。两元提问还可能夸大了事物之间的不同点,即把差异当成对立。如文艺复兴表现出来的时代特征可能既不是中世纪,也不是近代,而是介于两者之间的过渡时期。

没有观点实际上也是一种逻辑错误,表现为缺乏一个总的观点,以为让史料自己来说话就是历史学。② 如果研究者不提问、不

---

① "The fallacy of false dichotomous questions" see David Hackett Fischer, *Historians' Fallacies: Toward a Logic of Historical Thought*, Harper Torchbooks, 1970, pp.8-9.

② "Baconian fallacy" see David Hackett Fischer, *Historians' Fallacies: Toward a Logic of Historical Thought*, Harper Torchbooks, 1970, pp.4-8.

假设、没有观点、也没有理论思考和一定形式的研究总体设计，那么，他实际上只是在做史料汇编的工作，而不是在进行历史研究。还有一些研究者一直在阅读史料，并且顽固地坚持：在获得全部史料之前不进行思考，在获得史料之后就让史料自己说话。这种认为只有掌握了全部以后才能知道某一个部分的思路，等于是要把金字塔的每一块石头都称量过才能判断它是一座金字塔。但事实上，金字塔总是先有人设计，然后才把石头根据设计堆到一定程度才呈现出形状的。况且，金字塔的每一块石头都是经过加工的，石头经过加工以后，总设计师才能判断这些石头能不能用。这里的逻辑错误表现是：为了研究房子先研究砖头，事实上研究砖头和研究房子是两回事。

提问的内容不明确或过于广泛也是一种逻辑错误。这样的提问往往使人感到难以回答。例如："什么是事物的本质？"的提问显得过于广泛，要回答这个问题就如同要人先把整个大海抽干才能见到海底一样困难。还有："林肯为什么会遇刺？""世界大战为什么是不可避免的？"等问题都可以有无数个答案，使人难以判断究竟是要回答原因，还是要回答动机、理由、过程、背景，或是对其做出价值判断。这种过于广泛的提问并不适用于规范性的历史研究。

假想性的提问也是一种逻辑错误。假想性的提问往往以如果为开端，如"如果太平天国革命胜利，中国近代半封建半殖民地的状况就会改变"，又如"如果铁路不存在，中国经济的发展会遇到很大困难"等。这样的问题具有无法证明的想象成分，因此难以被接受。这里的逻辑错误主要是用某些因素代替了全部因素，并把它们当成回答问题的基础。例如铁路的作用是很重要，但决定中国经济发展与否的原因并不完全取决于铁路。又如"如果我有非凡的理想、伟大的情操、渊博的知识、正确的方法，我一定能成为一个优秀的历史学家"，这个命题也有逻辑错误，因为成为历史学者的因素不仅仅是理想、情操、学识或方法，如果不注意身体锻炼，生了病，他可能什么也做不成。

不相关或不精确的证明错误是用证明甲是丙的办法来证明甲不是乙。例如：为了要证明某个参议员不是贪污犯而说他是一个诚实的人、有献身精神的人，或者说与他相比，其他的人才是贪污犯。又如某历史书，共引用了420条注解来证明某事实，其中只有10个注解是直接证明，200余条是间接证明，其余200多条是不相关的证明。[1] 不精确的证明有时会引用权威人士的看法来证明某个事实，如用"杰弗逊说18世纪弗吉尼亚的人不喜欢音乐"来证明该州人们不喜欢音乐，其实正说明了至少有一个弗吉尼亚的人是很喜欢音乐的。又如用"马克思说英国革命是保守的，法国革命是彻底的"来断言英国革命的保守性质，结果有人证明马克思没有说过这句话，反倒是马克思与基佐论战的一篇文章的中译文误译。还有一种情况是论据没有给全，以至于貌似精确，其实是不

---

[1] David Hackett Fischer, *Historians' Fallacies: Toward a Logic of Historical Thought*, Harper Torchbooks, 1970, p.46.

精确。例如：说某人在某年向地主交纳地租二两七钱银子，比他的父辈过去所交提高了15%，以此来证明地主的剥削大幅度增加。但是这里给的计算条件并不充分，因为我们不知道他的租地面积和市场中粮价是否变化，银钱有没有贬值，因而并不能确定当时的租额究竟有无提高。如果他的租地面积比他的父辈增加，因而地租的总数也提高了15%，那么，租额本身并不意味着剥削加剧。不精确的证明，严格地说，就是空洞的证明、不说明任何问题的证明。

上述例子告诉我们，提问和证明都必须力求精确，要保证提出的问题是可以被求证、被分析的。我们不能用一个没有求证过的陈述或用作者自己的评论作为证明，以此来回答问题，否则会失去史学研究的基本意义。

第四章

关于历史感

一个历史工作者在研究历史时，常会产生出一种我们称之为历史感的东西。它护守着你，保卫着你，帮助你树立起对事物更客观的认识，使你无论是在思想上，还是在行为上，都不至于有失偏颇。"历史感"看起来非常神秘，它忽隐忽现，像是只能意会无法言说的东西。但是，有经验的历史工作者会告诉你，有无历史感其实差异很大，这有点像医生给病人下诊断，有丰富经验的专家给出的诊断都非常明确、准确，从不会把似是而非的东西呈献给你。说实话，历史感也是一种如何正确判断、理解历史的认识方法。当分析一种历史现象时，会涉及主观和客观、内容和形式、历史事实和历史哲学、静态与动态诸问题。这些问题如何解决，同研究者本身的学养、经验、知识和方法有着密切联系。历史学家和医生一样，也有技术上的高低之分。这一准则同样也适用于哲学家、心理分析家、法官、律师、记者、企业家、经营家、家长、市民等，因为他们都是要对事物下判断的人。拥有同样的观察热情和职业兴趣，他们却因各自职责的不同而产生出不同的观察角度。

当然，历史感与研究对象的关系也无法简单化地看待，因为正确认识的形成，往往如同蜜蜂酿蜜，是一个反复酝酿、思索、成熟的过程。大量原始材料经此过程而成为一部好的史学作品，反映出作为客体的历史现象如何同作为主体的研究者互相感应、互相融合和互相交流。从这个角度看，历史感是完全可以培养的，它没有神秘之处。因为，凭借着历史感在史学作品中再现和表现出来各种人物和事件，尽管千变万化、形形色色，归根结底，仍然只是现实世界中人与事之间关系的表现。这里的特殊性在于：凭借历史感塑造出来的历史形象，与凭借灵感或艺术想象力塑造出来的文学艺术形象不同，它不允许变形，也不允许夸大，只能够恰如其分地让被描述之物尽量接近历史的真实。正因为这样，历史感就成为同现实世界距离最近的一种感觉，正如美国历史学家鲁滨孙（James Robinson，1863—1936）所言："历史学家逐渐明白：他的事业同文学家的是不同的，而他的地位却很近科学家。他能运用的只是他的科学的想象力。科学的想象力同文学的想象力很不相同。他的职务在于应用他的研究过去人类事件的技巧，做出成果来使读者全面了解过去。他把过去的事实记载下来，并不是因为这些东西具有戏剧性趣味，而是因为它们可以说明当时使它们产生的一般的和主要的状况。"①

仿佛是一把能开启时代百宝箱的钥匙,历史感在实际研究中非常重要。有了它,研究者的头脑就清晰了,他们所叙述的故事就成熟了。如果历史工作者要把事件叙述得很正确,那么,就培养历史感吧。这样的训练极有成效,它直接提高了研究者必不可少的观察能力和思维技巧。结果是:有历史感的作品明显有别于没有历史感的历史著作,后者尽管往往也是出于杰出心灵的锻造,却因为缺乏可靠性而难以消除读者心中的疑惑和不确定性。一个明显的例子就是,史学家容易根据自己的爱好(而不是根据事实)来主观地对某个国家下判断,其情景,正如伟大的瑞士历史学家布克哈特(Jacob Burckhardt,1818—1897)所告诫我们的那样,往往是:"由于视力上的幻觉,我们有时在某些国度里看到了幸福。于是我们用人的青春、春天、日出以及其他比喻把它们装扮起来。确实,我们想象它位于美丽的乡村,在某个家里,正如傍晚时分偏远的小村里升起的炊烟给我们造成那儿居民关系密切的印象一样。"② 这样的话,即使史学作品给出的是如此动人的描述,但是,因为缺乏历史感,我们又怎能对它信服呢?

虽然我们花了那么多时间来讨论历史工作者的技艺,我得承认,我经常怀疑那些历史学家除了向读者奉献令人敬佩的作品之

---

① [美]鲁滨孙:《新史学》,见何兆武主编《历史理论与史学理论——近现代西方史学著作选》,商务印书馆1999年版,第488页。
② [瑞士]布克哈特:《论历史中的幸与不幸》,见何兆武主编《历史理论与史学理论——近现代西方史学著作选》,商务印书馆1999年版,第300页。

外，是否还告诉过他们自己写书时的真实心情。我知道，许多史学家往往是独自操作的（他们从来不像我这样唠唠叨叨），久而久之，就让人产生一种高深莫测、无法模仿的敬畏感。接下来我就安慰自己，因为从另一个角度来说，就我们的史学作品必须面对读者而言，我认为特别有必要提醒我的同行们，在向读者呈献好的史学作品的同时，也向他们坦白自己的心情，特别是公开自己的方法。这样的话，尽管也许会削弱读者对于伟大作家的敬畏之心，但久而久之，他们会把你当成自己的朋友看待。所以，完全不必担心向众人公开你的心情，也不要以为这样做就会削弱历史著作的权威。相反，这只会帮助你赢得尊敬。历史学家是拥有丰富知识和技巧的人，他们以自己的专长弥补从事其他职业的人在这方面经验的不足，他们自己当然也需要从别人那里获得帮助。所以，唯有走进人群的人，才能研究好人群。这个道理是如此简单明白，关键是如何把事情做好，正如当你考虑如何点好一桌菜的时候，你就让最会点菜的"专家"（包括你自己）来点菜，而不必多虑这样做是否会让人感到你太过于专横，或者有对在桌的女性（假如有的话）不够尊重的嫌疑。

第一节　历史感与克服偏见

回到历史感这个问题上来，我首先就感到它的好处在于，要我们尊重历史真实。有一个学生跑到我面前问："到底什么是历史感？为什么我写的好文章你给的分数那么低？我的问题到底出在哪里？"面对这样的问题，我感到实在很难用三言两语来加以回答。于是我说："你写的那些很有趣，但真实的情景其实好像并不是那么回事。"问题究竟出在哪里？主要就是出在考虑问题有偏见，不周全，这样，一部分真正的历史就从你的身边消失了。相反，如果你有历史感的话，那么，你就可以进入历史，与客观的历史相融解、融合，那时你就被历史带了进去，你就不仅仅是在观察，而且还在欣赏和理解了历史。这样的话，事情当然就是另一回事了。

关于历史感，第一件必须要记住的事是：你要依据新鲜的经验来判断是非，千万不可利用老观念来"想当然"地论断历史。例如，一个成长于东方文明中的欧洲史研究者，在探索西方文明风格时，是不能也不应该把对东方的理解直接搬来解释西方的。如果你这样做的话，你就带上了主观偏见，就容易看不清那片有待于你开垦的处女地。

但是，要根据新经验来论断新问题，你必须要有很大的勇气。人比较容易在自己熟悉的知识园地耕耘，因为在那里你显得得心应手，游刃有余。但是，正是因为这样，你得非常小心，不可不对你所不熟悉的新鲜东西赋予格外重视。你在这样做的时候，是会感到不安全的。因为在跟新鲜的知识处在一起的时候，你就让自己经常性地处于危险之中。这种不安感来自你脱离了基础，正像太阳从大海中升起以后，就只能凭借自己的辛劳来缔建一个世界，而无法再依靠大海一样。但是，真理却只反映在新鲜的探索之中，它无法只躺在陈旧知识的温室里停滞不前。唯有当你的心向新鲜经验开放了，唯有你完全解放了，你才会领悟发现的快乐。你会提出新的看法来，这对于历史学的发展，无疑是最为重要的。

历史感这样就能帮助我们发现某种时空坐标中事物的特殊性。例如，当我们研究西方文明时，我们不会将中国历史发展的延续性的经验来照搬于西欧，相反，我们会重视西欧的经验——断裂性的发展，并视这不失为一种特殊的社会演化方式。我们会问：从世界文明的范围看，欧洲这块不算很大的土地，为什么会出现那么多的"主义"？经历如此之多的文明的断裂？从大的方面看，你能领悟：古希腊文明的色彩是充满着诗意的，它一直在尝试那极大的诱惑和极大的克制之间的动态的平衡；同为古典文化的罗马却同希腊形成强烈反差，罗马的那些军团、法律、秩序和风格雄浑的帝国建筑，都是希腊人所缺乏的。接着，击溃罗马人的日耳曼人在文化上独树一帜，你只要把神判法同罗马法进行比较，就会对它的原始性得出印象。接着，信仰时代的基督教又带来了另外一种色彩：它宣布禁欲主义是合法的，要求众多世人承认自己乃是罪人。这以后的发展仍然是色彩分明的，例如新教和天主教、人文精神和经院哲学、浪漫主义和理性主义、现代与后现代。尽管西方学者一直在致力于强调西方文明发展上的延续性，我们东方人却在惊叹西方文明的断裂性发展风格。这种风格，很显然，在世界的其他地区并不多见。

要记住历史感给我们带来的第二种帮助，就是它能帮助我们建立复杂思考，避免简单化地看问题。换言之，历史感帮助你建立起来对结构的理解，让你摆脱看问题时的单一性。例如：当你发现欧洲历史具有"断裂"演进的特征时，你不会简单放过这个现象，你必须追问这发展因何而来，是否具有其特殊的平衡方式，哪怕是一种不同于东方的平衡方式。在进行这样思考的时候，你将发现西方文明所存在着的多元化的文化内核。在西方文明里，内在的矛盾性常常清晰可见：一方面，在浪漫主义旗帜下，欧洲产生出希腊的英雄主义、中世纪的彼岸理念、文艺复兴时期的人文主义，以及其后的启蒙主义、浪漫主义和后现代主义；另一方面，你也会看到，西方文明也包含着另一种坚硬的、制度化的东西，例如罗马的政府、帝国扩张、科学和理性原则。前一种的文化元素是动态的，流动的、不稳定的，后一种文化元素却能通过理性建立起制度。具有历史感的研究者不会简单地下判断，相反，他会重视文化元素的互动：一方面，浪漫精神宣扬了人性和人的理想，容易成为一种让文明变异的"酵母"，消解日益僵化了的制度，并能把它限定在人性允许的范围内；另一方面，理性和制度又往往是胜利者，它们常显得非常坚固、稳定，并且拥有权力。两种文化元素的互动使西方文明具有了对峙和互补，构成了一种非常灵活的、以变化为基础的稳定性。当一种制度发展得违背人性时，整合的元素就发动，这导致改革和调整，把文明拉回到正常的轨道上来。反之，如果文明发展得过于虚无缥缈，那么，理性精神将冠以"返祖"或"反理性"而对它大加排斥，正如现代西方一些学者批评后现代主义一样。

这个历史感除了用客观来表达它之外，还告诉你动态和变化乃是历史发展的根本，这要你以动态而非静态来把握西方文明发展的脉络。当你这么想的时候，你会发现，西方文明的变革是可以划分阶段的。首先是一个文明的稳定阶段。这时的文明已经成熟或制度化了，在思维方式、社会制度、文化传统和国民心态上呈现出文明的稳定性。不过，稳定的阶段只是文明发展中的一个制度化的阶段，特征是人们对制度的认可和支持。这一阶段，人们遵守文明所带来的基本的规则，他们认为这些制度和规则是进步的、有效的和有希望的。

在第二个发展阶段中，衰败、思考和批判成为主要特征。人们对现存的观念和制度发生了怀疑，对稳定性产生了动摇。一些人提出，文明结构无论从价值观上还是在制度上，都叫人无法忍受。人们开始出现对旧结构进行批判的冲动。创造性的冲动也出现了，表现在对改革的提倡和理想的呼声中。这时，社会中出现各种对立与不和谐，人们常常恼火、厌倦、偏激、发怒，甚至对文明衰败所带来的后果表现出无奈和焦虑。

在第三阶段，创造性理想导致了社会的复兴。理想和新的价值观念不仅让人们反思，还导致了新的选择。旧文明的衰落有助于解释人们创建新的文明结构的行为。社会中的优秀人士开始摆脱焦虑，他们从激烈的社会批判转向了建设新文明结构的更加重要和有效的工作。每一种新的创建不完全是同旧的文明对立的，人们更加注意的是新的文明是否能带来的实际利益。在这一创造的阶段，几乎每一种新的观念、新的制度和新的理想都要接受实践的认真检验。新的善恶标准最后确立，是同这些检验联系在一起的。这个时候会出现各种不同的改革设想，各个社会阶层也各自提出改革目标和计划，这有助于解释为何会出现各种目标不同、方向并不一致的社会运动。最后，这导致了新旧文明剧烈的冲突和断裂。

当人们开始对各种流行的观念和制度进行理性的检验时，第四个整合的阶段就来临了。这时人们开始用理性的而不是用纯粹的感情来评价旧文明的制度和结构，并促使新的元素与旧文明中的合理成分进行整合。另一方面，各种新创建起来的制度之间也要取得理性平衡。整合阶段因此致力于奠定一个社会发展的新基础。并且要把广义的、抽象的社会理想变成社会现实。从某种意义上说，不存在什么完全是新的文明，只存在更加合理的原则指导下社会不断改进的运动，从而仍然呈现出它的开放性和各种新的可能性。

最后，是制度化发展的阶段。这时新的文明开始定型，进入十分有意义的文明的制度化、结构化过程。社会的各个方面重新趋于一种新的稳定状态。

可见，历史感能帮助你找到可靠的历史知识。在你那里，知识不会成为一种欺骗，以致于把你引入歧途。具有好的历史感的人就好像是一个带有地图和指南针旅行的探险家，他出入陌生之地，吸收新经验，却不武断论断所见之物。在这里，影响他的情绪的，其实也是一种奖惩机制：他只遵守真理和真实的知识。历史感提醒我们：不要以为旧的文明被批判了，新的文明就建立起来了，也不要以为新文明同旧文明是一种完全的断裂关系。因为那样的话，文明就没有了发展，也就没有了进程以及任何意义上的特殊性、延续性。

第二节　历史感与秩序

历史感就是秩序感，其含义是这样的，当一位高明的外科大夫打开病人的胸腔时，他对于心、肺、胃的位置是了如指掌的。同样，具有历史感的历史学家也是深具秩序感的，他知道每种文化元素的起因、位置和结局。这样，他就会明白一个道理：第一，文明内部很可能存在着多个文明内核，它们对历史的发展产生影响；第二，文化也具有整合性，或者通过智性的活动，或者通过实践的活动，文明会吐故纳新，形成各种进步。文明内核之间的这种密切的关系，因为能产生重要的作用，常被称之为文化的整合。

历史感能够帮助我们区分各种不同的文明。例如，儒家是中华文明的一个内核，因为它相当制度化，并且渗透到了精英文化和民间文化的各个方面。与儒家相比，道家也是一个文明的内核，只不过它比较局限在思想哲学领域，在制度化方面不如儒家入世。西方文明也是一种多种文化内核并存的文明，比如说，公元6世纪时，它至少存在着希腊、罗马、基督教、日耳曼等多种文化，它们互相影响、互相渗透，产生了从古代向中世纪过渡时期的种种社会特征。

在这个基础上，文化整合出现了。新的秩序，也就是新的中古社会结构，产生于上述这些元素的整合。在西方的历史上，至少出现过三次大的文明整合运动：第一次发生在罗马帝国崩溃后的几个世纪，至公元800年查理曼称皇帝时止，大致完成了希腊因素、罗马因素、日耳曼因素和基督教因素之间的比例调整；第二次发生在1350至1650年之间，即文艺复兴、宗教改革时期，完成了市民文化、贵族文化、宫廷文化、基督教文化与世俗文化之间新旧元素的调整，结果开创了近代早期欧洲文化；第三次大整合发生在20世纪，主要表现为现代化的主流文化与后现代反主流文化之间的矛盾。从欧洲文化整合的过程看，尽管走极端的、非此即彼的断裂式的发展，容易导致西方文明崩溃，但是伟大的、长达几个世纪的文化整合运动，却可以使各种互相对立或矛盾的因素重新协调、和谐或趋于一致。

有历史感的人不会忘记"历史地看问题"，他们坚持说中古欧洲的制度起源于西方文明的第一次大整合。我们知道，西罗马帝国灭亡时（476），欧洲具有代表性的文化有希腊文化、罗马文化和基督教文化。希腊文化是一种非常具有诗意的文化，直接反映在希腊人爱美、爱文化、爱高尚的竞争和英雄主义上。希腊人是放大了的个人,他们非常具有诗意,因为诗代表永恒,个人因为与永恒相交而成为了半神。这种源于生活却高于生活的感受反映在各个方面。例如:在希腊,现实生活仍然是被男性主宰着,但是,希腊的众多美丽女神塑像,却代表了一种艺术化了的理想,即艺术通过反映"理想的类型"而获得永恒。希腊文化又是非常感情化的文化,那是一种极度的诱惑与极度的克制的动态的平衡:表面形式是克制的,却毫不掩饰内心的狂热。希腊文化,因此也就是英雄主义、理想主义和理性主义的一种浓缩,然而它的生命力和理想主义,却是后人无可比拟的。事实上,希腊文化是西方文明的酵母,现代西方把希腊文明当作自己的根源,绝非是出于一种偶然。

希腊之后就是罗马文化。罗马的文化是剑的文化,是实用和功利的文化,因此也就是"放大了的国家"的文化。例如,罗马人特别强调制度和法律,罗马文化取代了希腊文化,对于内心的探讨也就转变成为对于外部秩序的研究。同样是强调优秀,希腊人注重的是"变优秀而成就美德",优秀是一个精炼、升华的过程;罗马人注重的却是"优秀者常胜"的理念,优秀成为存活的手段。正因为如此,罗马人强调感官刺激,他们把感官欲求推向了极端,却不能理解希腊人的"精神之爱"。罗马人既然要追求形式,也就不那么讲究心灵体验,结果灵性丧失了,神经麻痹了。罗马的灭亡不完全在于体制,还出于它文化上的外强中干。它因此缺乏一种内在的凝聚力，一旦国势衰弱，崩溃和瓦解就是不可避免了的。

基督教文化很有意思，它起于一种信仰，结果却变成了一种封建的意识形态。基督教是一条松散的纽带，要把强调个人精神的希腊，强调国家、军团和秩序的罗马和强调血缘的日耳曼联结起来。基督教文明只是大体上说的，其实在罗马帝国后期和中古欧洲的早期，它都不是一种非常严密的组织。它的这种超越性，反而能把希腊文化、罗马文化和日耳曼精神黏合起来。

这些要素的发展在公元800年初见成效。公元800年，查理曼大帝在教堂祈祷的时候，教皇把一顶王冠戴在他的头上，并称他为罗马人的皇帝。这个日子，就被认为是欧洲文明的诞生日。历史学家对查理曼加冕一事给予特别的注意，原因是，这意味着欧洲历史上完成了第一次文化大整合。四个用来进行整合的文化元素分别是希腊、罗马、日耳曼文化和基督教。其中，希腊代表的是放大了的个人，罗马代表的是过于扩张了的强盛国家，日耳曼人代表的是家庭和血缘，基督教会则是一条把以上三者都联系起来的超个人、超家庭、超国家的松散文化纽带。经过这次文化大整合，过于放大了的希腊个人主义和罗马国家主义变得松懈了，而欧洲人所需要的日耳曼人重视家庭、重视友情的血亲原则却大为发展，这使得失去控制的文明结构通过调整文化元素的比例和强弱又把文明组合了起来。这次整合，自罗马帝国瓦解起，共经历了三四百年的时间。我们注意到，这次大整合，主要是调整各个元素的比例，而不是要消灭其中的元素。通过这次大整合，欧洲的内部结构得以改善,意味着希腊、罗马、日耳曼和基督教四种文化在文明中的比例达到一种新的平衡。作为一种象征,查理曼称帝这个事件就非常有意义了。因为查理曼是日耳曼人,但王冠代表的是罗马帝国的传统,教皇则代表的基督教教会。公元800年发生的这个事件,因此被认为是欧洲文明的诞生日,表示欧洲文化从此有了一个历史的终结和新历史的开端。

从制度史的角度看,第一次文化大整合导致了欧洲型封建主义的诞生,这主要是日耳曼蛮族、罗马贵族和宗教僧侣这三大集团通过整合共同黏合而成的一种混合物。罗马帝国瓦解后,日耳曼人的家族血缘体制度、亲兵制度和罗马的军事体制相融合,出现了贵族等级制度,即建立在领主附庸和采邑制度上的政治封建主义。另一个集团是从日耳曼人的农村公社发展而来的,就是人民的公社制度,百姓团结了起来,建立了一定程度的地方自治。这种自治制度也发展到了城市,城市成为自治的摇篮。农村的社区制度和城市的社区制度其实有许多相像之处,它们共同发展,为人民的参政和革命提供了一个空间。第三个集团是教会制度,一种为世俗的主教、神父教区制度,因为要在世俗社会传教,故成为最主要的一种教会组织;另一种是相对非世俗化的修道院体制,出现了一批在修道院清修、研究逻辑和神学的僧侣。

通过文化的整合,中古欧洲还出现了两种基本的文化旋律:一是注重彼岸的、超现实的宗教文化,一是由君主、贵族所推行的世俗文化。这两种不同的文化互相渗透,形成了中古欧洲封建意识形态的两种基调。中古欧洲精神的交响乐主要是在世俗和宗教两大主旋律中奏响的。在中世纪，罗马教会的权力是相对独立的、国际性的，它常常凌驾于国王、领主之上，在一定时期内，认为自己是至高无上的。教会权力的扩大应当归咎于领主的分散割据制度，因为没有强大的中央政府，所以教会势力有时高过了世俗的封建主。教会逐步从一个宗教的组织发展为政治、经济、社会的组织，拥有大量的地产，并有部分管理地方行政、财产、道德、教育、婚姻的权力。好比是有两把剑，一把是世俗的剑，属世俗贵族掌管；另一把是精神和灵魂之剑，属教廷掌管。这两把剑的说法代表了两种不同的权力，它们之间常常斗争，形成所谓欧洲中世纪的教俗之争。

第三节　历史感与整体的把握

当一个人向远处眺望时，他最初想要告诉自己的，就是如何把他所看到的东西通过一个概念表述出来。他最初看到了远处有某个东西，通过分辨，他确定了那个东西原来是某种动物，这"动物"就是这种概念。他又继续看去，终于又确定了那个会动之物原来是一个人，尽管他不清楚那人的性别和年纪。这两项成就都非易事。首先他要留意，因为如果观察时漫不经心、注意力分散的话，那么他是不会看得很清楚的。其次，他需要某种概念作为结论的依据，如果他脑中空空的话，那么，即使他看得很清楚，也是无法把所见之物叙述出来的,除非他谦和地说自己看到的乃是不明之物。更加令人惊异的是,那个观察者其实是凭着感觉来做出判断的:他毫不费劲,却是一语中地直接道出事物的本质,这个过程很是令人寻味。这就叫历史感,如果你想成为伟大的历史学家,你就应该具备这样的感觉,如果你想成为一个具有穿透力的历史哲学家,这样的才能则是一切的起点!

这种做法就是赠给旅游者一张地图。很少有人初到一个大城市而不迷路的。如果他迷路,是因为他手中缺少一张地图。因为这个缺乏,他看到的只是经过的商店、旅馆,而不可能知道关于这个城市的总体特征。即使他无意中找到了他要去的地方,他也不会放弃那个了解事物总体特征的机会,否则,他不可能形成他的"印象",也不可能"解释"那个印象。只有完全把握了"总体",才能知道那些个别的商店、旅馆和学校在城市里起着一种怎样的作用。

历史感能帮助我们确立起对一个社会的总体认识。如果我们有了这种认识,我们对于历史上发生的许多奇怪的事情,就能够找到一种合理的解释了。千万记住,许多新观点就是这样诞生的!

第一个观点:中世纪欧洲人生活简单,而且情绪悲观。许多妇女宁愿当修女,不愿意结婚。

很少能够想象一个生活在充满战争、饥荒、死亡阴影中的人会兴高采烈的。要理解上述的现象,就要了解中古时期欧洲社会的大背景。首先,我们知道那时欧洲人的寿命很短,平均只有三四十岁，这就导致人们初婚年龄的年轻化。然而，中世纪的欧洲又规定男子若无财产是不能结婚的，再加上医疗卫生条件很差，妇女生育子女往往要冒死亡的危险，这就造成了妇女不愿结婚，社会上单身汉很多的状况。平均寿命很低使得社会年轻化，年轻人在社会上掌握权柄。知识分子不多，况且其中的许多还是神职人员。没有很多学校，知识主要是靠死记硬背传下来的，因此知识的积累很困难。又因为宗教的原因，盛行禁欲主义。中世纪欧洲在经济上很穷，许多人都在死亡线上挣扎。

中世纪没有良好的妇产科医学，妇女生育的条件非常悲惨。此外，通信非常不发达，人的活动范围受到极大的限制，所以人与人之间的交流很少。整个社会就像一潭死水，抹杀了人的创造性，很容易产生各种腐败现象。文化处境也不好，由于学习条件的限制，中世纪的欧洲人文盲非常多，人们的教育程度很低，文化只是极少数精英们的特权。家庭的情况也相似，几代人合住的大家庭成为主要的家庭形式。这同现代社会是不同的，现在主要是父母子女两代人组成的核心家庭。那种大家庭要承担许多社会功能，既是生产单位，又是生活单位，还是学校和家中的教堂。现代的家庭具有独立性，社会关系在家庭中被切断，家和办公室分得很清楚。中世纪的家庭是家和社会一体化，家庭的原则同社区的原则是一致的；而在现代社会中，家的原则是爱，社会的原则是优秀。

了解了这样的背景，就不难体会为何中世纪的欧洲人生活会如此简单。生活在中世纪的欧洲人缺乏许多我们现代的人们习以为常的东西。例如在情感、文化、生理、社会、物质处境中,他们都是没有得到满足的。就拿情感处境来说,中世纪的欧洲人在这方面被严重压抑着,因为教会提倡的是没有欲念的婚姻。受此种种社会习俗的影响,男女之间的自由交往很稀少,文化娱乐活动既稀少又单调,再加上经济上的窘境,生活上的贫困,缺衣短粮、积劳成疾的人不悲观才反常呢。

从文化的处境看,中世纪的文化不够发达,人的交往很是狭隘,每天的生活无非就是昨天的重复,人的精神既麻痹又迟钝。长期下去,一些能够引起现代人特别关注的事物,对中世纪的人来说,却激发不出他们的热情来。在这样的环境之中,人的许多天赋、才能被埋没。文化的落后,加上社会的动乱和秩序的紊乱,使得中世纪的欧洲人习武成风,贵族渐渐地成了武士的同义词。生活在如此恶劣的环境中,人们的感情就被扭曲了。例如,有些骑士,他们既粗鲁又文雅,既是武人,又时刻准备为所爱之人去决斗,以至于奉献生命。总之,中世纪的欧洲人缺乏在情感、交往、文化、娱乐等方面的正常生活,他们的行为和精神面貌就同一个现代人大相径庭。

第二个观点:在16世纪的宗教改革时代,人们勇敢地起来反封建。其中一项重要成果,就是人们冲破了禁欲主义的束缚。修道院被关闭了,僧侣们开始纷纷结婚。封建主义加在人们心灵上、身体上的枷锁,被僧侣们自己砸烂了。

有历史感的人一读这个故事，就知道这是一种现代人的感叹，不像是16世纪德国人的心态。这里所说的事实都没有错，因为当时德国确实是关闭了许多修道院，而且新教僧侣如马丁·路德的结婚，也是一个确凿的历史事实。问题是，那时人们思想和行为的改变，特别是僧侣们结婚这件事，如果你有对于当时社会面貌的总体把握，你就知道，其实是社会变化大背景的一种结果。

首先，冲破禁欲主义同当时欧洲的妇产科医学发展有很大关系。特别值得一提的是，这一时期妇女的卫生保健方面有了很大改进。法兰克福城的医生罗斯林（Eucharius Rosslin）在1513年写成了《产科学》一书。在这本书中，罗斯林列举了18种导致难产的原因。这些原因可以分为人为造成、疾病造成和生产环境造成三大类。人为造成的原因主要是怀孕期干重体力活等，所以提醒人们要对孕妇采取保护措施；疾病造成的原因有婴儿太大或太小、阴道太窄、头胎等；在助产环境上，罗斯林要人们避免在通风处给产妇接生，不要在太热的地方助产。该书还告诫孕妇和产妇们不要多吃干果、不要饮酒等。罗斯林还把怀孕过程分为三个时期：1—2个月为无形期；3—6个月为婴儿形成期；最后4个月为定型期。孕妇们应根据不同时期的身体反应照料自己。妇产科医学书的广泛传播，第一次比较科学地向人们讲述了妇产科医学原理。冲破妇产科的禁区，是新文化给广大妇女带来的福音，挽救了千万个妇女的生命，减轻了妇女们惧怕结婚生孩子的恐惧。

另一个重要的背景是，黑死病后禁欲主义的提法在欧洲成了过街老鼠。14世纪中叶的那场黑死病瘟疫，夺走了欧洲五分之二的人口。在这种非常时刻，鼓励适龄人士结婚，鼓励人们尽量多生育，已经成为复兴欧洲的前提。正是在这样的大背景下，禁欲主义自然瓦解，到了16世纪，因为经济有所好转，社会也比较有秩序，这样，适龄人结婚的各种条件就都满足了。在这些条件都不具备之前，即使有人有强烈的反对禁欲主义的意识，或者说有魔术般的、奇迹般的力量，禁欲主义之枷锁也是无法打开的。如果以为只要人们有反封建的意念，就可以像魔术师那样随心所欲地变戏法，那么滑天下之大稽就莫过于此。对于僧侣结婚这件事，最确切的自白莫过于伟大的德国宗教改革家马丁·路德说的那句至理名言："当天下的父亲们都在洗婴儿的尿布时，上帝和天使都将为之微笑。"没有各种社会条件的配合，试问：他们能微笑吗？

最后，是反对腐败的需要。教会推行的禁欲主义最后导致严重的社会病态。宗教改革前夕，约有40%的欧洲妇女过着单身的生活。适龄妇女的独身主义加剧了男女婚姻比例的失调，有男子会娶比他大十几岁的寡妇为初婚妻子。妇女结婚后不断怀孕生育，但有三分之一至二分之一的儿童在5岁前夭折。妇女卫生和妇产科医学被视为禁区，例如，1522年汉堡法庭处死了一个医生，因为他想观察生育过程。此外还存在大量修女和女巫。1400至1700年在欧洲至少有8万名妇女因巫女罪被判处死刑。在这样的情况下，根本谈不上稳固的家庭关系。禁欲主义政策不仅没有能够达到净化社会的目的，反而激起更多的社会腐败。1537年，一位名叫安德拉斯·奥赛德的新教改革家，在向纽伦堡市政府的报告中指出，至少存在19种不法婚姻，包括公公与媳妇、儿辈与母辈之间的婚娶。在婚姻制度上非法婚姻和非婚性关系相当普遍，因为没有在教士面前交换过婚姻誓约，这种两性关系不受法律保护。

还要记住社会秩序方面的进步。例如，那时的德国妇女的地位有所提高，她们甚至学会了用法律武器来保卫自己的权利。这时期由妇女主动提出离婚的案子增多。男人不愿上法庭，大部分的案子都是妇女控诉男子，或者通过公共起诉来进行的。在康斯坦斯的法庭，有70%的案子是由妇女提出控告的。然而，在性犯罪方面，对妇女的惩罚却要比男子轻。这可能是因为法官认为妇女是比较弱小的一方，尽管法律本身却无这样的条例。

第四节　历史感与空间

如果你的人格是虚假的，那么你的故事也就可能是编造的。正是在如何研究历史这个重大问题上，历史感提醒我们史学不仅要符合时间的规定性，也要符合空间的规定性。

例如在中古时期的欧洲，最不合人性的东西就是禁欲主义了。但是，我们却要注意：中古欧洲的禁欲主义和封建时代中国的禁欲主义，是形似而内容相当不同的两回事。

在西欧，禁欲的观点是和基督教的观点密切联系的。因为，它把人的性欲和性生活当作精神信仰和灵魂得救的对立物。排斥性爱和婚姻生活，被视为一种精神和信仰的发展，因此成为进入天国的条件。用15世纪欧洲著名神学家杰尔森（Jean Gerson）的话说，就是"世界上没有比独身更令上帝欢喜，没有比处女与童身更让上帝喜爱"。禁欲在这一层次上是与上帝、精神完美、真理、纯洁等宗教价值结合为一体的，因而成为基督教修道者必须奉行的普遍原则。

禁欲理想的实现依赖于修道院的发达和僧侣教士的独身制度上。要使世界不受女性的引诱，最好的办法就是把大量适龄妇女送到与世隔绝的修道院去。教会视妇女为原罪化身，没有对妇女的灵魂得救抱多大希望。然而，当时在欧洲，女修道院却四处林立，在德国，女修道院的数量甚至超过了男修道院。在斯特拉斯堡（Strasbourg），15世纪男修道院有1座，女修道院却有8座。14世纪的科隆（Cologne）约有一百多个修女之家，每处能住10到12个修女，修女数量于是占到了这座仅一万多人的城市的适龄女性的四分之一到三分之一多。杰尔森教士也许是当时欧洲最提倡禁欲的神学家。他不仅自己当了教士，还积极鼓励他的三个兄弟、六个姊妹奉行独身主义。他特别为那四个年轻妹妹担忧，说她们正处在"最危险的魔鬼肉欲时期"，积极鼓励她们奉行独身主义。

禁欲主义如果实行于男性僧侣身上，则意味着身处世俗世界的僧侣获得了一种神性，成为神在人间的代理人，具有至高无上的权力。神性是通过奇怪的神圣婚姻制度来取得的，专职神职人员如修道院的僧侣、教区中的主教、教士和区牧，均要宣誓同上帝结合，佩带代表结婚的戒指，才能取得代表神灵行事的宗教圣职。公元604年教皇格列高利颁布第一个禁止僧侣婚姻的法令，规定教士必须禁止结婚，已婚者必须放弃婚姻才能接受圣职。神圣婚姻制度把人分成为僧俗两界：前者是具有神性的，可以代表神灵行牧（如举行施洗、布道、听人忏悔等宗教仪式）的僧侣，后者是没有神性的，只能通过僧侣才能同神交往的芸芸众生。

中世纪后期，推行禁欲主义和独身主义的做法已经制度化，成为罗马教会公开标榜的一种政策。教会的婚姻立法即是根据这种信念而设立：在僧侣中推行独身主义；在妇女中推行女修道院制度；在俗人中间提倡不结婚，即使结婚也只是为了避免肉欲泛滥危及社会的不得已的做法。教会认为如果把性欲限制在婚姻范围内，当可以预防人的欲念的随意发泄。上述政策的理论基础是《圣经》中圣·保罗的话："我说男的不近女倒好。但要避免淫乱的事，男子当各有自己的妻子；女子也当各有自己的丈夫。与其欲火攻心，倒不如嫁娶为妙。"这段话把婚姻看成隔离性欲的藩篱，又引出神圣婚誓和永恒婚姻两项制度，意为男女两人对神起誓即为永恒婚姻的缔结，（教会法系的另一派认为，除了婚誓外还须有性关系才完成正式婚姻）不得随意离婚，否则被视为欺神行为。教会法系规定，除非婚姻的一方有了婚外性生活，被害方才有权申请离婚。离婚只是"床和房间的分开"，无法改变永恒婚姻誓约的内容。因此，如果没有教会的特许，无论是违法的还是被害的一方，再婚都是不许可的欺神行为。

在封建时代的中国也存在过禁欲主义,但它同宗教无关,而且在方法上也主张"拉近"而不是扩大男女两性之间的区别。其拉近的原则,就是讲究门当户对,就是为了某种功利的目的可以置妇女以极不平等的位置。例如男子可以随意进行休妻,可以毫无道理地认为"女子无才便是德"。此外,更有种种诸如"指腹为婚""妇女缠足""包办婚姻"等陋习来束缚婚姻。在契约式的婚姻中,男子处于优越地位,女性则处在被虐待的位置上。由于封建意识、家长和家族制度完全控制了男女的婚姻,致使人们对爱情的兴趣降至了最低点:男女双方很长时期建立不起来真正的爱情关系。从外表看,中世纪的中国社会要求女性减少性别特征,衣服要穿得男女不分、老少不分,这就使得异性变成了同性,美妙的爱情也相应地成了一种僵化了的负担义务关系。在此基础上建立起来的家庭,成为社会的畸形细胞,处处体现了政权、族权、夫权对女性的压迫。

但是,中古欧洲的禁欲主义却非常特殊:它并不禁止爱,相反,它是一种在挑起男女两性差异的基础上再大肆压制的禁欲主义。这种禁欲主义不把两性的界限模糊化,相反,它要把它充分展开,以便尽量体现出男女之间的不同。男性的魅力被表现为骑士风度,既要有侠义武功,又要有非凡风度。他们不但肩负保卫妇女、儿童、教会、领主的责任,而且为了爱情,可以置生死于不顾,以至于为心爱者进行生死决斗。这样,男性就成为一种崇拜的对象,就是所谓的"白马王子"。而中世纪欧洲女性,所追求的却是一种淑女形象。她们通过衣着打扮、声音、举止，尽量使自己显得优雅、温柔、富有女性味。由于男女之间的两极距离拉得很开，产生出极性差距和对立。结果，一方面，崇拜使爱情变得富于刺激和具有野性（如骑士得决斗），另一方面，两性间的美感对立又使得爱情变得非常粗野。很自然，在中古社会，东西方都有过禁欲主义，也都讲究过人性的"克制"，但它们所表现的方式却是有差异的。西方的禁欲主义，是建立在极性拉开、极性压制基础上的禁欲主义，是把两性的特征充分展开后又加以残酷地禁欲，从而使爱情变得具有野性和刺激性；相反，东方的禁欲主义却是在亲和基础上实行的禁欲主义：通过抹杀两性间的差异，把异性变成同性，让人感到爱情毫无新奇感和乐趣感可言，直到爱情火花熄灭和被剥夺，禁欲主义阴谋于是得逞。

不同类型的禁欲主义，产生出非常不同的后果：在西方，女性是低人一等的，但却是一种诱惑；在东方，女性同样也是低人一等的，但却是生育的工具和男性的财产。在西方，男性的禁欲可以获得"神性"，在东方，男性禁欲可以练其心志，终成"大器"。这两种不同的禁欲主义导致不同的后果。在西方，男女比例失调，男多女少，这是因为女性害怕生育死亡不肯结婚而男子又因为无财产不得结婚的缘故；在东方，禁欲主义产生了妇女对于婚姻的厌倦，因为家庭既是爱情的枷锁，又是身体的牢笼。因为禁欲主义的背后往往就是纵欲，结果，西方反对禁欲主义就反出了腐败，这种腐败不仅常见于贵族身上，也常见于僧侣身上；在东方，因为禁欲主义熄灭了两性之间的爱欲，结果，反对禁欲主义却反出了爱情。这些，真的是让人感到非常不可思议。

第五节　历史感与文明

历史感不仅能够帮助我们把握历史真实，它还能够帮助我们理解文明。以近代早期欧洲文明为例：

我们要做的第一步，是指出近代早期西方文明的形态。让我们先来假设，如果一个人要欣赏艺术品的话，那么，他首先感兴趣的就是那个物品的形状。例如，当我们看到一个花瓶的时候，我们首先就会注意到它是方的还是圆的，是陶瓷做的还是玉石做的，然后才会去判断它的年代。欣赏一件艺术品还有一个好处，那就是它向你展现的乃是一种已经成形的结果，而不是一些断断续续的、需要跟踪调查的线索。因此，当我们从遥远的地方走到了近处，去仔细地端详近代早期欧洲文明时，我们首先发现的，就是欧洲文明是一个由多面的结构组成的整体。这好比一个家庭是有好几个兄弟姐妹组成的一样，近代早期欧洲文明也是这样的一个复合体。从文化上看，它有新文化如人文主义；从宗教上看，它有宗教改革运动以后产生的新教。再从上往下看，我们就看到了新君主制这种新政体，在其中，君主是代表民族代表国家的。我们再往下看去，就看到了支撑这种新君主政治的乃是一种新的经济结构，其中农民、市民的各种生产活动通过税收源源不断地流向宫廷，使得政府与一个社会所能提供的主流经济紧密地结合。在君主和市民之间，是一大批的新型官僚和一支支的服务于国家的常备军，他们起着维持社会秩序和保卫祖国的任务。我们再稍微地向左右环顾一下，就会发现社会已经开办了许多培养官僚的大学，或者是培养专业军官的训练场所。我们差不多要说，这是一个各个部件都发展得比较和谐的整体，在其中，每一个部件都在为这个整体协调地工作着。如果我们的经验相当丰富，或者我们的感觉相当地敏锐，那么，我们还会发现这个既多面又互相协调工作的结构，是相当年轻而新鲜的，因为它同以前的中古欧洲的结构很不相同，并且它具有许许多多的创新成分，例如哥伦布的地理大发现，对于科学、文化和知识的崭新理解，以及把知识当作一种力量来加以运用的新的宇宙观。所有这些，使得我们得到了一个大致的印象：近代早期的欧洲文明乃是一个新的、和谐的复合结构，并且是以前的欧洲所未曾有过的。

我们既然已经了解早期西方文明的形态，那么，我们的第二步，就是想观赏它的颜色。任何一件艺术品都是具有色彩的，它们或者是低沉的，或者是高昂的；或者是阴暗的，或者是明亮的。尽管我们不能完全确定一种文明的颜色，但是我们还是可以从文艺复兴时期艺术家的绘画，或者是从当时最著名的一些作家的描述中，获得足够多的启示。我们不妨想想，米开朗琪罗雕刻的大卫像，那种力量和激情的展现，那种人类生气勃勃精神的提炼，都使我们感到艺术家展现的不只是人体的肌肉，更重要的是，要展现一个有力量的年轻人,他就是力量和精神的象征。拉斐尔、达·芬奇、提香留下了大量的彩色的杰作,他们用金色、红色、蓝色和绿色来描绘美丽的妇女,他们取消了圣母头上的光环,却赋予了她人间最为灿烂的色彩。在15世纪和16世纪人文主义者的作品中,例如在伊拉斯谟的作品中,他们把自己所生活的那个时代,称之为金色的时代,或者叫黄金时代。就是在这个时代中,我们遇到了爱情深厚的妇女,富有弹性又富有诱惑力的女性人体,对田野和风景有着热烈向往的诗人,对光、美、爱、灵魂有着特殊哲学理解的医生菲西诺。想一想16世纪最伟大的戏剧家莎士比亚吧,他的罗密欧和朱丽叶,他笔下的威尼斯商人,他所描写的人的机智和才华,直到今日,仍然使人觉得无法埋没。那个时代,在意大利已经产生了歌剧,而英国戏剧的华丽与俏皮,只是这个艺术家庭所展现的一枝出墙红杏罢了。因此,也许我们可以说,在近代早期这个时代,明快和鲜艳的色彩已经遍布欧洲,中世纪的灰色和黑色退隐了,让位给代表尊贵和希望的金色、代表热情和爱情的红色、代表优雅和有风度的黄色、代表希望和勤奋的绿色,以及代表清醒的天空和海洋的蓝色。从时代的色彩来看,我们看到了那个时代人们心态的变化:优雅的代替了唐突的,热情的取代了冷漠的,高贵的代替了下贱的,清醒的代替了浑噩的,展现生命的代替了压抑生命的。为什么喜欢某种色彩而否定其他的一些色彩,也许我们可以这么说:主动的、热情的、积极的和创新的社会心态四处弥漫,它的对手,就是黑色、灰色所象征的被动、冷漠、消极、因袭和墨守成规，开始退隐和被湮没。

　　第三步，就是要欣赏它的神韵。我们发现，这件艺术品所展现的神韵是年轻的、热烈的，因而它也就是活着的，具有极其强烈的生命力量和生命理想的。首先，人是活的而不是死的，是能动的而不是被动的。为什么我们对但丁、彼特拉克、薄伽丘、拉斐尔、达·芬奇、马基雅维里有着如此清晰的印象，对伊拉斯谟、托马斯·莫尔和伊丽莎白女王也是如此？这是因为：这些人的个性是宽广而不是狭隘的，他们是渊博而不是肤浅的。他们是在追求幸福而不是在追求失败，是在发挥自己的才能而不是在压抑自己的天性。新的东西，有活力的东西，远比陈旧的、禁欲的东西来得重要，形象的语言也是远远地胜过枯燥的、经院式的逻辑的语言。这时，向极限的挑战代替了低水平的动物性或者植物性的生存，生活的精度、强度、广度和深度开始脱颖而出了。这种生命力的展现有时是太过于慷慨了，人们无限地工作，并不觉得疲劳，似乎是一个沉睡了多年的躯体，它现在需要的就是活动，甚至是仅为活动而活动。我们只要想想彼特拉克，他为了一个梦中的情人，也就是劳拉，就写了几百首诗歌，而马丁·路德这个16世纪的僧侣，他成书的著作居然有70多卷，还不算上他的全部作品。诸如此类的例子太多，而且几乎到处都有，说明在这个时代的人们已经开始极力展现生命力，并且要把它用于世俗社会的建设。所以，我们几乎可以肯定地说：要了解近代早期欧洲文明的神韵，就应当到当时的人们的积极的心态和生命力中去寻找。这是一个不加掩饰的时代。人类的生命力在向四处弥漫，说明自由的空气和艺术家的兴趣已经浑然一体；人间的情欲已经被煽动，它与中古时期的神秘概念之间已经开始搏斗。由此我们可以定下一个鉴定的结论：近代早期的欧洲文明是一个比较新、比较年轻的复合体，它的形状是既多面又和谐的，它的色彩是既鲜艳又明亮的，最后，它的神韵是以无限制地展开生命力、创造力为特征的。这是我们对于近代早期欧洲文明这件艺术品的最初解释，也是我们愿意用一个学期的时间来继续观察它的基本原因。

然而，当我们仔细欣赏近代早期欧洲文明时，我们发现，除了上述的文化征候和生活态度上的观察，我们还能够看到另外的一些更多、更加深刻的东西。这样就有了第四步，观察该文明的社会伦理和价值观念。例如，在社会伦理方面，我们看到三种突出的变化，那就是僧侣们开始结婚，农奴们变成了公民，而强调私人效忠的中世纪骑士，开始成为雇佣兵。对于僧侣结婚一事，你只要听听英国伊丽莎白女王对于她的主教的一番抱怨就可以明白，她说现在的教堂都成为托儿所了，尽管她是一个新教的赞赏者，她还是不习惯僧侣们拖儿带女地在教堂里进进出出。至于从农奴制中解放出来的农民，他们现在已经成为国家公民的一个组成部分，他们现在具有了政治意识和劳动热情，历史学家侯建新把他们说成是奠定现代化第一块基石的人。雇佣兵的制度在德国、瑞士和意大利非常流行，富有的意大利人对于雇佣兵制度是情有独钟，他们采用这种制度，用来保卫自己的国家。

第五步，我们要对中古和近代早期人们的思维方式作一下比较。我们看到在15、16世纪，人们在思维的习惯方面有了许多新的变化，有别于中世纪的人们。中世纪时代的人们，尤其是僧侣和经院学派的知识分子，他们基本的思维模式是分析型与抽象性的，在他们看来，抽象性和逻辑学，对于理解神学是必不可缺少的。中世纪的人们，在思维习惯上还带有比较普遍的狭窄、偏执、不宽容，甚至不精确（就是什么事情都大致而言）的特点。到了近代早期，知识分子开始强调思维的科学化，出现了分析向综合转化、抽象思维向形象思维转化的趋势。这个时期，各个国家在思维上的民族特性开始展现，例如英国是经验主义抬头，意大利是形象思维流行，只有德国在继续走向深刻的哲学反思。总的说来，不精确的变成精确的，没有实验基础的变成具有实验基础的，狭窄的变成宽广的，抽象的变成形象的，这些已经成为欧洲思维方式变化的潮流。在这种大的趋势中，两大近代思维模式诞生：在英国和意大利诸城，经验主义和形象思维成为主流，而在德国，哲学的、神学的反思成为特征。同样，这个时候的法国人走向了感性的思维，他们崇尚规矩礼仪，讲究仪表和说话方式，很注重利用机会向世人展现法国式的优雅，这种法国人的情感主义一直延续到启蒙时期和法国大革命时期，成为法国人特别骄傲的一种国民特性。

这样我们就到了第六步，研究人们的价值观念。我想，在形状、颜色、风韵、形态、伦理和思维方式之下，还应当有一种更加本质更加深刻的东西在起作用，这种东西就是价值观念。在近代早期的欧洲，很明显，人们开始经受了价值观念转变的近代思想洗礼。这时的人们不再把挣钱看作是一种罪恶，就如那个地理大发现的探险家哥伦布，他对于金钱的热衷态度，完全是赤裸裸、不加掩饰的。一些中世纪人认为坏的，需要加以隐藏、加以限制的东西，现在成为热烈歌颂和无限追求的对象，例如异性、人体、性爱、个性展现等。在近代早期，人们在价值观念上把一切都颠倒了：赚钱从坏行为变成了好行为，追求异性、追求性爱也从丑的变成美的，至少成为许多优美诗歌热烈歌颂的主题。同样，一些被认为是假的东西变成了真的，例如日心说、地圆说。同时，一些被认为是千真万确的东西却成为假的，如教会的君士坦丁赠地文书。再往下看，曾被认为是罪恶的欲望和个性的展现，现在被看成是有性格和有能力的表现，而充满神秘色彩的圣徒遗骸崇拜，就是对旧的事物的祭祀，现在则可有可无，远不如小说、机器和银行的簿记来得重要。有用的东西和无用的东西被严格地区分了，知识就是力量成为一句扣人心弦的话语，不知让多少年轻人的心灵激动。修道院退隐了，随着神秘主义的减弱，中世纪悲观情绪的终结，天国和彼岸世界现在变得遥远和高高在上，他们不再直接干涉人类的生活。强调自由意志，现在成为先锋派、理想派甚至社会改革派的旗帜，世俗的文化产物现在变得如同圣歌一样重要，这正好是产生诗人和浪漫主义乌托邦思想家的文艺复兴时代。

第五章

史学作品的风格

第一节 希腊人的诗

我们已经拥有了那么多部优秀的历史著作，为什么人们还要继续撰写历史书呢？这样的工作是否为一种重复劳动呢？对于刚刚步入史学之门的人来说，这些都是百思不解的问题。作为暂时的假说，我们姑且不把关于某一专题的持续性研究当作一种重复性的描述，而是当作一种史学风格的不断演变，一种思想和思维角度的不断更新，一种对于某事物认识的不断深化。这种深化的过程还明显地受到时空的影响，这是因为，某种观点的出现，都是和特定的时代精神有关的，往往同某一时代精神维系的共同关心的问题范畴相联系。同样，史学家所用的语言也是可以说明问题的，例如写给中古时期帝王看的钦定历史书，所用的语言绝非是今人都喜闻乐见的白话文。

如果我们的这个假设能够成立，那么，我们就有可能从时间和空间两个方面来透视史学风格的演变。从空间看，我们可以这么说，因为文化传统和社会风貌的不同，中国的史书，无论是从内容上看还是从表现的方法上看，与西方的史书是大相径庭的。从时间的纵向看，我们也能确认，古代的作品和现代的作品其风格也是完全不同的。从这个意义上说，历史学对于真理的寻找，并不是抽象的、非此即彼式的概括，相反，它是"丰富中的和谐"。更重要的是，只要做到这点，那么，人们所获得的历史知识就将是开放性的、非教条主义的。这种认识，对每一位历史工作者来说，"既是一般的礼节，也是一种明智"。①

如果说中国史书的风格是信实的话，那么，西方史书的风格就是诗性和理性。当我们追溯西方史学传统的时候，我们遇到的困难是，既要指出古代和中古的西方史学缺乏实证的特点，也要承认，西方史学背后隐藏着对事物进行高度抽象概括的思考价值。西方史学在这方面的成就是不容忽视的。西方史学发展的特殊途径对20世纪的史学影响很大，事实上，当代的西方史学家是一大批具有体系思辨能力的思想家组成的。借用其他学科如自然科学、人类学、社会学、心理学、行为学的方法，他们克服了实证研究薄弱的缺点，但也保留了哲学理论思辨的传统。这种发展的结果，就是把史学定位在真实和哲理之间，两者缺一则不可。历史使用描述性的文字勾画世界，哲理却高居于常识之上，直截了当地呈现出自己对世界的认识。

---

① ［美］鲁思·本尼迪克特：《菊与刀》，商务印书馆2000年版，第106页。

古希腊人有一种观点：诗因为代表永恒而要高过展现变化的历史学。诗和史学是两种学问，它们在许多方面有自己特殊的要求和范畴，但在古代的希腊却很容易互相混淆。如果说中国的古代史学以司马迁的《史记》为代表的话，那么，西方人的历史学就起于诗，一首由荷马所写下的关于特洛伊战争的诗。要了解为何西方史学有这样一种奇怪的开始，就要先了解诗性在希腊文明中的地位。

如要寻找一个关于诗的定义，我们根据本能的情感和艺术的敏感可以说，诗就是真，就是创造性的直觉，就是理想之表现。诗是热情之奔放，是人类精神之魂的无限制升华，是尼采所说的那种梦境中的美丽的假象，那种由阿波罗这个光明之神和灿烂之神所掌管的我们内心幻象世界的美丽假象。诗是一种人类的本能理想，一种最高的真理，是与不可捉摸的日常生活截然不同的美满世界。我们也可以说，诗是一种意蕴，一种使得无数天才热血沸腾、为之献身的艺术。在诗的意境之中，我们每个人都在精神的岛上翩然起舞，我们每个人都浓缩为一缕缕生命不能承受之轻的精魂，使人赞叹不已，使人流连忘返。

这样的一首诗，就是希腊荷马时代和英雄时代的主旋律，就是从苏格拉底到柏拉图的信仰，就是希腊奥林匹斯山上圣火的精华，也是从荷马时代到伯利克利时代雅典人信奉的哲学。我们已经说过，整个希腊的精神，就是这种诗化了的意境，她煽动起一种酒神狄奥尼索斯的教人陶醉了的魔力，让苏格拉底从容就义，让毕达哥拉斯醉心于对数字的狂欢，让住在木桶里的那位犬儒学派的天才心安理得，获得一种似"灵魂离开躯壳，有如船之解缆而获得自由"的快感。从某种意义上说，诗是一种心灵的歌声，她追求的是热情的狂欢和崇高的共鸣。在诗的魔力支配下，希腊人陶醉了，同时也昏睡了。陶醉和昏睡、激情和崇高，使希腊人个个都变成了沉溺于强烈感情和无限崇高之中而无法自拔的英雄。他们的双眼高高在上，既看不到"在刀锋上"的危险和惩罚即将来临的命运，也看不到朴素生活中特有的那种平凡的欢乐。因为，希腊人需要用诗来做酿酒的酵母，他们也只能喝酒，却已经无法感受那些普通清泉中水的甜美滋味了。

希腊人的诗，实际上是把古代希腊人的相当敏感的神经烧坏了——因为他们只能满足于高峰的体验，只能满足于在大海的波涛中做一个弄潮儿，灵魂既然在酒神的帮助下与肉体相分离，他们就再也无法甘心地忍受朴素，更不用说尝试那些属于人间的平凡的肉体欢乐了。试读几段希腊哲人的话，也许我们就能够理解希腊人的那种诗与人的现实生活格格不入的感情。柏拉图对身体的比喻可以算作其一，这位哲人认为，肉体和世俗生活充满了庸俗和卑鄙。据朗吉努斯说，柏拉图称人的头为躯壳的城堡，颈为建筑在头与胸之间的地峡；脊椎镶在颈下好像枢纽；快乐是诱人作歹的饵；舌头是味道的试石；心脏是静脉的结节，血液迅速循环的源泉，它守护在肉体的守卫室里。他称血液的通路为狭道，说：心脏在料想到危险和激情发生时因兴奋而跳动，因为是受热；

身就给它设计，安放了肺脏，肺柔软，无血，多孔，好像一个垫子，所以当激情在心里沸腾时，心就靠在这软垫上跳动而不会受伤。柏拉图又把情欲比作妇女的闺房，把愤怒之所在比作男子的居室。最后，一切将由脾来收拾，因为脾脏是内脏的抹布，"充满了排泄物，便胀大而发臭"。"神用肌肉覆盖着一切，好像一张毡子，以防外界的侵害"。①

每个民族的崇拜对象都与一个特殊时代的社会心态相符合。对古代希腊人来说，英雄崇拜和希腊神话无疑是对希腊理想精神的一种不断肯定。剧作家埃斯库罗斯对英雄气概的描写是著名的，英雄当与常人截然相反：

> 七位英雄都是勇猛的领袖，
> 在黑边的盾上杀了一条牛，
> 把手指浸渍在鲜血之流，
> 然后向男战神和女战神祈求，
> 又向嗜血的恐怖神稽首。②

此外，即使是描写妇女，那也要形而上地描写妇女精神上的美德。希腊语作家卢奇安（Lucian）对艺术家勒谟诺斯的雅典娜像

---

① ［古希腊］朗吉努斯：《论崇高》，见章安祺编订《缪灵珠美学译文集》，中国人民大学出版社1998年版，第1卷，第110页。
② ［古希腊］朗吉努斯：《论崇高》，见章安祺编订《缪灵珠美学译文集》，中国人民大学出版社1998年版，第1卷，第95页。

的描写，是相当出色的，值得注意的是，那个雕像是集中了一切艺术、一切想象而形成的超凡的、理想类型的美。他说这位勒谟诺斯开始工作："首先拿着克尼多斯的舶来品，只摘下头部，其余都不要，因为这个雕像是裸体的。头发，前额，双眉都保留普拉西忒里的原作；眼睛，这双秋水似的眼睛，也原封不动。但是双颊和面型就取材于'花园美神像'，还有纤手的线条，完美的手腕，春笋似的手指。斐狄亚斯和勒谟诺斯的'雅典娜像'提供脸部的轮廓，端正的鼻型，温柔的双颊，也塑出她动人的粉颈，樱唇微合，像他的'亚马孙像'。卡拉密斯赐给她'济世女神像'的娴婉的秀气，似笑非笑的表情，贴切合身的衣服，只是头上不戴面纱。"为了进一步衬托出她的容貌和涵养，还要注意合适："应黑的黑，应白的白，应红的微红"，以便绘出"她'象牙色中带淡红'和恬静的'明眸'。"经过这样的形式处理，这件作品就接近诗意了："忒拜诗人可以帮助他给眼睛渲染'紫罗兰'的色泽。荷马渲染她的微笑，她的玉臂，她的玫瑰色的指甲，形容毕肖。"至于她的比美丽更加动人的高尚、智慧、仁慈、温柔、雅量、娴静、才华，以及"妩媚的姿态"，"天姬嫦娥似的风度"，就要靠充满诗情画意的遐想了。卢奇安最后的结论就是："只有肉体美和精神美相结合，这才是真正的美。"[①]

关于希腊人的诗，至少有几个特点是值得我们注意的。首

---

① ［古罗马］卢奇安：《画像谈》，见章安祺编订《缪灵珠美学译文集》，中国人民大学出版社1998年版，第1卷，第146—150页。

先是把天上和人间对立的看法。例如卢奇安对光明的天堂和黑暗的人间生活的描写。其次，是关于诗的永恒的、不变的特征。如认为只有永恒的东西才是诗，才能算诗，如柏拉图对柏拉图式精神之爱的描写。在这里，爱并不是责任。爱是崇拜，有的时候友谊高于爱情。精神爱高于肉体爱，只有爱的升华和扩散，进入到天国、精神、自然和艺术的领域，才值得艺术家为之动情。希腊的雕塑，都是精神和天国美的理想象征，完完全全高于生活。最后，是诗和爱都是高贵的，都要进行高峰体验的。希腊人的理论是，诗是高贵的，爱是高峰体验的。我们注意到在希腊作家的笔下，爱是既热烈又冷淡的，因为高贵的爱是拒绝给予，也拒绝接受。倘若没有好的女子，男子就没有爱，也不屑爱；对女子来说亦然。我们必须指出，尽管古希腊的艺术家雕刻出绝代佳人似的女像，他们却是认为男子要比女子美。他们对女性的追求，其实是对英雄和智慧的追求的一种变奏，这一点反映在艺术家们对爱情的描绘之中。他们想反映的其实是一种高深莫测的哲学：雕塑是理想美的产物，而理想同现实却往往是对立的。

既然诗是追求刺激的，那么，它还伴随着追求刺激的野性式思维。这里有我们所熟悉的狂热的图腾崇拜和热情冲动，虽然很热、很累，却没有娱乐性。诗中没有时间，没有过程，没有人间世俗之爱和生活的责任。灵和肉分离了，高贵的理性却带来了一丝冷漠。在这种非现实非现世的想象之中，纵欲和禁欲均无法实现。精神的标准太高，就同人的真实生活拉开了距离。我们试想：

当诗成为一种理性的爱好时，那么美和爱就只能作为一种价值存在，并无法体现现实的快乐。这个命题也是希腊人提出来的，就是柏拉图所说的理想的类型。在这里，审美的欣赏要高于实际的快乐。当诗以这样一种内容超越人们的生活时，那么，诗超越道德和法律就是必然的。诗无法与生育、生存合在一起。诗不同一切低级感觉连在一起，因为触觉、味觉、嗅觉属于低级情趣。诗不同具体的形式和形式美相联系。至于视觉（色彩）、听觉（音乐）、知觉（智慧、心灵），是可以同诗相沟通的，因为这些感觉属于高级的感觉。结论是：诗就是诗，但诗的内容，并不是生活的内容。诗歌比历史学更概括。历史学只收集经验的事实，诗歌则从这些事实中抽出普遍的判断。历史说某富人倒台。诗歌说富人都倒台。所以诗歌是历史学的精髓。这就是希腊人所认可的历史的价值。

这也就注定了希腊人诗意的奇想是严重脱离现实的。希腊人诗境中的不和谐音是斯巴达文化，最后发展成为另一种比较注重实用的逻辑。色诺芬评价过具有现实精神的斯巴达人。而在伯罗奔尼撒战争中，最后是斯巴达对浪漫的雅典人的胜利。这当然不是一种奇迹，这是钢铁对诗的胜利。这种胜利，后来被比斯巴达人更为现实、更加制度化了的罗马人继承了。

然而，古希腊的诗却能表现古典主义的一些特征。我们现在常说的那些品质，如自然主义、和谐、高雅、纯朴、热情、理性、永恒、人本主义、英雄、秩序，在古希腊人的诗中得到反映。古代的希腊人和今天的人们是有区别的，那时的人的生活情趣和精神境界要比我们今人简单。按照丹纳的说法，古希腊人的衣服很是简单，他们看到裸体毫不奇怪。贞洁观念还没有变成大惊小怪的羞耻心。荷马提到那些器官的口气，同提到身体其他部分的口气毫无区别。当着长官的面，一群年轻姑娘捧着生殖器的象征物游行。希腊人的戏剧也是简单的、趣味单纯的。例如：阿查克斯一阵迷糊，把田里的牲口当作敌人杀死，对自己的疯狂惭愧，结果又自杀。有人被抛弃在荒岛上，有人向他射箭，他就让步了。在这些简单的故事中，我们能够理解希腊人的教育是要造成完美人的体育和德育，也能感到，他们的政治是公共性的。

《荷马史诗》描写的是神、英雄和永恒的精神的故事。这其中也有变化，如《伊利亚特》显得具体和直接，《奥德赛》显得隐蔽和神秘。古典主义是注重一般的、永久的、可以确定的东西，也就是那些理想的、神秘的、英雄的行为，抽象主义的理想主义的行为。在《荷马史诗》中，我们也看到了政治组织，如上层文化、贵族文化、臣民、下级官吏、国王、神。这样的史学，如果严格地说，还是一种准历史学：神通过人来进行战争，人的战争又常反映神的意愿。这不是严密的史学研究，而是通过传说和文学来表达某种精神。此外，荷马笔下的希腊人不注重时间性，他们注意的是比时间更重要的东西，即那些不能朽坏的和永恒的东西，视这为生命的瑰宝。这样，历史只能是自我显示的。它把人类做的事情通过文学形式艺术地记载下来，通过讲述人类已经做了什么而告诉人类应当做些什么。

到了希罗多德和修昔底德的时代，真正的历史学已经出现，准历史学过渡到真正的历史学。首先，分析和提问代替了故事般的叙述。历史著作中有了原因分析，荷马把战争的原因归结为神的报复，但希罗多德论述的战争起因却是希腊人和波斯人在文化上的差异，他想用自由文明人战胜野蛮人这样的观点来阐述历史。修昔底德的原因分析无疑更为客观，他无意从国王的野心等来探讨因果，而要进入制度层面，想从不同制度、信仰的冲突中找原因。这个时期，人文主义的历史观也已出现，战争及其成败都是人的事情，与《荷马史诗》中所说的神话故事已经完全不同。人文主义的色彩还表现在对知识的推崇，人一旦掌握了知识就可以掌握自己的命运。这样，历史学成了传授真知的一种途径。证据在修昔底德那里变得重要起来，他注重证据，历史学必须建立在证据的基础上，不再研究那些神秘的、不具备确定性的东西。时间的问题也得到高度重视，编年史注意到了事物在纵向和横向上的变化和发展。历史的背景被不断地揭示，如战争如何成为历史的主题，如何产生于各种事件与结构的复杂关系中，又会导致何种结果等。

荷马的作品与艺术、文学非常接近，充满了理想的色彩和理想的模型。荷马的作品时间性并不明显，它旨在揭示通过人和神的行为所反映出来的英雄时代。只要把这个英雄时代的特征揭示出来就好，其他的似乎都可以退居第二。当真正的历史学兴起后，对荷马的古典主题就需要做出部分的改造。希罗多德试图突出希

第五章　史学作品的风格

腊人的文明性，他把希波战争理解为文明和野蛮之间的斗争。修昔底德论述不同城邦的社会特征，试图解释秩序是如何战胜自由的。令我们深感兴趣的是希罗多德和修昔底德的区别。希罗多德的风格是既和平又流畅，而修昔底德的作品，则多少显得有些粗硬和造作。这似乎说明，希罗多德更多采用的是艺术的方法，而修昔底德则努力走一条比较实证的治学之路。

从希罗多德到修昔底德的这种转变，也可以说是从诗性到理性的转变。这个倾向在希腊化时期和罗马统治时期的史学中得到了进一步的加强。例如史学家色诺芬（Xenophon，约前434—前355）的著作，明显地向实用理性转变。色诺芬参加过对波斯的远征，他曾带领一支希腊人雇佣军进入亚洲，去帮助小居鲁士争夺王位，后又被迫撤军。在他的著作中，讲述了这些远征的故事。色诺芬在政治上走的是一条曲折的道路，他后来又曾加入斯巴达国王的阵营反对波斯，在波斯成为雅典的同盟后，他被放逐，财产也被没收。他的晚年却又是在斯巴达度过的，在一个领地中过着乡绅生活。不可否认的是，色诺芬是一位多产作家，他所撰写的《远征记》《斯巴达的制度史》和关于苏格拉底的书，至今还是我们研究古代希腊史的史料。

色诺芬赞成斯巴达的贵族制度。他借一个传说中的法律家之口来阐述自己的理想。他认为在斯巴达的制度里面有一种理性的成分，而他把这些理性的成分又具体化了。色诺芬主张婚姻对于培育小孩的重要性，他主张要把妇女供养起来，给她们好的蔬菜和肉，但又不能给她们饮酒。他要妇女们干一些纺织和女红的活，以便保持住安静的天性。至于其他的体力劳动，那是女奴们干的事情，自由妇女的职责主要是养育健康的小孩。为同样的目的，他主张人们进行体育锻炼，他甚至要求妇女们参加体育比赛。他也反对男女分居，认为这会导致欲望的旺盛，会影响生育出来的婴儿质量。至于儿童的培养，他也有一套说法，如认为要对孩子进行学校教育，衣服和鞋都应该有利于增强孩子的体质。对小孩们要严加看管，行为不轨就应当受到严厉的惩罚。色诺芬的实用原则有时候是相当不近人情的，如他认为一年之中儿童只能穿一件衣服，也不能多吃，这样才能培养出克制精神。但是，他又说偷窃其实也不坏，这可以培养人的机灵，尽管还是应当对此行为进行惩罚。他提倡人们公共进餐，不要让人在家里吃饭。吃完饭后就要进行体育锻炼。色诺芬不赞成公民经商，觉得钱会败坏人心，尤其会影响公民捍卫国家安全的情绪。他要求国家建有一支强有力的军队，公民们应当自觉服从领袖和法律。对于胆小鬼一定要进行惩罚，相反，对老年人一定要尊敬，这样，国家才会有良好的秩序。从这些例子中，我们可以发现古希腊的历史学是充满人文主义的历史学，尽管到了希腊化时期，历史学已经开始在向理性的史学转变，开始带上比较实用的色彩。

卢奇安是古罗马哲学家。他指出不是每个人都可以撰写历史的，因为诗歌和历史是不同的。诗是想象，历史是现实。历史只有一个目的，那就是实用。实用又只有一个根源，就是真实。许多非现实的创作,根本就谈不上是历史。所以,史学家的任务是如实叙述,一个历史学家是不计较眼前利益的。

到了罗马时代,秩序成为一种政治价值。历史学不再是诗了,也不再是科学,而是成为学习政治、探讨成功经验的研究领域。这样,希腊史家的理想主义风格就转变为罗马时代的功利主义史学。当罗马军队征服了地中海沿岸地区并建成了地跨欧、亚、非三洲的大帝国时,正如历史学家萨鲁斯特(Sallust,约前86—前34)所指出的,产生了"邪恶的空闲、财富、金钱和权力欲"。罗马时代的史学作品具有同现实紧密联系的特点,因为史家们把现实的利益当成了研究史学的一种目的。

古代朴素的生活方式在向复杂奢侈的生活方式转变。罗马人成了世界的统治者,贵族们要求改变思想、作风和制度。曾经当过执政官的加图期望继续保持罗马的简朴传统,他留恋过去的日子,他向往农村的生活。同时,小西皮阿(Scipuo Amenilanu),这位第二次布匿战争的领袖、迦太基城的毁灭者,在胜利以后,却要求人们消除罗马人的狭隘主义,理由是此时的罗马已经不再是小国寡民,一切要做得大方、高贵和优雅才对。

比较这两种不同的生活方式是十分有趣的:小西皮阿渴望接受希腊文化,而老加图所要的是父权的制度,在这制度下,要求妻子忠诚、纯洁、温柔、高雅和对丈夫充满感激。人们应当每天很早起床,夏天在4:30,冬天在7:30。早起后就应当干活:妻子努力操持家务,忙于纺织,管理奴隶,并要亲自给孩子喂奶。

孩子在7岁之前要由母亲来管教。中午是吃饭的时间，食品主要有面包和牛奶，再加上萝卜、白菜、橄榄、豆和猪肉。虽然海边有鱼类，但加图说由于鱼的价格太贵，一条鱼的价格，几乎接近牛的价格，所以不宜经常吃鱼。午饭后每天应该午睡，在夏天就更加需要。至于晚饭就应当比较简单些，因为用餐之后人就要睡觉。加图对农业非常关心，他认为务农能够培养出健美的体魄和英勇的战士，因此就是最好的、最稳定的职业。加图关心农业的技术，要求在春天不失农时地进行播种。他要求耕田2至3次，可以使用牛和驴等牲畜作为动力。此外，人们还应当把麦、葡萄和橄榄树种好，以便夏天能收粮食，秋天能收葡萄。加图认为：奴隶是主人的财产，因此从财产角度出发，要对奴隶好一些，因为西西里的人对待奴隶太坏，罗马则情况不一。加图要人用理智来对待奴隶。但是，人不能忘记奴隶的价格，当奴隶太老了的时候就应当及时把他卖掉，否则就会浪费食物。加图是具有宗教信仰的人，他提出要用米饼和动物的肉来祭神。

与加图相比，小西皮阿的生活比较奢侈，他的生活是由军事活动和追求快乐两部分所组成的。他常去浴室、戏院等地享受快乐。小西皮阿对学习文化持赞赏态度，特别是有关希腊文化的学习。这就出现一种新的情景：被罗马人征服的希腊人却在文化上征服了罗马人。作为新罗马的代表，小西皮阿也主张勤奋度日。他大概每天在早晨4：30即起床，接着就要奴隶为他刮胡子和进行理发美容。他的发式，据说在当时的罗马是最为时髦的。有时小西皮阿也与幕僚一起办公，但他更喜欢的是打猎，这是希腊人的时髦风气。西皮阿靠的不是自己的地位、威望和家庭背景，他的强大主要是来自于新派人物的拥戴。西皮阿的勇气、财富和技艺，再加上他个人的政治艺术，使他满载盛誉。他要求对孩子进行精心教育，不仅要他们学习拉丁文和法律，还要学习战争的技艺。在他家中，常常住有一批艺术家、哲学家、历史学家或者诗人，他们写出了不少精美的作品。在公元前2世纪，洗澡已成为罗马生活的一种不可缺少的习惯，这也是从希腊人那里学来的，因为以往的罗马人不是经常洗澡的。在城市中，许多浴室兼娱乐场所得以兴造。洗澡问题引起了保守派和新罗马派的长时间的激烈争论。妇女们也有自己的浴室，要么是与男浴室相近，要么是同男性隔开时间在同一浴室洗澡。罗马的妇女们不常进行体育锻炼。那时，体操、桑拿浴也已经有了，澡堂里供有热水、冷水，还有大厅、聊天部和读书室。小吃部和酒馆当然是不能缺少的，因为根据那时的习惯，罗马人以为吃晚饭才算正餐，但晚饭以后还会有各种聚会。罗马人不喜欢肥胖，他们不能多进食。在人们用餐时，往往同时还欣赏音乐。

帝国建立以后的欧洲人，心中充满了对旧罗马的怀念：那就是财富、勇气、自律、纪律、父亲、官员、秩序、法律、好战士、虔诚。罗马受到希腊文化的强烈影响，特别在艺术、道德、修辞和心理学方面，深受希腊文化的影响。

李维是罗马时代的著名历史学家，著《罗马史》一书。李维在罗马度过了大半生,但他从来不是政府的官员,也不是社会活动家。从前人的著作中得到启发,李维试图发掘罗马人的各种美德。在他的笔下,国家的兴起是同民族的优点密切相关的。李维认为,在罗马的共和国时代,这些美德不断发展,但当罗马富裕、人民生活舒服后,罗马人就变得贪婪、奢侈和软化。此外,尽管每一个新的政府都带来某些新制度,但非罗马文化对于罗马的冲击,几乎使得罗马的传统和罗马人的美德丧失殆尽。李维认为,屋大维才为罗马精神的真正的恢复者。在撰写历史时,李维显得比较客观,他能够批判地分析问题,也能对宗教问题进行大胆怀疑。因为治史严谨,李维既不愿编造史料,也不愿吹捧权威。李维的写作风格是不紧不慢、中庸客观的,尽管有时为了吸引读者,他也会说一些让读者高兴的话。当然,李维并无充当民众导师的想法,他的目的只是要尽量发掘罗马的传统,以便用来振兴罗马,让罗马永远立于世界的不败之地。

第二节 中世纪的神

中世纪,欧洲出现了旨在为建立上帝之城服务的基督教史学。基督教神学提倡上帝本体论,从本体可以产生万物,但本体本身却因超越和凌驾空间,有了永恒的意义。如果史学在此岸和彼岸之间建立起桥梁的话,那么,生者与死者,今者和未来者之间,也就因为走在同一的路上而有了沟通和联系。

中世纪的基督教史学著作，重要的有奥古斯丁（Augustinus Hipponensis，354—430）的《上帝之城》、奥罗修斯（Orosius，380—420）的《反世俗的历史》7卷、都尔都会主教格雷戈里（538—594）的《法兰克尼史》、英格兰的僧侣比德（Bede，675—735）的《英吉利教会史》、西班牙塞维尔城主教伊思多尔（Isidore，560—636）的《西哥特、汪达尔、苏维汇诸王的历史》和僧侣亨利·亨廷顿（1084—1155）著的《英国史》等。奥罗修斯认为世俗帝国最后要为上帝之国所代替。在基督以前等历史充满了灾难和罪恶，但是，只要人们相信天国、不沉溺于希腊和罗马的光荣之中，那么光明的未来就一定行将到来。《法兰克人史》一书，具体叙述了法兰克人征服西欧和日耳曼人如何皈依基督教的故事，也涉及对当时各个日耳曼国家政治、经济、军事、宗教和教会情况的论述。比德所著的《英吉利教会史》一书，论述的时间约在597至731年之间，从第一个传教士来不列颠写起，论述了早期英国基督教会建立的情况。关于英国，还有一部《盎格鲁-撒克逊编年史》，记载发生在阿尔弗雷德统治期间（871—899）的事情，约在1154年编成。僧侣亨利·亨廷顿的《英国史》，也从凯撒统治时期写至1154年。赫斯菲尔德的兰伯特（Lampert von Hersfeld，1028—1088）也是一个僧侣，他编著了《编年史》一书，从圣经时代一直写到了卡诺莎事件。弗雷辛的奥托（Otto of Freising，1114—1158）是一位主教，他本人是德国皇帝红胡子腓德烈的叔父。他著的《编年史》（双城记）一书，论述了上帝和魔鬼的斗争。他的《皇帝腓德烈传》更像一部世俗的历史书，因为主要讲述的是德国皇帝红胡子的战争故事。

奠定基督教史学基础的是被称为教会之父的三位圣徒：哲罗姆、安布罗斯和奥古斯丁。哲罗姆翻译了拉丁语的《圣经》，并宣扬禁欲主义。安布罗斯的主要成就是明确教会和国家的关系，认为教会应该脱离世俗政府的统治而独立。奥古斯丁是一位奠定基督教神学基础的大师，他在神学上有重要的贡献，影响深远，像中世纪的托马斯·阿奎那和近代早期的新教改革家马丁·路德、加尔文，都受到他的神学思想的影响。这三位圣徒都有与人通信的习惯：安布罗斯给皇帝写信，对皇帝的行为进行褒贬；哲罗姆给妇女写信，劝说妇女入教，也谈妇女的各种问题；奥古斯丁的信，主要是解答关于基督教神学各种疑问的。

安布罗斯是西罗马帝国时期米兰的主教，他出身贵族，父亲是高卢的总督。他的主要业绩是处处捍卫罗马教会的权威，并且主张教会从帝国政治的统治下独立出来。这样，安布罗斯在与皇帝交谈时总是以平等者自居，有时甚至以长者自居。这种态度说明帝国衰弱、教会兴起的局面逐步形成。他成为主教后，为了维护教会的权威与皇太后产生冲突：皇太后相信阿利乌斯派，要把米兰一个教堂让给阿利乌斯派。安布罗斯相信的是罗马天主教，因此反对犹太人建教堂，更不允许动用罗马教会财产来为犹太人修教堂。公元390年，皇帝狄奥多西当政，一个军官为暴徒们杀害，致使皇帝下令屠杀群众7000人。安布罗斯认为这是一个道德问题，于是给皇帝写信。安布罗斯赢得了胜利，皇帝在米兰教堂进行了忏悔。在神学方面他的建树不多，曾写过赞扬童贞、非难寡妇再嫁的文章。安布罗斯教会独立影响深远，一直延续至宗教改革运动。至17世纪，霍布斯曾对他的教义进行批判，但也不能完全肃清其影响。

哲罗姆曾在叙利亚的沙漠里隐居过五年。他是一位古典文化的爱好者。他曾在精神恍惚状态中听到上帝的指责，说他其实是一个西塞罗的信徒。哲罗姆是禁欲主义的大力宣扬者，在遭到人们反对后，他只好离开罗马去了伯利恒城，其后在从386至420年的34年中，他一直没有离开伯利恒。哲罗姆拥有许多崇拜者，特别是罗马最高贵的家族的贵族遗孀葆拉和她的女儿尤斯特修慕，陪伴他一起去了伯利恒。葆拉死后，哲罗姆曾亲自为葆拉写墓碑，对她热情称赞。他给尤斯特修慕所写的信也是十分有趣的。哲罗姆是非常痛惜罗马帝国崩溃的，尽管后来的哲学家罗素认为哲罗姆主要是位禁欲主义的提倡者。他这样指责哲罗姆：哲罗姆认为保持童贞（指禁欲主义）要比战胜匈奴人更加来得重要。

奥古斯丁比哲罗姆小9岁、比安布罗斯小14岁，双亲中只有母亲是基督徒。奥古斯丁早年曾加入摩尼教。后来在米兰受到安布罗斯影响，成为一名基督徒。396年，他成为非洲希波城的主教。奥古斯丁的《上帝之城》，是在412至427年间陆续写成的，那是一部有关过去、现在和未来的基督教史纲。奥古斯丁认为罗马帝国灭亡的原因是罗马人的腐败。罗马人自从强抢了萨宾妇女以来，一直沉溺于邪恶。他接着表明态度：即使罗马帝国灭亡了，对于基督徒来说，也不损失什么，因为肉体的被埋葬不会影响复活。哲学家罗素告诉我们，关于处女被强奸的问题，奥古斯丁认为贞洁是内心的品德，不会因被强奸而失去。但是，对贞操也不能太自负，如果妇女为贞操而自杀，那也是有罪的。

奥古斯丁的另一部重要著作是《忏悔录》，该书的前7章都是关于一个梨的故事。奥古斯丁从自己的经历出发，探讨了心理变态、教育、希腊文化影响、青春期情欲和加入基督教等问题。在神学上，奥古斯丁建树颇丰，其涉及面很广，对神、人、原罪、忏悔、宇宙、道德、创世、时间、空间等许许多多的大问题，发表了极为重要的看法。在原罪问题上，奥古斯丁认为人类始祖亚当本来是处在两种可能性（灵体和肉体）之间，后来堕落为肉欲，结果导致灵魂的丧失。这样，就有了性欲和禁欲的问题。尽管正当的婚后生活中性交被认为是无罪的，但只有道德高尚的人，才能做到不为色所乱性。性欲不受意志指挥：道德要求意志对身体进行全面控制，然而这种控制会同性欲对立。这样，性行为是同完美的道德生活势不两立的。正如神圣的历史和世俗的历史有所区别一样，被基督徒认为有道德的东西，在异教徒看来，却是充满邪恶的。奥古斯丁还认为世界创造于无，因此在时间和空间的问题上，他认为时间是与世界同时被创造出来的，人们不应该去探究世界被造出来之前的时间和空间。这是因为：在上帝创造世界之前是没有时间的，而在没有世界的地方也不存在空间。奥古斯丁又认为上帝是超时的永恒的存在。对上帝来说，一切的时间都是现在。因为实际存在的只是现在，过去和回忆相同，未来与期望相同。回忆和期望都是现存的事实。奥古斯丁提出三种时间论：过去事物的现在、现在事物的现在、未来事物的现在。过去事物的现在就是回忆，现在事物的现在就是视觉，未来事物的现在就是期望。他还认为时间是主观的、被造的。

第三节　马基雅维里的求善

西方的史学到了文艺复兴时期风格为之一变，以建立上帝之城为目的的历史学让位给了缔造人间世俗幸福生活的人文主义历史学。这个转变，充分反映在16世纪意大利政治家马基雅维里的作品里。在一封马基雅维里致朋友的信里，我们知道了马基雅维里是这么写作的：

> 自从遭到一连串的打击后，现在的我过着静谧的乡间生活。太阳出来后我也起床了，然后走到附近的林间，花几个钟头审查一下昨天所写的。有时，我就跟着伐木工人聊起天来，他们通常都向我叙述自己的遭遇或邻居的困难。步出了林子，我走到一处水源，在这鸟语花香的世界里，我捧书欣赏但丁、彼特拉克，或像狄巴拉斯（Tibullus）、奥维德（Ovid）这般名气较小的诗人的作品。我品尝他们充满热情的爱情故事，使我勾起了往日的旧梦，时光就在这种沉思中很快地溜过去了。

然后，走进路旁的小客栈，与那些过路的游客闲聊，听听各地方来的消息，记下他们各种不同的嗜好和想法……到了夜幕低垂的时刻，我就步行回家，一进到书房的门口，便把那沾满泥泞的粗布外衣脱下，但我倒认为这些朴素的衣服是盛装呢！换上便服后，我伏案研究古代的历史，于是，我走进了古代的宫廷，我受到他们热烈的欢迎。他们提供我所需要的资料，我毫不胆怯地跟他们谈，我也问问他们所干的一些事情的动机，这些人都很谦虚地回答我。在这4个小时的交谈中，我一点也不感到疲惫，把一切的烦恼、贫困和死亡等问题都抛诸九霄云外；我整个人都投身于这群古代人之中。但丁曾说过，不记住所听到的，就谈不上科学。我已经记下了这些杰出的人所说的话，而写了这本小册子《君道篇》。我花了很大的心血去写这本书，在书中，我讨论了君权的性质和种类，这些君权是如何获得的，如何来维持，以及为什么失掉等问题。假如你曾喜欢我的拙作，那么这本书你一定不会不喜欢。这本书将特别受到新君主的欢迎，基于这个理由，我将把此书献给梅第奇陛下……（1513年12月10日）[1]

马基雅维里（N. Machiavelli，1469—1527）的历史学是他改革社会的政治学的一种基础，因此，为社会改革服务，成为撰写史

---

[1] ［意］马基雅维里：《致维泰利（Francesco Vettoil）》，见威尔·杜兰《世界文明史·文艺复兴史》下卷，东方出版社1999年版，第697—698页。

学作品的最为首要的目的。马基雅维里的观点，并不总是从历史事实中归纳而来，而往往是来自历史中的各种零碎事件，用来支持他通过逻辑演绎而获得的结论。他用的那些例子来自以前的众多史家，有古代罗马史家李维的，有引自杂史的，也有从希腊史学家波里比阿（Polybius，前205？—前125）的著作中摘抄出来的。

但是，很明显，马基雅维里完成了一种转折：史学著作不再是描述人们对于天国的美好想象，而真正地成了人们用来改革社会的一种思想武器。例如，马基雅维里声称：家的原则和社会的原则是不一样的，美德只能存在于家里，政治学却渗透于社会的各个角落。他告诫统治者不能以家长的爱来解决社会问题，因为家的原则是爱，社会的原则是优秀，要赢得社会的繁荣就不能依靠私人的感情或美德。

在政体形式上，马基雅维里提出需要根据各地的实际情况来确立合适的体制。例如，他赞成共和国，但认为这种体制只能存在于人民不腐败的地方，只有在那里，每个人才有可能实现平等。与此不同，君主制度似乎适用于人民不平等的地方，这里的问题不是要争论究竟哪种形式好哪种不好，而是要看采用何种政府的形式，才能使得政府强盛，进而可以维护社会秩序。为了一个合理的目的，君主是可以干任何事情的。因为好的政府不是以道德来衡量的，而是要看它到底具有多大的权力。一般来说，强大的政府要比衰弱的政府为好。政治上所说的美德并不是宗教和爱，而是统治上的优秀性。马基雅维里认为：优秀的统治者考虑的是政治利益，为此，他要能够控制住局面，一切从政治利益出发考虑问题。他还主张一个具有美德的社会并不是要人民放弃自己的欲望，以便维持公共利益。好的社会应当是能保证每个人的能力得到充分实现的场所，作为好的统治者，要能够经常奖励有所成就者。公共利益不是所有人的合作，而是统治者同臣民的合作关系：人民应该毫不犹豫地、正当地增加财产，从不担心被剥夺；同时，统治者对他们要进行奖励，不能随意剥夺他们的财产。

文艺复兴时期的史学具有强烈的改造社会的色彩，特别需要指出的，这种对社会制度的改革，是同提高人的道德水平密切联系着的。

教育不仅能够培养人们的学术兴趣和语言、文法和修辞学方面的爱好，还能极大地改善人的品德，使人更具有人性、美德和抵制愚昧的能力。在这个基本问题上，马基雅维里与早期的人文主义者但丁、彼特拉克并无不同。但是，作为一个现实的政治家兼学者，马基雅维里完成了浪漫主义向现实主义的转向，与早期的人文主义者相比，他更现实，也更理性。例如，早期人文主义者认为美德和利益是可以调和的，马基雅维里却认为这两者是互相对立的：个人利益和公共利益相对立的，欲望和利益之间却往往是一致的。马基雅维里提出最好不要浪漫地把世界想象成是具有美德的，至少要充分了解人之黑暗面。在许多情况下，欲望和利益对人的影响往往超过了道德对人的影响。马基雅维里还认为教育的目的主要是用来增进人的能力，而不是用来培养君子。

马基雅维里的现实主义观念使他不再像早期的人文主义者那样相信灵与肉、精神与物质、命运和能力之间是可以和谐一致的，这使他完全立足于人间，进一步区分了人间与天国的概念。马基雅维里认为：上帝并不是人的偶像，人难以成为君子，即使是成了君子，也不意味着人是在向天国靠拢。人和神是完全相异的，人并不考虑天国的问题，优秀的人仅仅追求尘世的幸福，表现为名誉、地位和权力。早期人文主义者是把能力和命运视为同样重要的，认为两者作用几乎完全相等，如命运能给人机会，而能力能帮人实现愿望。马基雅维里却认为：认清环境才是成功的前提，人不能相信命运，只有增加了学识和能力，才有可能掌握好自己的命运。在马基雅维里那里，任何虚幻的、想象的东西都是立不住脚的。

马基雅维里所提倡的现实主义和智性的善，使他的作品无一不成为近代政治学的典范。从这个意义上说，马基雅维里的影响是深远的：他既是一个结束浪漫时代的优秀政治家，又是一个运用科学方法论开辟理性主义新时代的杰出的思想家。

第四节　兰克的求真

历史主义是17世纪至18世纪欧洲一种广泛的思潮，在德国它得到充分发展。历史主义把人们从自然法的二百多年的统治中解放出来，从无时间性、绝对真理、理性的统治中解放出来，用一种对人类经验充分理解的态度取而代之。对人类经验的承认，是宗教改革以后德国对西方思想最伟大的贡献。

因为史学在社会生活中扮演着一个决定性的角色，所以，一旦告诉人们关于过去的真实的故事，它就以特殊的方式直接介入了人们的生活。德国历史学家兰克"是什么，就是什么"的名言，说明了这个连结的千真万确。如果没有史学作品提供人类生命连续的证据，人类生命就变成一种无法把握、无从感觉的东西。从这个意义上说，历史不是一件强行推销给人们的物品，它是人类生命的本身。忠实于史学，其实也就是忠实于人类自我坦率的纯洁性。就某种意义来说，东方人对史学的求真态度，要高于和先于西方人。20世纪美国出版一本引起轰动的论史学客观性的著作，名为《客观历史：一个高贵的梦》，仍然觉得完全的求真，是可遇而不可求的。

东西方这两种不同的史学观念，奥秘在于社会结构变化的不同速度。当社会的框架长期稳定时，事实本身就具有启示作用。西方人所以要把兰克的实证研究看作是一个惊人的发现，是因为近代以前的西方历史变化得过于剧烈，这时，告诉人们历史的经验远比告诉人们历史的事实来得重要。当然，倘若史学长期停留在抽象哲理的总结之中，那么，史学就只能是智者才能问津的奢侈品。

德国的历史主义之所以得到激进的表达，是同历史主义在德国政治中所起的作用有关的。当历史主义成为民族和国家的对法

第五章　史学作品的风格　　333

国理性和启蒙主义的反抗时，它的民族传统与法国的思潮间的对立就更加明显。德国民族主义的兴起同法国革命以后反对拿破仑征服德国运动有关，德国政治思想中出现了反对启蒙思潮的思想。德国的资产阶级希望通过自上而下的改革建立强有力的现代君主制度，民族可以统一，而个人的自由、法律安全，可以通过人们一定程度的参政加以保证。这需要一种平衡的政体。这样，法国的平等主义和对传统的抨击不符合德国人的胃口，他们担心这会为暴民政治或个人独裁如拿破仑的帝制开辟道路。

政治道德论导致政治的价值论：只有好的政府，自由、法律、文化的创造性才能保障。政府所以不仅仅是制度和机器，还反映道德。国际冲突不仅仅是权力冲突，还是道德冲突。政治民族主义还表现在个体解释上。德国制度发展是德国传统，所以不是从法国学来的。每个政府都是特殊的，具有特别的精神、文化和道德。德国民族主义和历史主义的联系，在政治上，呼吁的是一种开明政府和权威的政府：不是极端专制也不是英国式的国会制度，在统治者和被统治者之间有严格界限，开明处表现在国民具有福利。政府也是一个个体，但有自己的原则。政府不仅是物质的，也体现精神存在。政府具有神般的权威，它的存在，不仅仅是保护人民财产。

在认识论上，拒绝观念性思维。观念化解释实际上就是抽掉了历史真实。历史是人们的行为，需要的是理解。而这种理解只能从个体和特殊中去寻找，不能用抽象一般的观念来理解。然而，这种对抽象理由的咀嚼不意味着对所有理性和科学提问的拒绝，例如，提问也是经院哲学的传统。历史主义希望的理性是理解人类真实，即用一种理性的逻辑来研究不够理性的人们的生活。在客观历史方法下，历史是研究个体的，这样就不大强调比较。历史主义同反自然法的联系就相当明了：没有统一的历史主义，有的只是各国对自己制度和传统的新兴趣。

历史主义并非是仅仅进行史料批判和实证研究，这在兰克之前就有人这么做，如以前的哲学家、古典文献家就是如此。真正的特点是理论上的建立。所以，这是一种关于历史学性质和政治权力特征的理论论述，例如方法论上的建树：历史学家的任务是描述过去发生过的实际情景，越纯粹地做到这一点，越完美地完成任务。创造性要靠直觉、猜测和投入。不仅仅是把孤立的事件碎片组合成完整的整体图像，更重要的是靠理解，史学家的创造性在于此。原始史料和历史真实之间的区别在于：史料不完全反映历史真实。把碎片进行排列也不是历史，必须靠综合和想象，尽管必须依靠事实事件和史料。

如果把历史学与艺术、哲学相比较，那么，艺术是理想美的寻找，哲学则是普遍规律的发现，历史学却是对事件的直接叙述。其更高目的，更要找出事物发生的原因。历史学家不仅是要告诉人们一些历史实例（经常遭到误解且很少有教育意义），而且还是要培育人处理实际问题的能力。人们有习性思维，但要避免完全脱离实际。历史学家通过最明确的方法，把各个部分变成一个整体的本领，最能说明历史学家的任务。历史学叙述和理解必须艺术化，要避免唐突，对自然作模仿。要求在语言上有很高的造诣，要能够做到这一点，首先就要能够对史实有真正的理解。历史学在进行理解时常同哲学和科学相联系，因为哲学能够提供观点，科学能够提供定义和形式。但是，哲学、科学在运作时都具有纯形态，有时只能提供纯粹的、抽象的模型，对具体的结构把握显得不足，这就为史学研究提供了空间。艺术家在进行创作时也需要进行纯形态（理想模型）和想象，但他也要生活，而且这两者之间必须平衡。史学家和艺术家的区别，在于史学重在求真，艺术重在求美，因为史学家只能根据史实实话实说，对没有发生过的事情不能随意编造。启示、丰富的材料和数的结构对史学家、艺术家来说都很重要，而知识侧重面不同。历史学家需要澄清已经发生的事实，而艺术家则为了使人类生活更好而传播超越生活、高于生活的理想。历史学家的工作看似朴实，但也饶有深意。如为了使人们生活幸福而不断总结历史成败，或者历史的教训。

历史学不能成为事物的复制机器：要区分事物的不同性质，要考虑事物特殊的方面，要考虑到情感、心理、人的能力、偶然性等因素，这些会引起事物变化。这样，结论就是：对事件的理解不能仅仅完全依靠对自然王国的解释，事件之间的关系必须注意，各个关系的相互影响，事物发展的方向等要把握。要考虑其他的结构性制约，如气候、地理、土壤、智力、民族传统和民族精神等。

兰克的方法引起人们的争论。美国历史学家们意见不能统一：一是认为兰克在政治上是中性的；二是认为兰克只提倡实证主义，不提倡哲学。这样就形成了两种意见：一种意见认为，科学历史学的要点就是发现真理和寻找规律，它应当与自然科学类似，而兰克的实证主义显然不是这样，因而算不得是科学的，甚至是违背科学的；另一种意见却认为，科学就在于实证。这一"科学历史学派"称赞兰克为"科学历史学之父"，因为他主张用事实说话。不过，把兰克归为科学的这一派，也认为兰克是没有哲学基础的，他在方法论上也没有体系化的理论思考。兰克史学的科学性仅仅是表现在用事实说话，并且对史料进行认真的批判。

我以为美国学者对于理解兰克仍然是肤浅的，因为实证方法早于兰克之前就已存在，而兰克的最为主要的贡献，并不仅仅是实证，还在于他在实证的基础上能做到"论从史出"，从而表现出了自己的历史思想和史学风格。

第五节 库恩的科学结构革命说

在我们科学发展的道路上，积累说一直代表着一种学术的传统。然而，美国的科学历史学家托马斯·库恩（Thomas Kuhn）却对此提出了尖锐的批评。知识和科学是积累性的，就是说科学进步是积累继承发展的，这涉及既有广度，又有深度的传统继承。广度指的是经验的检验，如种类越来越多而且越来越精密地发现会导致新的发现的事实。深度涉及与理论的联系：经验的规则性被数学表达的定律所代替，理论对发现进行越来越准确的概括。但是，托马斯·库恩却认为，要进行科学发现，必须克服科学假说中的不科学成分；科学的世界观要从神话和谬误中摆脱出来，这导致新的科学发现理论的出现。库恩认为积累说的基本思想是错的。科学知识的进步主要靠的是突变和革命，而不是积累。

这个问题涉及对"科学的合理性"的认识。例如：苏格兰哲学家、历史学家休谟认为：自然科学是以归纳的和非合理性的方法进行研究的，经验科学是以归纳的和非合理的方式进行的。非合理的意思就是，对经验科学的基础原则，是无法进行论证或证明的。例如语言是第一级，而语法是第二级的，是从语言中归纳而成。语法的基本原则，其实并无法证明。这就要涉及科学的传统。自然科学是以归纳的和合理的方法进行的，所以休谟的观点从来就是归纳主义者的一个眼中钉。有人试图把归纳逻辑和演绎逻辑等同起来，并借此说明归纳推理是以正确规则为基础的合理方法。所以，经验科学是归纳的和合理的。水在100摄氏度时沸腾，是归纳法，也可用逻辑法。所以，结果是相同的。

英国哲学家波普尔则认为：自然科学是以非归纳的和合理的方法进行研究的。主要是把逻辑和经验区分开，逻辑演绎导致理论设想，经验归纳不包括假说和规律性发展，发现的过程永远是推理推论的过程。证明的领域：认为必须赋予新思想，对科学假说的证明和论证是根本没有的，假说不是通过经验来证明的而是通过演绎规则来检验的：对假说进行证伪。它的合理性是它只使用逻辑方法。库恩进一步认为：自然科学是以非归纳和非合理的方法进行研究的。这个看法最具有挑战性，当时每一个人都认为他在胡说八道。

库恩指出了科学发展的非积累性：亚里士多德的物理学，托勒密的天文学，富兰克林的电学，燃素化学，这之间只是断裂，而不是积累。随着发展，将来人看我们现在的科学也会觉得好笑。所以问题并非是就是简单的对或错，而往往是在根本上的看法不同。对某一事物的根本看法就是范式。库恩避免使用理论。因为范式不同于理论，理论和规律都是后来现象，通常是衰亡的征兆。通常只有当科学陷入危机时，并受到有分歧的敌对观点逼迫时，才产生这种精确的公理化表达方式。范式是现象领域中共同的直观的基本态度，是一种基本看法，是一种设想，是一种直观的假设，含有对经验主义的含蓄的批评，是一种抽象思维和看法。所以，范式不是规范和理论解释或关于某个问题的结论和定律。要使范式具有吸引力必须具备如下条件：一是能导致足够大的成就，吸引稳定追随者；二是成就的开放性，能够揭示许多问题。

科学革命就是从旧范式向新范式转化的突变方式。突变就是非积累性，是看法的根本转移，而不是旧范式的加法和减法。过去的认识是：逻辑推理、精确实验、中立观察、归纳概括、严格检验、经验实证、用经验证明、用更好的论据使人信服。现在发现成为改变信仰的经历：突变置换、新的抉择、劝说、宣传和死。

第五章 史学作品的风格　　339

这种看待自然科学的方式，必然会引起激烈争论。问题是，库恩可能是对的。

库恩严格区分了常规科学和非常规科学，他认为有两种科学：一是常规研究，二是非常规研究。常规研究是在一定的传统范围内从事其活动的，而非常规的研究相反，它打破传统，对科学的基本思路进行新思考和选择。非常规研究主要是为了思维革新和进步，常规研究主要是对思路进行具体扩张。一个范式只不过是对成功的一种预示，而将这一成功的允诺付诸实施则是常规科学的任务。库恩这一提法的意义是突出了常规科学的积极作用，因而就否定了常规科学只是消极地在贯彻逻辑演绎或经验归纳出来的结论这一观点。

库恩认为，新范式的创造者是一些非常规的研究者，主要是些年轻人，他们会以一种宗教狂热的热情来传播和证明范式。而抵制他们的，主要是老一辈的科学家。这里，并不是老科学家们顽固、保守，而是他们认为合理性并不在新范式一边，因为旧范式里有着许多合理性。新理论在最初提出时总是困难成堆，这使新理论比陷入危机、未能解决一些问题的旧理论显得更加不可信任。老一辈科学家拥有广博的知识，对新范式所面临的困难的数量和规模，要比年轻人看得更加清楚。然而，为什么旧范式最后还是被击败了呢？库恩说，这是事物的本性。新的科学认识经常不是以让反对者们信服而获得承认，而是通过反对者的逐渐消失而获得承认。也就是说，新旧范式在相当时期中是互相存在互相争论的，不是通过旧范式的增减导致新范式的产生，而是新的范式在旧范式的范围之外产生，并逐渐发展为严密的理论。

这样，就需要对反例格外重视。反例实际上就是理论与经验互相矛盾。如果认为理论是绝对正确的，那么，如果出现了反例（就是理论和经验之间的矛盾现象），就不能归咎理论，而是归咎于使用理论的人太笨，即"笨工匠怪工具"。这样，反例的出现打击和败坏的不是理论的名誉，而是实践科学家的名誉。证伪理论也是如此，它不打击理论，只说明实践科学家不明确理论的范围。另外，如果用减法去掉证伪部分，或对旧理论进行添加性的修补，那么它就会确信经过修补后的理论是正确的，能赢得人们信任的。也就是说，只要不断地对旧理论进行修补，理论就会趋于完美。

然而，如果两种东西是完全不同的，如何能够修补成同一个东西呢？这就是库恩所要揭示的问题。地方说不能修补为地圆学说。战争是文化冲突引起的不能修补为战争是阶级矛盾引起的。这些，在库恩看来，都不是什么理论的修补问题，而是理论的革命问题。库恩认为，反例的积累只能是导致对新范式的研究，然后，新的范式产生，再后，新的范式被体系化、精密化，旧范式终于被新范式所取代。从意义上说，这突出了科学研究是个过程的思想。科学进步的含义只在于逐渐接近自然界的真正状态，而不是直接论证了自然界的真正状态。这里是自然界的真实状态，那里是人关于这一自然界的理论，两者相差甚远。这样，库恩就否定了理论等于客观存在的看法。库恩认为新旧范式不可比较，这主要指的是新范式（T2）的概念不能从定义上归结为旧范式（T1）的概念，或是 T1 概念的不断修整。从过程上看，范式的提出是具有方向性的，能使科学知识及对事物的认识逐渐地精确化，甚至最后接近自然存在。这一方向性的存在，使各种范式都只是暂时的，非连续性的，但却不至于引起倒退，引起科学的不可知论。

库恩理论对历史学产生重大影响，表现在各种史学论点和论证只不过是一种解释。解释和解释之间的不同是范式的不同，反映出人们对历史真实认识的不断深化。历史的解释和历史著作不能直接等同于历史真实，正因为这样，才有必要不断撰写历史著作。历史研究就是新范式提出，涉及：旧解释有无反例？对旧范式的修补能否解决问题？如何提出新的范式？如何证明新范式？新的解释提出的问题与历史真实之间是否更高程度吻合？结果就是：科学争论的本质是范式争论，历史研究不是用归纳法把各种最新的研究成果加以叙述，因为，托勒密派和哥白尼派的争论不是在论证概念的清晰和逻辑的严密性问题，而是每一个派别的科学家都试图证明自己的范式是对的，是符合自己的范式所规定的标准的，而对手的范式是显然违反这些标准的。

第六章

史学作品的感染力

要理解历史学,首先必须弄清"史学是具有非凡感染力的"这句话的含义。古代、中世纪人们,对于等级制、战争、神和骑士精神的依赖,与我们今天对于自由、平等、个性、生命的理解有如南北两极。因为在我们看来,要叫一个现代人去服从古代的原则,处处以武力和等级制的原则行事,那是比登天还难的。但是,对于以往的历史,我们又是非常钟爱的,甚至可以这样说,历史学家对古代的社会现象考证得越是仔细、具体,就越像是在我们身边安放了一面明亮的镜子,激发出人们对于自由、美好的现代生活的无限热爱。一个非常值得重视的国际现象就是,一个民族的现代化程度越高,一个国家的经济状况越是发达,那么,那里的人们对于历史学的兴趣往往也就越高涨,研究水平也往往更深入。实际情况表明,越是现代的民族,也越是对古代感兴趣,越是政治开放、经济发达的国家,也越是对文化、卫生、生理、情感的问题予以高度的重视。看来,只有充分了解这种现代人期望同古人积极对话的心态，我们才能知道"历史之树常青"这句话的真正含义。

第一节　心灵激动、碰撞的原因

当我们阅读一本历史书的时候，我们会不由自主地把书中所说的一切置入自己的内心深处。如果我们能够直接看到书中所示之物，我们是否还要读书？史书在这里只是一个厚重而晦暗的帐幔，它可能不如我们亲见之物那般生气勃勃。然而，书的意义并不是要我们去看古代人类的遗迹，它是一种对人类生存的反映和评价，是一种把我们引入生命境界并赋予我们生命力的质朴。于是，厚重的障碍突然消失，我们内心深处被某种律动感的呼吸所感动，生命震醒我们心灵之弦，让我们不由自主地跟着它舞蹈。如果是一本好的历史书，会引起我们自己生命的震动感。无论是满怀希望还是充满失望，我们都无法摆脱作品借语言的造化，而给予我们的灵魂上的修正。很有可能，我们仍然执迷不悟，却已知道一些关于生命激情的粗浅道理。历史的技艺如此根深蒂固，不像是在虚构，也不等同于我们自己的生活。只是在某一点上，它深深刺痛我们。宛若雷电劈开树木，让人看见难以得见的树心一样，它让我们看到内核。只要同它相遇，我们就开始反思。一瞬间的顿悟，把一切粉饰的陈词滥调都扫除干净，虚伪不复存在，因为，核心之中无它的地位。当功利主义退居幕后，并被置于理性之下时，心灵本身方获得自由，这才可以明白无误地理解人类本性中的悲喜剧。

历史书除了给予人们思想启蒙外，它的求实精神也是深具魅力的。这里，我要从英国历史学家阿克顿（John Emerich Edward Dalberg-Acton，1834—1902）的历史作用理论中，借用一些观点来开展我们关于历史作品召唤力的讨论。阿克顿宣扬兰克"客观主义"和"科学主义"的历史方法，认为这样的话，我们所叙述的历史，就是我们人类自己生命的历史，因而也就能够引起相关人们的心灵共鸣。阿克顿主张史学作品超越史料，以一种更广泛和更深刻的揭示，来为现世之人服务。他说："如果世界历史不是在更高层次、更为广阔领域里进行探索，它就会因为狭隘的缘故而受到阻碍，譬如说，国会报告总不能全面反映国会的历史。"[1] 然而，"当人的现世要求和欲望几乎还没有改变时，他们（科学家）的方法乃是进步的宪章，是历史生命中的火花"。[2] 阿克顿告诉我们，历史观念能深刻影响今人的命运，因为"一个人对最近几个世纪的历史所持的观念怎样，那大体上也就是这个人本人将会怎样。在历史的名义下，它们包括他的哲学的、宗教的和政治的信条。它们给了他尺度；它们表明他的性格；而且正如赞颂乃是历史学家

---

[1] ［英］阿克顿：《历史研究讲演录》，见何兆武主编《历史理论与史学理论——近现代西方史学著作选》，商务印书馆1999年版，第343页。
[2] ［英］阿克顿：《历史研究讲演录》，见何兆武主编《历史理论与史学理论——近现代西方史学著作选》，商务印书馆1999年版，第359页。

的破产,他的偏好要比他的憎恶更加使他原形毕露"①。换言之,历史著作既召唤心灵的信念,又提供以往的经验,并把这些同今人的发展直接联系起来。这样,只要人们在历史之中汲取了营养和教训,生命就会因从根中得到教益而发展。

因此,当论述到历史作品引起人们心灵激动时,我们必须承认,这是因为它直接影响我们今人的生命运动的缘故。导致这种影响的并非是我们对于古代事物的"寻找",而是对古代人类生命力的"发现"。如培根(Francis Bacon,1561—1626)所说:"古代史,或历史的遗留物,是沉没船只的桅杆。虽然关于某事的记忆可能逐渐忘却,但是,勤奋而敏锐的人通过坚忍不拔和一丝不苟的精神,从家谱、年鉴、题目、纪念物、硬币、特有的名字以及风格、词源、寓言、传说、各种私人和公共的档案、契约等各式各样片段的传说中,仍然可以把历史构想出来。所谓构想,我是指从所有这些材料或其中的一些中,从时间的浩劫中,发现某些东西。"②

我以为,这种发现就是对古代经验的解读。当古人的生命光芒被发现时,那么,他们所提供的教益就可能影响今人的观念和命运。因此,谁若想写一部好的人类历史,就应该揭示古今人类生命活动的共鸣点。这种认识,使当今的历史学家不再把史学当作展现自己智力的、普通民众不愿问津的珍品,即那种用金粉构

---

① [英]阿克顿:《历史研究讲演录》,见何兆武主编《历史理论与史学理论——近现代西方史学著作选》,商务印书馆1999年版,第367页。
② [英]弗兰西斯·培根:《论历史的分类及其他》,见何兆武主编《历史理论与史学理论——近现代西方史学著作选》,商务印书馆1999年版,第19页。

成的大写拉丁字母式的文化专利品。所有的历史著作都是为今天的人民所写作的，历史材料因此理所当然地被投入改善今人生活的善之火中加以锻造，以便让今人的生活，处在一种更高的完美之中。

很明显，我们在这里正在讨论过去的人和事，如何通过历史作品而成为一种审美对象。什么叫史学作品？简单地说，就是历史著作。历史学家的工作，最后往往转变成一种心血结晶：历史著作。这些史学作品中所贯彻的大多是人类社会生活的原则，那种浪漫与理性相结合的态度，使人有了一种稳固感。在我的藏书中，最多的收藏的部分也是历史书籍。我常常觉得，这些书与其说是在给人知识，毋宁说是在反映人类的本质。我对历史书籍产生特殊的爱好，还在于从那里我获得了一种在其他书中找不到的快乐，透过书本，我似乎能亲眼看到中古时代的那些败落的郡县和寺庙林立的街道，并且我相信这些叙述都是真实的。根据史料写成的历史书非常严谨，绝不是口说无凭，凭空虚构。历史作品所反映的范围也很大，我们可以从中获得各种不同的知识。在这里，我试图谈论古人和今人、作者和读者之间的那种极为重要的联系。帮助形成这种联系的，是历史工作者所提供的史学作品，它们构成了一座座连接古今的桥梁，反映出能够被人信服的学科特色。

如果说史学作品就是人类生命的日记的话，那么，在一定的程度上，它就代表着一种人类对自己对经验的智性反思，这种反思在某种意义上说，是一种能让人类的精神恢复元气的营养汁液。现在我们面临着一个更为困难的问题：在面对众多形形色色、方法各异的优秀史学成就时——它们有的意在释放人性，有的却要人更加谨慎或更加理性化地生存——我们应当如何从这些被史学家挖掘出来的五花八门的事物之中找到事物的本质意义？在这里，使用简便的分类法来进行归纳是无济于事的。因为，无论是一部专门史还是一部关于人类的编年史，一定是有它自己独到的编写理由，因此作为俯瞰性的史学智性的阐述，也就只能在史学作品自己的界定中来对它进行理解、消化和处理。史学的意义因此绝不直接等同于方法论的意义，无论是考证性的著作，还是历史哲学的著作，都能够通过某种折射透出确定的真理意义。

优秀的历史作品因此就既与过去的真实同体，又与今天的真实同体，这就成为一个现代人所能欣赏并能引起他情感激动的事物。历史的审美对象与自然物是有区别的，它是一种经人的头脑和心灵锻造过的美，也具有观念、意识和看法，用以拨动同样具有心灵和理性的现代读者的心弦。当读者在欣赏一件史学作品时，他不仅见到了庄严华丽的庙宇，也见到了史学家的生命力、洞察力和独特的理性职责。这样，即使是在现代生活里，史学作品因为它的真知灼见而成为今人生活中的一种源泉。像其他作家一样，史学家创作出来的作品，因能给人带来真、善、美的感悟和真理性的启迪而存在。

历史知识的令人激动的拯救之力，在人们遭遇灾难时尤其明显。例如难以想象，我们不把意大利文艺复兴运动同当时欧洲所遭遇的那场黑死病浩劫联系起来。文艺复兴的原意为"再生"，应该是当时人不幸福、面临生死存亡危机的产物。要解决危机，就要把为神学服务的脱离现实的知识，转变成为现世服务的知识。当时欧洲流行的知识是超越现实的，人在黑死病面前束手无策，眼看死神肆无忌惮地吞没欧洲五分之二的人口，这样特定的危机背景，使人们认识到知识需要重新定位，人的生命力需要重新发现。人文主义者对人和知识的重新解释内容颇广，如人是可贵的，世界是属人的，人是处在半神的位置，是万物之灵，人要变被动为主动，变消极为积极，人是可以通过学习和奋斗改变命运的，人是独立的、个人主义的，具有自由意志的，等等。对知识也进行了重新认识，如在危机面前人必须奋发自救以获"再生"，瘟疫、战争和饥饿必须被制止，人类运用知识的方向必须改变，知识有必要直接为现实服务。最后，对历史上已有的一切知识（异教徒的、罗马的、希腊的、神学的）都需要认真加以检验，因为只有知识才是力量。

因此，很难想象史学家能对他所在的时代的精神不发生感应，20世纪以来，正是时代精神的变化，使史学家们突然对各种民间的礼仪产生浓厚兴趣，对民间的宗教信仰乃至民间心理，都有了一种特别的偏爱。人们用各种方法，来揭示出民间生活的各个层面。当然，史学作品成功的关键，不只在于新领域的开辟，更重要的，是看它是否能揭示事物本身所具备的真理性。倘若史学作品能对人们生活中百思不解的一些难题进行回答，那么，无论是用思想或是用精神浸透出来的书籍，都必将让人爱不释手。

我试图在此界定的是，所谓的历史知识具有两个方面：过去人事的真实显现和对这种真实的意义的历史评价。历史要同时伺候两个主人，一方面不加杂质地提供给人们关于过去的真实，另一方面又服务于揭示有关这个真实的哲学思考。前一种呈现消灭了幻象，后一种呈现揭示了真理。当史学作品反映出人类生命既是真实又是庄严时，它就提供给人们关于生活存在的深刻反思（如告诉人们应付突发事件的办法）。在历史变化极其迅速的时候，容易产生哲学，因为历史事实本身，因社会变迁之迅速而不能直接为人提供参照图景；在社会结构、生活方式基本不变或变化缓慢时，实证性的史学将会非常发达，因为古今经验的许多类似性质，可以直接引发人之智慧。随着现代社会运转速度的加快，史学的哲学化、思辨化，势必将不可避免。

从这些观点看来，允许我们这样说：一件史学作品之所以会打动人心，是作者的心灵、风骨，完完全全超越了自我的局限，开始表现并体现了人类生活中的一些最普遍、最基本的精神。历史在雕刻人们生活，作为思想家的历史工作者，也是通过参与生活而获得一种生命理性。这样，他们的作品，就表现出对人类的活动，尤其是对今人的活动的特殊关切。从这个角度看，史学的作品就是史学家阅尽天下人事后所产生的感悟。那些丰富变化着的动态，其实并无可能脱离作者本身发自内心的情感。既然整个的写作过程只是一个人心交流的感应过程，那么，它的产品，就是心灵与心灵之间的交流和碰撞。历史著作从不居高临下地把史实纳入一个抽象的、永恒不变的概念体系，而是凭自己的特长，深入到人们的生活之中，从而与周围的人们心灵相通。一旦有了这样的认识后，我要说，历史著作与社会的关系，就必然是既是给予，又是接受。

这样，当论及史学作品时，就必须承认，只有当史学介入现代人们生活时，并且知道应当如何与今人的智性沟通时，才能成为审美对象。一本历史著作被幽闭在书店的茫茫书海之中时，如何才能因其显示生命的光亮而被人发现，如何才能涉及光、美、爱、心灵震动等特殊的情感、诗性意识而感动读者。换言之，一件史学作品一定要具有感染力，才能成为审美对象，尽管史学作品的感染力问题，具有非常多的特殊性。

第二节　主题的感染力

感染力是一种凝结在作品中的力，它使事情容易被人感知。一幅好的书法，之所以被称为作品，是因为它不仅输出信息，还输出特别具有感染力的信息。感染力的不同导致被感知程度的不同，从而使感染力成为每一位作者的追求目标。简言之，如果说史学作品是一种审美对象的话，那么，它所要表述的东西，以及它所用的那种特殊表述方式，都是要使那"事实"成为一种感染力很强的艺术品。通过感染力使作品获得了情感交流的能力，从而使史学作品展现出丰富情感，成为沟通作者和读者的中介。具体说来，史学作品的感染力，是通过主题、结构、时空定位、材料选择、能量置换、创造性、启示性等一系列手段来完成的。

只要涉及史学作品的感染力，被人们首先观察到的，就是要看其主题是否能同它的欣赏者形成一种共鸣。在翻开一本书的刹那，我们对文笔、逻辑、观点、结论其实还没有形成任何敬意，却早已有了非常严格的对主题的挑剔。如果书的主题不能与我们所期望看到的内容互相印证，我们会很快把它放在一边。因此，历史学家在决定从事一项研究时，如何选择研究题目乃是至关重要的。

从审美对象的角度说，如何一方面专业化，另一方面又不失去读者，是一个非常重要的问题。纯粹迎合读者的倾向，会导致学术的通俗化，为艺术而艺术的做法则有脱离大众的危险。寻找与大众交流的正确途径是既保持作品的学术性，又增进人们的生活情趣。一般而言，具有感染力的史学作品的选题，应在学术性、学科性、前沿性、人文性和社会性之间作适当定位。

马基雅维里在进行写作的时候，是具有"宇宙观"的，如果说天圆地方为"宇"，古往今来为"宙"的话。例如在《君主论》中，他曾这么写道："要使一个新近当权的人能够获得巨大的荣誉，莫过于由他创制新的法律和新的制度。这些东西如果有良好的根据，而且本身有其伟大的地方，它们就使他赢得人们的尊敬和钦佩；而意大利现在不乏可以采取各种方式表现的材料。要是头脑不贫弱，四肢就有巨大的能力。请注意，在决斗中或者在少数几个人的搏斗中，意大利人在力量、机敏和智力上是多么优异啊！"[①] 这样的写法，就不是在单纯地描述历史，而是触动了人们追求尽善的企盼的心灵。同样的事情，倘若你用真诚的学术态度赋予了一种现实的启示时，那么，它就有了神圣的重要性。我们必须希望自己也有一日能在史学作品中渗入真理性的智慧，且全心渴慕这些事，并把它同我们当前的生活结合起来。

那些在历史学科上受到良好训练的人，一定会在作品之中显露出自己的知识素养。而且，倘若他富有智性的话，他还可能把学科中已经焕发着真之光彩的东西，进一步化为探索的思想之镜。这种时候，学科的形式和学科的本质就统一了，因为史学不仅获得了真，还获得了善。这种真与善的结合让史学回归了自然，古代物和现在物在这时就不再对立，也不人为地被分裂为两类。人们可以运用历史来增进今人的智慧，使世界万物从它的根源上找到绚丽光彩。作品如果写得好，写得富有学科特点，那就会是一幅生动、真实的画卷，使人感到要么是在与时代中最杰出的人谈话，要么是在了解被那些杰出心灵提炼过的事物，这样，人们就会觉得需要尊重历史学科，愿意对这个学科进行虔诚的追问，也会承认史学对他本人也是很重要的。

[①] ［意］马基雅维里：《君主论》，见何兆武主编《历史理论与史学理论——近现代西方史学著作选》，商务印书馆1999年版，第9页。

事实上，仅仅要守住历史学家的阵地还不够，凡是要理解历史本质的人，就应该从更高一级的探讨中来理解世界大事在史学作品中的分布。例如当我们观察一部世界历史时，我们就发现，其中不乏有"重描"的部分，也有被省略甚至被忽略的部分。以西方历史为例，古典时代的希腊、罗马，封建时代的基督教文化和欧洲的领主附庸制度，向近代社会过渡时期的文艺复兴，宗教改革运动，理性时代英国、荷兰、法国，现代的美国、英国、法国、德国、俄国，都是属于被反复"重描"的部分。除有些内容本身相当重要外，这些内容已经为读者深感兴趣，或已经成为他们文化生活中的一个部分或一种来源，也是一非常重要的原因。试想古希腊的雅典，不过是一个几十万人口的城邦，与现代的美国人、英国人、法国人，甚至澳大利亚人，其实都没有什么真正的血缘联系。为什么这些现代民族都喜欢"言必称希腊"并视其为自己的远祖呢？其中一个原因，就是古典希腊精神中的那种永不停息的运动，那种极度的诱惑与极度的克制之间的动态的平衡，那种自由流动却不乏理性的政治，那种戏剧、诗歌、雕塑中所反映出来的诗性，都因满足了个性发展、民族进取的期望而同现代西方人产生了共鸣，这样，它就成为一种文明发酵的"酵母"，用来酿制西方文明之酒。正因为古典文化在西方民族的"文明发酵"中具有不可替代的作用，它就成为被"重描"的对象。从文艺复兴时期的人文主义者把它完整地"复兴"了一遍至今，雅典文明已经被"重描"过多次，成为研究西方文明必不可少的一个主题。

强调作品主题具有人文性和生命性，是历史学家一直感到火热的强烈的愿望。确立主题和为什么要有一个主题，其实都是为了突出某种"意指作用"，以便使被描述的事物变得光彩夺目、画龙点睛，让人生出理解之心、同情之心、欣赏之心和爱惜之心。在自然界中，我们可以发现具有感染力而无主题的事物，如自然物、蓝宝石、红玫瑰、装饰图案。在艺术中，我们可以发现具有意指、暗示性主题而没有明确主题的作品，如无标题音乐、风景画。在诗歌中，我们可以找到有理想性、抽象性主题，但却没有实体性主题的作品，如朦胧诗、抽象画。在文学中，我们可以看到虚构的但具有实体性的主题，如小说、散文。与上述的学科不同，史学作品的主题非虚构又不是完全实体性的，然而，它的主题魅力仍然是可以感觉到的：第一是严谨的真，其次是高尚的善，最后是优美正直的情操和智性的美。这三种特征就是史学激励人们生命的三道强光，它们的作用，是通过把史实整理成故事，材料整理成图像，并通过智的真理性和自律性使其成为富有生命力的审美对象。在主题的作用下，不管是实证，还是启迪，史学作品都表现出一种生命意义，成为展现人类命运的有目标、有方向的史表。

因而，如果一件史学作品要获得欣赏者的心灵共鸣，前提之一是能够与读者产生主题共鸣。这种共鸣至少要满足两个条件：第一，它是研究者和欣赏者共同感兴趣的；第二，这项研究是有益的、重要的，也就是说，它是从必要中产生并能提供人们新的知识的，这样的研究才能赏心悦目、深入人心。

我们对史学作品主题的希望，可以归结为再现和表现两点上。主题的再现性就是模仿，是一种再现意义上的意指。我们模仿和再现什么呢？如果再现对象是花、海、事件、人体，那是容易的，但是，如何再现经验呢？况且，再现在我们的审美对象中应占多大比重？让我们比较故事、歌剧和交响曲，比较艺术品的再现性和史学作品的再现性。一幅画，应该多少程度再现生活真实？那么小说呢？诗歌呢？史学作品呢？如果说浅浮雕也具有再现性的主题的话，那么，我们无法想象一篇什么事实也不说的文章可以称之为历史论文。当音乐把再现暗示到最为细微的地步，史学作品就把再现明朗到它的极限。

比再现性主题更加难以把握的，就是表现主题，即我们通常所说的意义。我们想建立关于理想、意义、价值、象征等方面的意指。例如蒙娜丽莎的微笑究竟是指什么？梵·高的星星和向日葵又是指什么？贝多芬的《田园交响曲》的田园指的又是什么？那中间其实并没有鸟叫和蜂鸣。这样，梵·高的《农妇》画要比拿破仑像更伟大，毕加索的《和平鸽》可能要比《路易十三的誓言》更重要。从这种意义上反思，史学作品如果要建立意义性主题，就必须建立起公正的价值评价体系，如好坏、如善恶、如进步倒退等。

历史作品的表现性主题在圣·奥古斯丁那里是一目了然的，应当说，他想表现的不是人间世俗的历史，而是想要阐明人是如何向上帝的天国回归。历史对于这位基督教圣徒来说，只是一种信仰的展开。这样,奥古斯丁在说话时免不了用了一种圣徒的口气,有些语言简直可以说是《圣经》的话语。例如他说:"在宇宙和整个创造的巨网中,在时间和位置最有序的关联里,没有一片树叶的生长是无目的的,没有任何一种人是多余的。问及尚无任何功过之人的功过,正是多余。若存在着介于罪与恶之间的生命,我们也不要怕判决词介于奖惩之间。"[①] 这是圣人在对天下事作评价了。

与奥古斯丁完全不同,英国历史学家爱德华·吉本(E. Gibbon 1737—1794)完全是用世俗的、现实的,甚至是阶级分析的眼光来处理宗教命题的。他分析基督教的成长有五个原因,他这么写道:"基督教的信仰究竟通过什么手段,对世界上所有已确立的宗教取得这样非凡的胜利。对于这个问题,可以提出一个简明而又满意的答案:这就是把它归因于基督教教义本身令人信服的明验,以及其伟大创造者支配一切的天命。然而真理和理性在世界上鲜有如此顺利地为人所接受,而上帝的智慧也时时俯身以凡人的情欲和属于人类的常情常事,作为其执行意旨的工具……看来事情是这样,基督教会的成长,曾经得到以下五个因素最有力的支持和帮助:第一,是基督徒的不屈不挠的热忱。第二,是来生教义这一重要的真理,由于每次都能增益其影响和效验的新的情况而得到进展。第三,是为人们所传道的原始基督教会的神奇法力。第

[①] [古罗马]奥古斯丁著,成官泯译:《独语录》,上海社会科学院出版社1997年版,第205页。

四,是基督徒纯朴严谨的品德。第五,是基督教内部的团结和纪律——它在帝国中心逐渐成为一个独立而日益扩大的国家。"[1]吉本在分析了基督教兴起的内因之后,还列举了各种外因,如异端世界的怀疑风气确实有利于基督教,罗马帝国的和平统一也有利于基督教等,并且还指出一个穷人的教会在元老、罗马骑士以及出身世家的妇女加入后,失去了内部的纯粹性等情况。他指出了这样一种对立:"天国是在精神上许诺给穷人的;被灾难和人间轻视所苦恼的心灵,特别乐于倾听关于未来幸福的神圣许诺,而相反,幸运儿满足于现世所有,才智之士则在怀疑与争论之中,消磨其理性和知识上的虚矫的优越。"[2]不管我们怎么读,我们总觉得这是一个世俗的现代人在解读古代的教会史。与把人事上升为圣事的奥古斯丁不同,吉本是要把圣事还原为人事。吉本的主题因此也显得鲜明,他要对一个神秘的结构进行科学的解构。

希罗多德(Herodotus,约前484—前425),这位西方人的历史学之父,他的表现性主题是文明优劣决定命运。他也是根据心中意念来进行写作的,所以他并不是十分客观。例如,在爱国之心的驱动下,他企图把希腊文明与东方文明间的差异夸大为对立,因而把波斯人描述得非常狂妄。与理性的希腊人相比,波斯人是显得非常愚昧的,希罗多德写道波斯国王:"薛西斯答道:……我们

---

[1] [英]爱德华·吉本:《罗马帝国衰亡史》,见吴于廑主编《外国史学名著选》(下册),商务印书馆1987年版,第71—72页。

[2] [英]爱德华·吉本:《罗马帝国衰亡史》,见吴于廑主编《外国史学名著选》(下册),商务印书馆1987年版,第137页。

将作为整个欧罗巴的征服者而荣归家乡。因为，首先我们进军时携带了丰富的粮草；其次，我们将拥有那些遭受我们侵略的地方和民族的粮食；并且因为我们所征讨的不是游牧的部落，而是务农的土著"。①

我一直在猜想，生于罗马时代的希腊历史学家普鲁塔克（Plutarch，约46—120），在写作《希腊罗马名人传》时有没有表现性主题。他处于罗马奴隶制帝国早期的繁荣时期，但对奴隶主的为富不仁和对待奴隶的冷酷提出批评。他所处的那个时期，希腊的辉煌已成过去，罗马的衰败之症已显初兆。所以，他撰写《名人传》时，就很有些司马光写《资治通鉴》时的味道。他真正想要确立的主题，如果我的猜想不错的话，是要通过希腊、罗马重要人物的对比，来反思国家命运兴衰的原因。不过，普鲁塔克伪装得很好，他似乎总能用一种极其轻松的笔调来讲述令人沉痛的故事。比如，在《梭伦传》中，在用非常简洁的语言概述了梭伦的法律和行政制度后，他顺便谈到了柏拉图："柏拉图把已沉沦的大西洲这个题目看作好像一块无主的良田，因为与梭伦有一点亲戚关系，就据为己有。他抱定雄心，想把这个题目好好加以推敲和渲染。于是他首先描绘了大廊庑、篱笆和庭院，为以往的故事或诗篇所未有。可是他也开始得太迟了，著作没完成就死了，因此，我们对他所写的愈加喜爱，对他还没写出的就愈加惋惜，正如雅

---

① ［古希腊］希罗多德：《历史》，见吴于廑主编《外国史学名著选》(上册)，商务印书馆1986年版，第21页。

典城中的大西洲寓言,是许多美好工作中唯一未完成的工作。"[1]在普鲁塔克那里,我们明显看出他对柏拉图其实并无我们所期望的那种尊敬。他用不着,他只要对历史进行深刻的反思就可以了。

以上所说的这些史家,除了虔诚的奥古斯丁外,在写作时,都不如意大利人文主义者马基雅维里认真。马基雅维里的主题是求善、求进步,尽管他对人和命运的分析锐利得让人紧张。例如,在《君主论》中他写道:"许多人向来认为,而且现在仍然认为,世界上的事情是由命运和上帝支配的,以致人们运用智虑亦不能加以改变,并且丝毫不能加以补救……但是,不能把我们的自由意志消灭掉,我认为,正确的是:命运是我们半个行动的主宰,但是它留下其余一半或者几乎一半归我们支配。我把命运比作我们那些毁灭性的河流之一,当它怒吼的时候,淹没原野,拔树毁屋,把土地搬家。在洪水面前人人奔逃,毫无能力抗拒它。事情尽管如此,但是我们不能因此得出结论说:当天气好的时候,人们不能够修筑堤坝与水渠做好准备……"他又说:"人们在实现自己所追求的目的,即荣耀与财富而从事的事业上,有不同的方法:有的谨慎小心,有的急躁鲁莽,有的依靠暴力,有的依靠技巧,有的依靠忍耐,有的与此相反;而每一个人可以采取不同的方法达到各自的目的。人们还可以看到两个都是谨慎小心的人,其一实现了他的目的,而另一个则否;同样地,两个具有不同脾气的

---

[1] [古罗马]普鲁塔克:《梭伦传》,见吴于廑主编《外国史学名著选》(上册),商务印书馆1986年版,第325页。

人，其一谨慎，另一个急躁，都一样成功了。其原因……"① 我们如何看待马基雅维里求善、求积极进取的主题呢？

这些作品的表现性主题，即驾驭着超越一般历史现象之上的整体心中盼望，也就是我们常常所说的"人人都是他自己的历史学家"的基础。这种表现的欲念或许会让史学蒙上不十分客观的色彩，却因它启迪了人的智性，让我们生出了对它的宽容和怜悯之心。为什么要禁止史学家把他们最活跃的理想、思想说出来呢？只要他不把这些思想变成虚无缥缈的事业，并且能不篡改他所观察到的事实的数目、恒定性、精确性。正如德国历史学家兰克所言："在精确之上求整体理解，永远是一个理想的目标，因为这要求对人类整体历史有一个极其透彻的了解。一个单一细节的了解就要求我们作深刻的、富有穿透力的研究。在眼下，我们都同意，批判方法、客观研究、系统的构造，可以也必须联合起来。历史研究不会因与整体相关联而失去任何东西：没有这种联结，研究将软弱无力；没有精确的研究，整体的概念只能是一个幻想。"②

必须指出作品的表现问题相当复杂，它实际上是构成作品深度和活力的最重要因素。表现具有创作的成分和理解的成分，要求在再现层次的基础上，再进一步地揭示事物的真理性。例如，艺术家梵·高通过花朵来表现疯狂，史学家则通过事件来表现人类

---

① ［意］马基雅维里：《君主论》，见何兆武主编《历史理论与史学理论——近现代西方史学著作选》，商务印书馆1999年版，第5页。
② ［德］兰克：《论十九世纪》，见何兆武主编《历史理论与史学理论——近现代西方史学著作选》，商务印书馆1999年版，第5页。

的正确与失误。艺术创作可以用加减法来夸大和突显作品的理想化，如米开朗琪罗所雕塑的"晨和晚"，已经超出了现实的限度。它表现出一种情绪：只要世界上还有苦难和羞辱，睡眠就是甜蜜的，如要能成为顽石，那就更好。半文学半史学的作品《荷马史诗》表现出来的英雄形象，也是一种理想主义。艺术家通过改变各个部分的关系（一定是向同一个方向改变的，而且是有意改变的），使艺术家所要表现的"主要特征"显得特别清楚。"主要特征"就是哲学家所说的事物的本质。

主要特征是一种属性，但是还有别的属性，或至少是许多别的属性，都是从主要的特征引申出来的，艺术家把它们省略了。艺术史家丹纳告诉我们：为了突出狮子的主要特征是食肉动物，就把它的身体说成是活动钳床，除了鲜肉，不吃别的东西。但是，史学作品不允许用歪曲原形的手段来表达意指，更不能任意运用加减法。与艺术家不同，尽管历史作品同样需要表现本质的特征，但它不随意变动局部关系。艺术家是可以用加法，甚至乘法的，如拉斐尔画林泉女神《伽拉丹》时说，美丽的妇女太少了，他不能不按照自己心目中的形象来画，或者去寻找许多的模特，再把她们身上的所有的美丽都集中在一起。然而，史学家也在尽量发掘人的人性、风度、英俊、妩媚，却不能把乡下姑娘的手、脚和惊慌加在城里人身上。艺术家为了改变，他只好把真人杀死，历史学家大概不敢干这样的傻事。史学作品使用最真实的表现，是要揭示复杂表象背后所蕴藏着的生命哲学的意义，如生、死、存在、生命等。史学作品的主题还要求明确，因为模糊的史学、影射的史学是最不可取的。史学家希望用一种精确的方式来建立明确的主题，以便说明人类的理想、看法和价值。史学作品通过主题从再现走到了表现，确立了再现和表现两个层面上的意指。主题的建立，凸显了作品的"意指作用"。

第三节　材料提炼与感染力

感染力的另一个要素是秩序。任何不具有秩序的东西，往往不具有感染力。纯粹从外观上看，一件东西要引起人们的热爱，自己先要有光和美，然后还要反射出光和美，这就先要通过合理的组织。一堆砖头的碎块、短的头发、人的骨头、一张废纸的涂鸦，都因缺乏良好的秩序而无法成为审美对象。反之，当物品通过某种排列而成为图案或几何图形时，就获得了自己的话语格式、和声、节奏、体裁和韵律。历史学家开始工作时也是这样，他首先遇到的是一大堆的散见各处的材料，这些材料给人的感觉是互相矛盾、杂乱无章，好像没有提供什么启示。然而，当把它们整理后，那就开始具有了意义。史料整理的工作要完成两项目标：一是把史料按时间排列或按专题分类，使其获得某种格律；二是要"翻译"史料，即通过专业化的处理，把古代文献转变为今人能看得懂的文献。这样处理之后，"自然状态"的史料就转变为能展现意义的史料，作品因克服了内部的骚动不安而显得协调而富有生气。

　　经过上述处理后，史学作品获得了"模糊的定型"。然而，当我们试图"俯瞰"作品时，我们的感觉仍然是模糊不清的。必须承认：那位敢于为人类偷盗天火的英雄普罗米修斯，仍被捆绑在一群已驯服的天神之中——史学家必须找到某种方法，把他完全释放出来。因为，分类和章节的安排，至多能提供人们一个模糊的形象，尽管一些金子是在黑暗中闪光。整个看，史料和章节只是具有贵重物品的矿藏，如何从中提炼出红蓝宝石，要进行"艺术提炼"。例如我们首先接触到的，是一些被称为素材的零散史料。这些材料是史学家对世界进行分析的原材料。具体的素材，包括人的高兴或痛苦的声音、人的细微感觉、花朵、星星、人体、事情、事件等。还有一种抽象的素材，如道德法则、法律、思想，也都是我们必须使用的材料。换言之，史学作品的物质基础是材料，而材料是可以通过选择层层递进的。这种区别，可以从染料和色彩之间的不同特点中得到印象。同样的道理，乐器与声音，声音和音乐之间也是十分不同的。一位史学家的责任，是既要从史料的矿山中开采出石头，又要从石头中提炼出可以用作雕刻的石料。只有把我们的材料都精选过了，才能找到最合适表现我们目的的物质。这里的通常规则是，材料的选择以能获得最丰富的感染力为目标。因为，当材料杂乱而无提炼时，它是令人晕头转向的。当它完美协调时，才开始展示生命力。历史学家就是经过专业化处理，才使古代文献克服了年代和话语的隔阂，重新向世人折射生命和思想光辉的。

为了增进感染力，我们还要进行话语材料的提炼，以便使文字成为书法作品。这里有各种表达的话语，有各种书写的文风，它们形成了表达的多样性。例如，花朵可以用国画和油画的话语来表达，这是同类异种的话语；花朵也可以被音乐、图画、摄影、诗歌、小说、论文的话语来表达，这就属于异类异种话语的范围了。话语的元素有符号、文体和语法规则三部分，符号如线条、音符、技法、文字和数字，我们要对它们进行选择。文体的种类有散文体、论文体等各种，我们也要进行选择。最后，我们要使符号和种类符合话语的规则，如国画、油画、诗歌体、散文体、论文体、五声音阶和十二平均律都有自己特定的体裁和话语格式。有了这些元素，我们就可以进行艺术创作了。对史学作品进行话语处理，主要是要考虑如何用一种比较精确明白的表达方式来说明事物。高级的信号是必须通过符号来传达的，而不能用实物来传达。比较数手指与用数字表达的区别，可以知道，只有符号才能传递比较复杂的信息。两者的区别，是要在声音中排除噪音，在水墨画中排除油画颜料的随便使用，在美声唱法中排除通俗歌曲。经过话语处理后的材料，就比较纯净和清晰，它使人不再产生误解，它能承担重要的复杂的信息。这是因为，高级话语具有定义性质，而一般的语言并没有这种性质。"妈妈我饿了"这句话，是使用三个概念形成的一个含义。如果不用这种高级的概念组合话语，我们不知如何表达这个意思。因为倘若每个人都使用不流

第六章　史学作品的感染力　　365

通的表达法（如数手指、女书等），我们将难以进行广泛的交流。

时空的定位常常是史学作品获得节奏的方式。把史学划分为时间艺术或空间艺术是不那么科学的，因为特定的空间画面中也有时间，特定的时间叙述中也会有空间。时间的空间化和空间的时间化，使史学作品有了连续、运动的特点。史学作品，通过时空定位获得了节奏感，一本书的每一页的空间，其实都是一种时间顺序的安排。对比一下，作品有节奏感而史料没有节奏感，是显而易见的。时空乃是史学作品的生命呼吸，反映了作品内部的运动秘密。通过分析作品，我们往往能找出作品运动的方式。书中的字体运动，论文中问题的提出，使史学作品成为各个章节的一种协奏。各个部分都在说明主题，它们就构成了作品的内节奏。

为了使人们可以感知作品，要格外重视外节奏与内节奏的区分。当人们试图把握作品时，一种数的规定性（如编、章、节）告诉了人们作品的外节奏。外节奏是对作品作了连续性的处理，使主题的展现变得井井有条。这种秩序形成了作品的骨架，如某书有六章，每章有三节，每节有若干个段落等。然而，外节奏远不是作品的全部，因为作品还有观念逻辑上的内节奏，这是使作品显得气韵生动的主要因素。例如，美国某一大学中有许多学生染上吸毒的恶习，而研究者期望找出谁最可能成为吸毒者。他根据性别、住处和国籍把吸毒者分为三种类型，结果发现：男学生吸毒的人数要高过女学生；住校者要高过与父母同住者；欧美籍的学生要高过亚裔学生。研究者于是得出与父母同住的亚裔女生最不可能吸毒，住校的欧美籍男生最容易染上吸毒习惯的结论。接着，研究者又进一步发掘深层原因，他又发现：(1)社会舆论对男同学吸毒要比对女生吸毒来得宽容；(2)住校者相对独立自由，而与父母同住者要受家长监督，吸毒行为如被父母发现后会严加惩罚，甚至会取消对子女上学经济上的支持；(3)在亚裔学生的文化心理中，吸毒被视为一种极大的犯罪，对其严重性的认识要远远高于欧美学生。通过归纳法，研究者最后找到了解释的逻辑："吸毒的难易程度是同社会对此行为的惩罚程度有关的，若加强社会控制，能有效地制止学生的吸毒行为。"从这里我们可知，只有内外节奏互相协调，作品才能显得完善，最后成为一件内涵丰富又合情合理的艺术品。

通过这样处理，作品就获得了自己的生命力。正如培根所说："要使人的心灵回到了过去，要对古代事物产生同情心，要勤奋地核实、自由地而忠实地报道，要用词句描述那些不同时代的革命，正如发生在眼前那样，描述人物的特征和辩护人的摇摆、行动的进程、虚伪的原因、政府的秘密"，其复杂程度，"乃是一件相当困难的判断工作"。[①]

[①] ［英］弗兰西斯·培根：《论历史的分类及其他》，见何兆武主编《历史理论与史学理论——近现代西方史学著作选》，商务印书馆1999年版，第229页。

第四节　感染力与风格

史学作品的风格也是展现感染力的重要手段。风格，如同爱和恨，是一种容易意会却很难界定的词汇。对于风格，我们一般是指一种由特定的内容、形式、哲学、方法、理论、表达所构成的体系。这些因素还不能互相矛盾，有其共有的特征、统一的特征。所以，风格是有方向的，有结构的，并不是随随便便的任意组合。史学的风格是审美的价值、现实的客观和人类理想之间的有机结合，但同时它又不是其中的任何一项。

我们必须明了风格的基础就是个性。个性是这么一回事：有同样的两棵树苗，一棵得到了充足的养料因而就长得很粗壮；另一棵则因为养料不足而长得很是细小，当一阵风刮来的时候，细小的树就随风摇摆，而那棵粗壮的树则依然挺立，它显得有个性。

个性的成长就能形成整体一致性的风格。风格既然产生于和谐的整体性中，那么就要求自己的各个部分，也能取得丰富中的和谐，从而能体现出整体的一致性来。当我们说"每个部分都有自己的特点"时，我们只是在对事物各个部分进行审美体验。但是，如果我们要探讨事物的风格时，我们就要看这些部分之间是否互相协调，从而产生了整体的特征。

就史学来说，如果要对以往人类活动进行意义判断，首先要看它是否具有统一性。对各个部分都不和谐的事物，我们是很难断言它的风格的。即使我们的审美体验确实已经广涉各个方面（如金字塔每块石砖重2.5吨或1.5吨），但我们其实还是对其整体的风格（金字塔）一无所知。

其次，我们要指出风格的复合性。例如：当我们说古希腊文明的风格是古典主义和自然主义的奇怪混合时，我们其实是想透过变动来寻找一种相对不变的东西。希腊自然人文主义的风格是明显的：如宁静、朴素、雄壮、高雅。但是我想，如果希腊人都严格遵守自然主义格律来行事，那就不是希腊人了。平衡、格式、秩序和体裁，只是在同希腊人的浪漫的人文精神结合时，才显示出其极度诱惑又极度克制之间的那种扣人心弦的平衡。我们在这里不仅是看到了风格可以具有复合性，还看到了风格的运动性。

最后，我们要寻找风格内核。例如，中世纪的风格以哥特式的怪异建筑为最，而那种建筑本身就变化无穷，相当奇妙。但是，这种变化，尽管它与人们的正常生活形成鲜明反差，从而体现出反世俗的宗教倾向，它本身确实是统一的——统一于以灵为主这个理念。在那个时代，对彼岸或对神的内心感应，正是教堂之中人们宗教心态的真实心理基础和"神本主义"的真实写照。

在"后现代主义"的风格中，我们却看到向人的真实生活回归和本体论松动两种倾向，使得寻找终极存在和不变本体的追问变成了对事物现象的追问。本体就是事物的自我，即终极存在，代表事物的根本属性，是质的规定性和本源，它与现象相对。现象是从本体的根本属性中表现出来的方方面面。它们反映根本属性的一些表现，但不是根本属性本身。例如一个女孩，显示女孩特性的表现却有多种：说话的声音、情感逻辑、形体等，其中的每一个现象都表现了本体的一个方面，但又不能等同于本体，因为用情感逻辑思考的男性大有人在。如何确定什么是本体，什么不是呢？这涉及对事情的认识程度，所以本体论和认识论是互相依赖的关系。本体论和现象学的不同，反映在它们用来解释事物因果关系的方法论上。本体论用质的方面来解释事物，现象论从事物之间、现象之间的联系来解释事物。可见，本体论者是论性质的，有的价值判断和对事物的定性相当过分。如有人喜欢白天睡觉，就说他朽木不可雕也，这就有无限上纲的倾向。同样的事，如果现象论的解释，那只是就事论事。那个人喜欢睡觉，也许只是那人的生活习惯不好。所以，本体论言性质，现象论重内容。

从风格产生的条件来看，如丹纳所说，与环境的选择有很大关系。自然气候和精神气候两者的作用，都在于淘汰与选择。自然的环境、气候，往往决定了险坡上生长苍松，寒冬中存活鱼和企鹅。精神的气候，也就是风俗和习惯，尽管它不会自动生产出优秀的作品，但会决定怎样的作品能够发展。丹纳告诉我们：在悲惨的时代，欢乐的作品是孤立无助的，也不会高明。相反，只有表现悲伤，整个时代才会对其有帮助：以前的学派已经为它准备好材料，技术是现成的，方法是大家知道的，路已开辟，教堂仪式、家具、谈话都在暗示悲观。经过无数人的暗中合作，那么作品必然更美，因为除了作者个人的苦功与天才外，还包括周围和前几代群众的苦功与天才。一个盛世，就是以快乐为主的时代。

这时，安全、财富、人口、享受、美丽、有益的发明增加，快乐成为时代的主调。只要换上相反的字眼，以上分析，句句都适用。还有中间状况，即在快乐和悲哀混合的时代，那么，作品的风格也会表现出混合状态。不管在复杂的还是简单的情景下，总是环境，也就是风俗和时代精神，在决定作品的风格。环境只接受与它自己相一致的作品，而淘汰其余的品种。环境用重重障碍和不断地进行攻击，阻碍了其他品种在它之中充分发展。

语词如花这个说法，是从海德格尔那里借用来的，语言的发音、鸣响、震颤和飘荡，以及同语言之被说出的语词，都有意义，都是它的特征。但是，我们对语言这一特征的体会是相当笨拙的，因为形而上学——技术的解释无所不在，使我们无法恰当地思考。[1] 海德格尔说："语言乃给出者。它给出什么呢？按照诗的体验以及思的悠久传统，语词给出存在。"[2] 换言之，倘若能给予事物真正实际存在的作品，就一定是具有感染力的。

---

[1] ［德］海德格尔著，郜元宝译：《人，诗意地安居——海德格尔语要》，上海远东出版社1995年版，第68页。
[2] ［德］海德格尔著，郜元宝译：《人，诗意地安居——海德格尔语要》，上海远东出版社1995年版，第68页。

第七章

史学作品的分析

第一节 小约翰·威尔斯的"1688年"[①]

交融在一片被灿烂阳光照耀的万景中，我们被一位历史艺术家带进了1688年的世界图像。表现主义者对"形体"和"背景"碰撞所持的态度往往是令人吃惊的：木质船的时代。奴隶、运奴船、好望角、非洲、中国的康熙、俄国的彼得、凡尔赛、伦敦都以某种并非严格的设计与牛顿、洛克和莱布尼茨走到了一起，并且在事实上呈现出世界多面体光怪陆离的图景。随着地球的转动，清晨的阳光又开始照射进大苏丹统治下的国度，接着又通过作者"心灵逻辑的桥梁"来到了麦加、印度人、英国人那里。最后，在某个充满放逐和希望的耶路撒冷家庭里，世界获得了祝福，人们感到了被天幕中日月星辰所点燃的希望。圣歌响起，艺术从玷污

[①] [英] 小约翰·威尔斯（John E. Wills）著，赵辉译：《1688年的全球史》，海南出版社2004年版。

之物中把世界净化和解放了出来。人，经由物质进化到了精神，一种更高的世界存在，一个婴儿将出生，他将在新年新世界的进化过程中，走得更远。

威尔斯教授给我们讲述的故事无疑是新鲜和纯净的，它暗示着一种自然的天真，让关爱历史艺术的学子们着迷。不过，在不同图景不同意思的表达后面，作者却要表现丰富的人生感悟和多重的文化价值。阳光、地球、人都因某种偶然性的约定走到了1688年，于是，从中国的紫禁城到松尾芭蕉隽永、含蓄的俳句，再到伊斯兰苏非派教徒的"愿真主惩罚暴君"诗句，无一不成为跨越心灵鸿沟的文化载体，显示出人们对于生命的思考。通过鉴识一种文化表征来比较另一个文化表征，1688年的文化全景就这样获得建筑性的几何构图。透过丹皮尔对澳大利亚土著人的敏锐观察、洛克对世人的规劝和思考，作者看到了"1688年的世界已经露出了一些基本转变的迹象"：科学兴起，城市、商业发达，高度私人化的写作，标志着那时的人们已经都具有了各自的独特体验和生之快乐。在威尔斯看来，1688年人类的奋斗，尽管仍然充满感官上的搔痒逗乐，却已经是一个重要的现代世界的一部分：人类通过自己的知识和生命力的发挥，努力营造较高层次的幸福生活。

世纪之交象征主义的展现与艺术家心中的理想思想无疑帮助我们理解1688年和2000年之间的巨大差异。作者摈弃传统史学作品形式上的统一，任凭心中的初始色彩按照理想的意图自由地流

第七章　史学作品的分析

动。在这里，1688年作为一个象征，就像威尔斯让我们感受的那样，只是一个符号，其意义是要通过反差建造人们对于更富活力的人文存在的理解。1688年作为一个时间轴，艺术家以它为平面就能创作出若干简洁优美的风景画。但是，这种现代思想与传统的平面风景一旦混合，被镶嵌而成的东西马上就获得一种紧张感，其中纯净与绝对的东西必将同400年前的几何体抗争，除非能让它从以往的每一个物体中挣脱和游离出来。正在描绘的是17世纪的常规形式，正在呈现的却是现代艺术家对那些形式的怀疑，似乎只有拒绝了那些形形色色的历史厅堂，人们才能走向更精致、更确定、更理性的现代泛美理念。这一时空范围——从1688年到2000年之间那些决定性年代里所发生的一切，作者不予诠释、不予理睬，但却能在作品结尾处借一个男低音独唱的赞美诗之口，说出真意："你妻子在你的内室，好像多结果子的葡萄。"就这样，"生命的最初冲动必将指向行动的自由"的主题通过"交互式时空感应的阐释"而得以凸显，时代精神处理了整个的历史储藏室，历史走向现实，外在空间走向内在空间，平面风景走向生命冲动，通过艺术的连续游动，历史和现代融为一体，巴洛克风格的艺术建筑在现代生活中获得新生。

严格意义上说，威尔斯先生是一位著名的文化历史学家，一位热爱中国并以研究中国明清史和荷兰、葡萄牙殖民史见长的严肃历史学家。作为美国南加利福尼亚大学的教授，威尔斯出版过众多"揭示合乎法则的美"的杰出文化史著作。正因为这样，我很愿意在这里向中国读者介绍这位美国同行的作品。从他的作品中，我们可以获得一种最大限度的和谐与智性上的明晰。威尔斯常常将历史置于艺术之后，当作人类进化的一种手段。他的敏感和他的历史审美能力，常常是以一种宗教情结体现出来的。在他那个精神艺术化了的历史建筑中，有的时候他会让自己完全消失，让出位置，却把人们的注意力直接引向终极思考，引向伴随文化进化而来的那些更高文明的东西上。从这个意义上看，威尔斯是一个历史建筑的雕刻大家，他以独特的"造型美"自己展现自己，这样，就以一颗质朴的心，为一种更具深度的艺术风格铺下道路。

第二节　布瑞克教授的"1525年"[①]

谁试图把布瑞克教授的名字同那些只用经济利益来解释农民运动起源的学说区分开来，并且试图把农民的形象永久地雕刻在现代政治制度的发展史上，那么，谁就算是真正理解布瑞克农民学研究学派的伟大意义了；谁试图回忆布瑞克教授为农民运动所做出的千百次的、天使般的辩护，谁就会首先想到布瑞克慷慨激昂言辞下的农民团体，农民的道德使命，以及千千万万的农民是如何自下而上地推动了现代政治制度的发展。

因为布瑞克教授是当今世界把农民作用提高到最高程度的历

---

① ［德］彼得·布瑞克著，陈海珠、钱金飞、杨晋、朱孝远译：《1525年革命：对德国农民战争的新透视》，广西师范大学出版社2008年版。

史学家之一，他是一个德国教授，却服务于瑞士的伯尔尼大学。更重要的是，他服务于一个崇高的使命：正确阐述农民对于缔造现代社会的作用。为此，他几乎研究有关十五六世纪德国农民的所有原始文献，包括各式各样的农民的怨情陈述书，各式各样的农民运动的纲领，各式各样的农民乡村组织的史料。布瑞克教授一丝不苟地工作着，一天接着一天，一年接着一年。在宽敞无比的伯尔尼大学的工作室里，布瑞克这位德国历史学家就在那里开展研究，直到1975年的某一天，《1525年革命：对德国农民战争的新透视》正式出版了。一个布瑞克研究学派脱颖而出，宣告一个让世界震惊的结论：创建近代民主政治的真正英雄，并不是什么舞刀弄剑的帝王将相，而是百姓，一个以农民、矿工、城市平民组成的普通人阶层，他们在特定的时刻联合了起来，自下而上地推动了现代政治的发展。历史潮流滚滚向前，封建主义、君主专制在他们面前纷纷分崩离析，一部由公社、议会和共和国三个乐章组成的交响乐在欧洲大陆奏响：欧洲的农民，普通的百姓，只要起来奋斗，始终是有能力、有条件去建立丰功伟绩、创建现代国家这样惊天动地的人间奇迹。

在我的学术发展史上，布瑞克教授对我的影响无与伦比。早在1987年，当我准备以"伟大的德国农民战争"作博士论文题目起，布瑞克这个名字就开始与我相伴。因此，我必须先简明扼要地说说是什么使这位伟大教授的研究，在我眼中变得可敬的。

1524—1526年间，一场波澜壮阔的人民运动在神圣罗马帝国的南部地区蓬勃高涨。从西面的阿尔萨斯到东边的斯蒂里亚，从南面的蒂罗尔至北部的图林根，遍燃着战争烽火。成千上万的农民、市民、雇工、矿工、手工工匠、下层僧侣、小贵族和政府的秘书、公务员等联合起来，他们高举神圣的《福音书》，英勇抗击贵族领主的残暴压迫。当城堡、宫殿、修道院和诸侯住宅被付之一炬时，德意志民族的神圣罗马帝国显得那样软弱无力，僧俗贵族在农民面前被迫逃亡，帝国统治势力不得不为生死存亡而斗争。不久，当农民们被诸侯的雇佣军打败、屠杀和审判时，农民的一方显得单薄无助。当乡村中的农场、农民的房屋被火焰吞没时，那些关于基督教世界的美好向往，那些对兄弟之爱、友善、平等、正义和公正的追求，那些以《福音书》和基督教神法为指南、要求建立基督教人间天国的政治构思，似乎也与起义者崇高的斗争理想一起风吹云散了。但是历史却永远铭记了这场人民的革命运动。事件发生不久，一个同时代的人就称它为一场"史无前例的普通人的伟大起义"；恩格斯称它为"德国人民最伟大的革命尝试"；德国历史学家马克斯·斯坦恩梅茨断言它是"1918年11月革命之前，德国人民最重要的革命的群众运动"；而德国学者布瑞克则称它为"普通人的大革命"。

　　1525年的伟大运动虽然一直活在世界人民心中，这个运动却没有很好地为人们所理解。首先，起义者不是人们通常所想象的罗宾汉式的"绿林好汉"。起义者们有很好的纪律，他们佩带宝剑，身着盔甲，扛着军旗，敲着军鼓，是一支支颇有军纪的队伍。这些队伍没有随意抢劫的习惯，而起义也不是为了一时的劫富济贫。他们的领袖中不乏受过正规军事训练的职业军人。这些纪律和军事风范告诉人们起义者不是捣乱的强盗，他们是为实现《福音书》上所说的真正的友爱、和平、忍耐、和谐而作战的真正的军人和基督教徒。他们要反对的是福音的死敌，要制止的是不敬神者的反基督行为。他们所具有的使命感、道德感和正义性，使他们完全不同于绿林兄弟。他们自称是基督教兄弟，肩负着重大的政治和道德使命。

第二种通常的误解是把起义看成一种单纯反对剥削的经济斗争，如认为起义者都是清一色绝对贫困的农民或农奴，这些人没有政治头脑，只是在遭受压迫的情况下为寻找经济上的出路才揭竿而起的。他们没有推翻领主、诸侯封建统治的愿望，整个起义都是一种经济斗争。

这些有关起义的误解不仅仅存在于群众的观念之中，就是在专业的学术圈子里，也充满了对起义的奇谈怪论。早在起义结束后不久，就有两个同时代的作家断言是马丁·路德反对教会的福音运动诱发了农民起来反对他们的合法领主；农民们的起义仅仅是为了一些经济上的改善；这些农民非常残暴，他们滥杀无辜；除此之外毫无结果。这些观点直到19世纪还有人在不断地重复着。不过，20世纪的大多数学者对此持相反意见，他们认为：参加1525年运动的那些农民是老百姓中有责任心的人们，而不是罪犯；起义是有组织有纪律的活动；起义者们没有滥用暴力；革命有重要意义和积极后果。起义是下层人民的一次政治行动，不仅仅是一场经济斗争。起义显示了人民大众对于社会、经济、政治和宗教变化的看法和改变历史进程的企图。在宗教上，有的学者对农民起义是路德改革运动精神的产儿的说法提出异议，指出农民信仰的不是路德教，而是他们自己的基督教。

正是在这样一幅扑朔迷离的图像中，我接触到了布瑞克教授的名著《1525年革命：对德国农民战争的新透视》。1975年布瑞克提出了"普通人大革命"的新解释。布瑞克认为1525年革命的原因主要是封建经济范围内的分配问题。封建贵族为补偿他们在14世纪农业危机时受到的损失，加强了对农民的剥削，引起农民起义。他指出："农民为参加政权而发动起义，希望用革命手段来克服封建主义的危机。"为此目的，他们成为现代国家的积极缔造者。农民自下而上推动国家建设共分三个阶段——公社阶段、议会阶段和共和阶段。这种发展路线同自上而下的王权专制国家的发展正好形成鲜明对比。布瑞克把农民革命的政治目标解释成了克服封建主义的危机的斗争、议会斗争和建立共和政治。布瑞克的解释是一种大的综合：他把马克思主义史学家关于经济社会分析和阶级斗争说同德国历史学家弗兰茨和布塞尔隆两人所建立的"政治运动说"相结合，建立了对德国农民战争比较复杂的解释。布瑞克的解释比较全面，他既关注农业危机的影响，如关注农民和贵族为争夺产品分配额的斗争，又把这场革命引申为一场由百姓来建立现代民主政治的斗争。布瑞克这样论述1525年革命的目标："革命的社会目标是建立'基督教共同体'、实现'兄弟之爱'。被动看，这意味着限制特权等级的特权和权力。革命的政治目标是（在小政权林立的地方）谋求建立合作制的联邦制度；在大的领地政府管理的地方，谋求建立一种国会体制。由于改革力量的不足革命最终失败，但却使农业经济得到解放（各地情况十分不同）；法律上有了安全保证；农民的政治权力走向制度化和稳定化。"

这是何等的气魄和胸怀！因为布瑞克的使命就是本着博爱的精神将关于德国农民运动的分析牢固地建立在农民的真正需求和农村制度改革的层面上，进而阐明了这种改革对构建现代欧洲民主政治的作用。尽管布瑞克用的词句是"普通人的大革命"，实际上他是解答了恩格斯所说的"宗教改革和德国农民战争是第一次早期的资产阶级革命"这个命题。把路德宗教改革说成是资产阶级的革命这很可以理解，但如何理解德国农民战争也是资产阶级革命呢？布瑞克的解释就是：农民的运动和城市的运动是有联系和同步进行的；农村的公社和城市的公社异质同构，成为当时人民的一种政治性组织，在此基础上通过公社、议会和共和国，自下而上地发展出了现代民主政治。布瑞克以令人信服的智慧和汗牛充栋的原始文献，为欧洲最重要的农民运动——德国农民战争进行了重新评价，不仅赋予其政治的性质，而且发掘出了它推动欧洲现代化，特别是推动现代社会民主政治的深层内涵。

不存在脱离农民需要的现代化 如果我们要用一句话来概括布瑞克学派的要点，那就是："不存在脱离农民需要的现代化。"现代化运动是一种客观的存在，对此，就需要深入了解在社会人口总额中占有很大比重的农民的要求。布瑞克认为，现代化的源头要从农民的需要、农村社会经济结构的变化和农村社会组织的结构中去寻找。换言之，现代化不是以牺牲农民为代价而发展起来的城市化过程，相反，它是农村和城市的互动，因此，农村的现代化，正是现代化的基础，不可能脱离农民的需要来谈论现代化的问题。

问题一 农民的需要是什么？布瑞克首先强调的是，农民的需要是同16世纪德国经济、社会和政治变化的背景相关的。在社会进入新的发展时期，农民也不仅仅是"做工的"，而已经发展成为具有政治觉悟的新阶层，农民要求改革农村的农业秩序。农业秩序一词，首先是从制度层面来说的，它的存在不满足于单个农民是否改善了其经济地位（如减少租税额度、废除农奴身份），而是要建立一种新的机制，以缓和德国社会变化赋予农民的压力。近代早期国家的出现，大诸侯加紧收缩领地，地方上的小领主加紧对农民的剥削，以及通过货币地租和领主自己对不动产剥削的发展，这些都最大限度地剥削了农民农业劳动的剩余。领主扩大自己凌驾于普通人之上的特权，加重赋税（dues）和劳役，并削弱农民的财产权。这种举措的一种方法就是农奴制（serfdom）。在这种制度的帮助下，农民遭受的剥削自15世纪以来就不断加剧。农民的经济状况非常可怜，到1525年更糟。正是在这样的背景下，农民开始行动起来。布瑞克不同意把农民的行为完全看成是对社会变化的被动应付，而是强调农民具有改革农村经济的主动性，强调农民具有高度政治觉悟和政治智慧，具有改革农村秩序的能力。

然而，这种农业秩序的改革仅仅是农民要为自己在经济分配上争得一个更为有利的份额吗？在这个问题上，布瑞克持否定态度。在他看来，农业秩序的危机是旧封建体制瓦解时加重了对农民的压迫（如再版农奴制）和近代早期体制出现时完全忽略农民利益这两个原因引起的，因而1525年的德国农民运动就具有特殊的背景，有别于历史上那些仅为解决温饱问题而爆发的农民起义。事实上，布瑞克在这里想要揭示的是：离开农民需要来建立现代农村秩序，实际上只是一句空话。当时德国的状况是：一方面，旧有的封建体制正在崩溃，新的经济体制正在兴起（如市场经济、土地、森林水泽等的财产所有权的确立，帝国和诸侯领地小邦赋税制度的完善和加强），另一方面，这种体制转变却给予农民更多的贫困和更多的不自由。在封建经济向近代市场经济转型时出现了诸多问题：领主土地所有权的强化，使农民（乡村自主的公社）无法再自行经营农业生产；公用的森林和公地现在成为有价之物，农民们无法再无偿使用公地或在森林水泽中自由地打猎和捕鱼；尽管农民的身份已经是佃农，但劳役（services）和强制性劳动依然存在；随着近代早期国家的出现，不仅领地税和军事税不断增加，佃农现在还要以国家属民的身份向帝国缴税。这一切，都说明了在农村经济秩序转型时，农民的生活水平反而在大幅度下降，这就使得农村成为各种危机聚集的火山口，在这样的形势下，农民不得不组织起来，发动了伟大的德国农民战争，即1525年革命。

这里，我们已经涉及"农民与现代化"这个概念了。

问题二 那么，农民改革的性质又是怎样的？它与社会转型之间的区别和关系又是怎样的？根据布瑞克的看法，经济问题还不是农民运动的起因，它只是农民运动产生的前提和诱发者。只有现代化和农村经济改革充分考虑农民的需要、采纳农民的意见时，转型和改革才是可能的；也就是说，农村经济秩序改革和一个国家的现代化只有在农民以主体的身份参与时，它才有可能真正被完成。布瑞克有一句常常被人引述的名言："我们将农民的最主要目标视为重组领地政体，如果我们的判断不错的话，那这只是再一次证实我们的发现，即早些时候在领地国家这一层次上获得政治经验的农民，最易清楚地表述政治概念。"因此，农村经济秩序改革在性质上显然正是按照农民的要求，来建立新的农村社会。布瑞克指出：

> 在政治结构的具体问题之外，普通人的要求中存在着一些基本的要素：在"公共利益"的口号下减轻普通人的经济负担；在"基督教兄弟之爱"的口号下破除各等级之间的法律和社会的藩篱；在确保没有人为添加物的纯粹福音（通过民众选举教职人员来保障）的原则下谋求社区自治；以及以"神法"为依据建立一个崭新的社会联合体的政治和法律秩序。1525年

的空想家试图将这些要素纳入理论上可接受的、有内在连贯性的体系中。

现在我们来看看布瑞克怎样总结出这些目标的两个特征。首先，布瑞克是把农民运动放在现代化的框架里来探讨的，因此凸显了农民在建立新体制方面的作用。其次，农村社会的内容范围很广，涉及政治、经济、法律、制度、教育、社会平等各个方面。换个说法，如果说农民运动的作用是要在建立新的社会体制时发出农民自己的声音的话，那么，根据农民的要求来重新考虑社会改革的方方面面，就是一个伟大农民革命最根本的目标。

农民革命与现代化这两者处于互相制约、相辅相成的关系中。没有一个农民参与的新型农村社会制度，现代化就无从产生，也就不能被理解；而没有一个现代化的进程，农民运动也就会始终停留在为自己争取一点经济利益的传统框架里，而无法反映出其现代特征。布瑞克因此把以古法（为自己争取权力习惯法）为依据的运动与以神法（即不加修饰的"上帝之言"，被用来争取社会平等）为理论的运动区分开来：前者是封建社会里农民保卫自己权益的运动，后者是在"基督教兄弟之爱"的原则下实现农民和市民的大联合，直至建立反映人民要求的人民民主社会，即建立"人间天国"。

问题三 那么，农民又是如何实现自己这些目标的呢？布瑞克认为实现目标的途径就是：通过普通人的大联合、自下而上地推动社会的民主化。布瑞克提出这样的问题：既然农民运动"领地城市、帝国城市的平民和矿工都卷入了，那么普通人这一概念的适用范围到底有多广泛呢？称这场战争为普通人的革命是否真的更恰当呢？"具体地说，就是要在全国的范围内来考虑普通人的需要，因为农民和市民是联合在一起的，况且农村的公社组织和城市的公社组织也具有类似性。农民运动和市民运动因此可以放在一起来考察（普通人的大联合），正是普通人的行动，推动了欧洲的现代化，尤其是通过公社、议会和共和国三个阶梯，自下而上地推动了近代民主政治。

这样，在布瑞克那里，现代化的人民性质（或称民主性质）就这样被规定了：在他的著作问世前，少数领主、贵族和资产阶级利用改进社会体制为自己谋取利益的行为也被当作一种了不起的进步被渲染；与此完全不同，布瑞克的农民学研究学派出现在伯尔尼，恰告诉人们：真正的、完整意义上的现代化只能是指那种由人民直接参与、推动的，根据人民需要来完成的现代化。即使16世纪的德国民众尚未完成这个使命，但是，他们无疑是缔建现代社会的先驱，他们的伟大之处，应当为世人所发现。

第三节　约翰·巴克勒的《西方社会史》

20世纪下半叶的西方历史学著作，带着鲜明的感觉主义和经验主义印记，客观主义乃是一个高贵的梦的说法，构成了它的思想基础。随着实证主义的隐退，主观的、个性化和哲学化的历史阐释渐渐成了一种时尚。在大学历史教学中，特别是在研究生的教学中，"讨论课"大为普及，致使许多原来由教师单独讲授的课程渐渐蜕变为以学生的自由发言为主、老师纠正为辅的讨论课，涉及的历史话题因此也变得五彩缤纷。在方法论上，教师遵循培养学生实际工作能力的原则，鼓励、宽容学生的各种原创性发言，期望以此来培养他们的历史感和学习兴趣。大家知道，重视能力培养和鼓励学术开放都是一些值得提倡的做法，但有时会向主观主义倾斜，从而使历史学的科学性受到削弱。作为一种弥补的方法，出版优秀的历史学教材和公认的权威性学术著作势在必行，因为它们的质量很好，可以成为认识历史的客观标准和研究典范。

在当代西方历史学里，我们可以看到主观主义和客观主义这两个对立派别的互动：如果说主观主义代表着感觉主义、自由主义路线，那么客观主义路线的贯彻者就通过编出好的历史教材，使一种可以令人信赖的历史知识成为历史认识的基础，以此来帮助读者理解历史发展的脉络，从而把握住基本的历史框架。

《西方社会史》[1]正是这样一本著作。该书的中译本采用的原版是1987年的英文修订本，由美国伊利诺伊大学三位最为著名的历史学家编撰而成，该书出版不久就成为众多美国大学相继采纳的通用教材。那时我正好在距伊利诺伊大学不远的伊利诺伊州立

---

[1] ［美］约翰·巴克勒、贝内特·希尔、约翰·麦凯著，霍文利等译：《西方社会史》第一、二、三卷，广西师范大学出版社2005年版。

大学研究欧洲史，当时就为这部引人入胜的作品深深吸引。作者们把历史置于时空发展的框架之中，企图说明一个没有任何许诺、但有意义的人类理想原则。这里的历史讲述与单纯陈列一般历史事实和理论的教材不同，它的任务是要表现出动态的历史经验、生命的模式以及知觉、情感、情绪等的复杂形式。这样的叙述自然不能够通过符号化的历史概括来得到，而需要通过"历史的理解"和"历史的叙述"来把人类的经验转化成为一个个直接、具体和生动的故事。虽然这也是一种客观的历史作品，却能置你于思考之中，使整个阅读过程成为不断发展的智力演绎，用以考验读者的能力，或者说，以此来检验读者的信心。通过阅读本书，读者会充分体会到智性活动本身的情趣和活力，理解它不可取代的重要性。这部作品并不一定立即告诉读者各种历史结论或历史因果，但却引导你进行历史思考。这样一来，那种阅读历史的生命冲动就自然激发起了读者自己的好奇心，使你乐于在自己的知识结构上栽下红彤彤的枫树，从而充满朝气，走向成熟。

《西方社会史》对于历史结构的探讨是有独创性的，作者们亲自进行了许多有趣的观察，并且利用这些经验材料论证了自己的观点。本书的修订本完成于1985—1987年之间，其时美国史学界正在开展一场"社会史学"应当如何转向"社会的历史"的学术大讨论，前者是指对一些基本的社会元素例如家庭、妇女、经济、社会心态的专题性研究，后者却企图从整体上来把握社会的全貌，以此阐明社会发展的规律。《西方社会史》的作者们很显然是属于后一种社会史研究流派的，因为他们所论述的并非只是关于社会基本元素的状况，而是旨在阐明社会发展的整体规律。他们的见解，特别是他们从文化根源和社会基础出发分析历史演化的因果，无疑为解释历史现象提供了一种客观主义的新视野，对后来的历史学家产生了不小的影响。

此教材的另一个特点是遵循经验归纳法，以经验事实作为研究历史的出发点。作者认为，尽管历史事件特别是政治事件的发生受到人的主观因素的影响，但却有共同的客观基础，因此具有分析它们的普遍标准。但是，作者同时又认为，客观的条件只是事物成败的因素之一，还要看到人的自由意志和创造能力所发挥的作用，因为这也可能改变历史进程。如果说朦胧、空虚、黑暗、孤独、沉寂等都是因为无知、愚昧所造成的消极感觉的话，那么，历史发展中伟大而崇高的形象出现，就是当事人努力奋斗的结果，其创造力本身就是一种极其强大的文化力量。在世界历史发展中，进步是不可否认的，同时，社会基础和民心向背又总是对它推波助澜，从而写就了历史上一首又一首的英雄诗篇。

领悟这种智慧的方式之一就是比较。比较在此书中无所不在。因为是一部社会史，比较方法用于具体的生活当中较之于用在规律总结上，有更明显的优势。书中提及的各种建筑造型、雕刻、绘画、音乐和诗，是人们汲取艺术美感的最为显著的纪念碑；衣着打扮、家具装饰，乃至于各种言谈交流，是人们区分事物精粗的原材料，选择的快感和生活的质量全系于此。这种比较的视野，或者说是审美的意识无处不在，它敦促心灵产生反应，提醒人们立即放弃对于平庸落后之物的追逐，因为为此牺牲精力颇不值得。所以，通过比较，优秀文明的元素凸显了，比较成为传递光亮的标准，让万物接受评判，并由此染上了价值的光辉，使世界变得光彩夺目。

然而，凡比较之物本身也必须是真实的，正如能够运用心灵来加以想象的事物一样，其本身也必须是美和充满爱意的。比较有时不是从事物的整体来考察事物，譬如把事物看作导向正确的文化价值的原材料，或是刻意推敲其价值方面的完善性。对于本书作者来说，事物之于完美，犹如泥土之于花朵，夜空之于星星，肉体之于精神，煤之于火。可以说，本书通过比较，向我们传递了自古以来人类给我们的最后信息，就仿佛他们预感到有那么一天，他们遥远的后代会认真对待以往所发生过的事情，以便在创造新的文明世界的时候，在可能会被人遗忘的图案中找到自己所需的智慧之路。

第四节　袁禾的舞蹈史

袁禾教授的《中国古代舞蹈审美历程》[1]是一本非常好的艺术史著作。尽管这部著作讲的是中国历史中的舞蹈，对我们却不无启发。这本书虽然名为教材，却是一本论中国舞蹈史的专著，与

---

[1]　袁禾:《中国古代舞蹈审美历程》，高等教育出版社2006年版。

普通意义上的"教材"有很大的区别。通常的"教材"大多是对本专业学科著述的综合整理、提炼或编写，提供的是某个方面的知识；而《中国古代舞蹈审美历程》却完全是独自潜心研究的结果，具有非常显著的原创性。许多观点发前人所未发，例如：提出并论证了魏晋南北朝舞蹈的变革成为唐代舞蹈高峰的准备，提出并论证了宋元"队舞"的程式标志着舞蹈艺术的充分成熟和符号体系的建立以及古代舞蹈在此形成的第二次大转折，等等。从这里我们可以看到作者非常敏感和准确的艺术"鉴别力"。

其一，《中国古代舞蹈审美历程》的显著特色，是从美学角度书写舞蹈历史，从而揭示了舞蹈造型是如何因中国历史的变化而变化。该书是国内舞蹈领域第一本，其中先秦舞蹈的神秘清新，汉唐舞蹈的雄浑婉约瑰丽，宋元舞蹈的纤柔奇丽和明清舞蹈的丰满鲜活，都从不同的维度，展示了中国舞蹈审美思想的精粹。与通常对舞蹈类型的解读不同的是，该书将中国古代舞蹈的研究放置在整个中国历史的主流背景之中，并借助与其他生动活泼的民间舞蹈的比较，以中国历史的发展轨迹为经，以各个时代的心态和精神为纬，全方位多角度地再现和诠释了中国历史对中国舞蹈的深刻影响。

其二，作者论述了舞蹈对中国历史的重要影响。正如作者在绪言中所概括的那样："舞蹈一次次为华夏书写了绚丽的篇章，它对社会的发展和人们精神生活所起的作用，早已镌刻在历史的无字碑上。"作者显然认为舞蹈之中包含了中华民族的生命活力，通过舞蹈，这种生命的活力将被艺术性地推广到宇宙中去。按照作者的理解，天性是中国人向往美好事物的一种心理活动。正如朱光潜先生所说："世间事物有真善美三种不同的价值，人类心理有知情意三种不同的活动。这三种心理活动恰和三种事物价值相当：真关于知，善关于意，美关于情。人能知，就有好奇心，就要求知，就要辨别真伪，寻求真理。人能发意志，就要想好，就要趋善避恶，造就人生幸福。人能动情感，就爱美，就喜欢创造艺术，欣赏人生自然中的美妙境界。求知、想好、爱美，三者都是人类天性；人生来就有真善美的需要，真善美具备，人生才完美。"[1]

其三，《中国古代舞蹈审美历程》具有较鲜明的文化学的意味。作者采用大量文化史、社会史材料，用来说明舞蹈的作用体现于社会生活的各个细部，从而显现出艺术家的意志和文化的作用。非常引人注目的是，该书是从美学角度来书写舞蹈历史的。作者一方面采用了实证性的舞蹈史料校正并印证了思辨性的文化观念，另一方面则用思辨性的文化观念概括和升华了实证性的舞蹈物质形态，对历史上各种舞蹈现象进行了理论梳理和总结。同时，作者还进一步挖掘了新的史料，并注重其翔实可靠，而且对一些既有史料给予了重新审视与阐释，对新的史料作了意义上的开掘，力求使新旧史料在哲理思辨中闪现新的面貌。这样，无论是舞蹈史的材料，还是中国历史本身的史料，都变得鲜活、生动起来。

其四，更为精彩的是，作者揭示了舞蹈和让它尽兴表演的历

---

[1] 朱光潜：《无言之美》，北京大学出版社2005年版，第201页。

史舞台之间的互动、有机关系。自21世纪以来，随着舞蹈艺术作为一门独立学科的发展，研究舞蹈的历史背景也作为舞蹈史研究的一个独立部门得到专门的研究和详尽的论述，从而表现出其应有的严谨和科学。但是，正如舞蹈并非只是一种被动的、再现的艺术，通过对时代精神和丰富多彩的生活进行组合、加工，它就能够创造出反映时代风貌和社会理想的"创造性形象"。《中国古代舞蹈审美历程》的出版第一次填补了舞蹈史学科的这个空白，它并非单纯地就背景论舞蹈，而是把舞蹈当成一种展示人类精神的生命力量，论述其对于社会变革的伟大推动作用。

其五，从审美知觉的角度出发，作者揭示了人们认识舞蹈的特殊途径和通过舞蹈所反映出来的深刻的社会内涵。作者认为：舞蹈不应当是一种外在于社会关系中的某种力量，它的独特性在于它自备的生命现象结构，通过一种特殊的辩证关系与社会彼此联系。每个人都按照自己的观念和印象在感受着舞蹈：公孙大娘的《剑器舞》使书法家张旭"草书大进"；而裴旻将军的一次舞剑，亦令画家吴道子"平生绘事，得意无出于此"；同样，周代的礼乐是在改造原始礼仪、原始歌舞的基础上建立起来的，而统治者在对乐舞的赏玩中，却认识到乐舞能在政治斗争中起到举足轻重的作用。就这样，仁者见仁，智者见智，一部论述中国舞蹈的审美历程的著作，就揭示了艺术、文化、审美、政治的有机的、互动的关系。非常明显，作者在否认机械地以历史背景解释舞蹈风格的同时，还处处让最美的舞蹈时刻伴随在人们身边。这样，美的创造者和美的损害者围绕着舞蹈的审美而跳起了"精神之舞",一方面,是人的身体、形貌、生命、情感、心意、人格激发出美的流动,另一方面,是官场利禄、荣华富贵在赏玩和践踏艺术。这样,"跕跕屡舞有深究",这本书告诉我们舞蹈兴衰关系国运:太平社会歌舞安详而欢乐,混乱社会的音乐哀怨而困苦。非常精彩的是,通过对舞蹈的审美,作者向人们揭示了一种"舞美情操",折射出中国人与天地精神往来的幽情壮彩。

袁禾的著作也使我们想到了西方的舞蹈——芭蕾,那是西方的历史文化塑造而成的形象。与中国的舞蹈相比,芭蕾显得不那么抽象。芭蕾舞艺术家把美、爱、高尚这样的抽象概念转化为形象的故事,通过对它们的演绎,达到精神形象化的目的。尽管如此,他们与画家和诗人仍是不同的。诗人在看世界的时候往往在具体的事物上蒙上一层诗意,把外景变成了诗,外在的事物变成了心中意境升华的载体。不过,诗人更多的是把外面的东西吸收进来,把具体的东西变成诗性的东西,然而,芭蕾舞艺术家却要把抽象的东西变成具体的东西,使之直接抒发自己内在的精神美。因此,芭蕾舞艺术家既不能像画家那样造型,也不能像诗人那样创造意境。这里,画家是把有形的事物经过浓缩加以展现,其形象思维是针对具体形象的;诗人是把具体事物转化为抽象,赋予它诗意;然而芭蕾舞艺术家,是把抽象的概念表现为具体的形象,尽管这种形象与实际的形象之间存在着差异。因此,芭蕾舞表现出来的那种精神形象化的图景,是一种诗化了的故事。芭蕾舞艺术家把充满诗意的形象直接展示在观众的面前，这样就产生出一种由流动着的诗展现出的理想世界：它起于逼真但超越逼真，具有情节又超越情节，终于形成了芭蕾舞自己的特殊意境。

在芭蕾那里，有时，极致美会在人们心灵中留下不可磨灭的印象，导致了"心灵驻留时间"的产生。显然，美好事物和丑陋事物在人心中的驻留时间是不同的，美好事物的心灵驻留时间较长，而丑陋事物的心灵驻留时间较短。人类的心灵有一种自动过滤的程序，它过滤掉丑陋的事物，自动延长美好事物的停留时间。芭蕾舞中有一种对峙的情况，如天使与魔鬼、正义与邪恶、美与丑、崇高与卑鄙等，这种对峙使得美与丑形成了黑白分明的对立，也把人的一切行为都放到了极性上去加以考察。黑白分明和极性考察为芭蕾舞留下悬念，使其产生一种独一无二的吸引力。芭蕾艺术激起的是一种愉快的印象，会在观众心灵里驻留很长时间。从这个意义上说，芭蕾艺术的永恒性取决于动心和动摇的对峙：美好的事物让你动心，丑陋的事物让你动摇。当动心占据上风的时候，芭蕾艺术就是永恒的。反之，当动摇占据上风时，那就是爱情的消失和芭蕾理想的破灭。

更有甚者，有时这种感动来自事物本身的极致美和命运造化对于这种极致美的摧残——芭蕾悲剧的精神奥秘全在于此。这样说吧，倘若一个东西比较丑陋，它被摧残，并不会引起人的难受。但是有一种东西，你把它弄到极美，再看到它被摧毁，那时，你的心中就会有一种大不忍，会产生出极度的悲剧感。这里有两种情景：一是极美的事物遭遇摧残，一是不美之物遭到摈弃。哪种更能激起你感伤呢？我们说，古希腊那个断臂的维纳斯雕像，带给你的感动，有时甚至要超过了那些圆满无缺的艺术品。《天鹅之死》带给你的感动，肯定要高过"鸭子之死"。这是一种典型的审美升华，芭蕾把美升华到了极限再把它摧残，结果，就表现出最为深层的精神内容。从芭蕾舞的题材上看，悲剧的成分其实要多过喜剧的成分。芭蕾艺术，粗粗看去，不过是个人，是个海神；但是，只要你透过现象看本质，那时，你就会感到它特有的那种"精神之浓缩"，进而感受到那隐藏在极致之美背后的悲剧性。就是说，芭蕾艺术是一块多面镜，它用诗歌的语言把一切装饰的艳俗隐去，但芭蕾理想的火焰却仍然在那里燃烧。这是芭蕾艺术家生活中最崇高和最简朴的东西。在欣赏这样的艺术品时，你会为那些捍卫理想极致美的人的心灵所感动。你徒然想去发掘那个比朦胧轮廓更多、更深刻的东西，那就是芭蕾艺术家的英雄魂魄，以及与这些魂魄紧紧相连的、隐藏在极致之美背后的悲剧性。

无论是中国舞还是西方的芭蕾舞，在舞蹈史家看来，无一不是时空雕刻而成的形象。不过，对于那些长久在现实世界各种规则中漫游的人来说，超绝的舞蹈美无疑是一种拯救的力量。舞蹈本身就是一种理想类型的显现，向我们展现的不是现实的功能，而是人与永恒事物之间的关系。它创造出极致美，对你的生活产生影响。它的真理性使得舞蹈能够成为少数几种超越时空的艺术之一。在舞蹈意境最为原始的本质中，我们看到主宰命运者不是要把大地盘剥殆尽,而是成就人本身的春华秋实。舞蹈意境的美对所有丧心病狂的东西敬而远之,却从最近的距离把最迫切渴望的事物传递给需要它们的人。舞蹈是骄傲和充满诱惑力的,但同时又以智性律己,以便心安理得地让千姿百态的万物按照自己的自由意志而生存。舞蹈由此显示出自己乃是人类爱和青春的守护者。我们有舞蹈艺术相伴,就能够在无意之中发现真理。

袁禾教授向我们展示的舞蹈意境是高深莫测的,但同时也宛如婴儿,能够做到最为透明和最为简洁。当然,质地越好,越透明,它所展现的美的意境的程度也就越高。当中国舞的意境完全成为透明时,人就隐去,但被意境浸润过的世界却从此变得清澈。然而有时舞蹈带来的意境正好相反,她从至高的遥远之境中走来,又回归到人们的日常生活。这个时刻,舞蹈以一种平凡的方式激起另一种特质:因为距离我们非常之近而带来感动。借此艺术的灵光,袁禾教授要告诉我们,正是在这种时刻,舞蹈回归到自然之美,但同时人类的根基也就确立。

无论从对学科建设的贡献还是从高超的学术水平看,《中国古代舞蹈审美历程》都是一部难得一见的、具有重要开创意义的第一流著作,是精品中的精品,是一部反映当前我国舞蹈学研究最高水平的里程碑式的著作。从实用的角度看,一部如此创新、闪光、反映民众智慧、尊重历史文化的优秀作品,怎能不让舞蹈艺术家心动呢?《中国古代舞蹈审美历程》为我们展现了中国古代舞蹈发展的真实图像。我以为,对一切盼望同舞蹈艺术进行深层交流的人来说，再没有什么要比面前的这部《中国古代舞蹈审美历程》，更能够满足我们了解中国舞蹈要素的迫切愿望了。

第五节　埃里克·吉尔伯特的《非洲史》①

由美国著名历史学家埃里克·吉尔伯特和乔纳森·T.雷诺兹所著的《非洲史》，也是一部写得极好的教材。翻开这部书，非洲人民的居住环境、生活和工作跃然纸上。这正是我觉得此书有趣的地方：在我们自己生息的空间里，在我们自己所说的语言中，在我们自己的工作中，这部《非洲史》都让人亲切地感觉到了事件细部的深层意义，而这同样也是我们理解非洲文明发展的关键。《非洲史》的作者以认真的态度来研究社会的细部，不仅让我们分享到了非洲各国人民间的和睦，也让我们看到了非洲人民的力量是如何从光彩夺目的非洲文化里折射出来，促成了各种社会变动的大结局。无论从何处来看，《非洲史》的研究都是生趣盎然的。翻开这样一部叙述史，总的感觉是非常亲切，比阅读一本描绘自己不熟悉的远古神灵，却竟敢自比为伟大诗人荷马的作者的著作，要愉快得多。

阅读这本著作时，我总在重新思考非洲的美和非洲文明的意境。直到现在我才知道既古老又现代的非洲文明的异彩和文化之

---

① ［美］埃里克·吉尔伯特（Erik Gilbert）、乔纳森·T.雷诺兹（Jonathan T. Reynolds）著，黄磷译：《非洲史》，海南出版社2007年版。

美，并非在局部，而是蕴藏在它的整体中。每当人们想把非洲的美和文明写成文章的时候，总是觉得穷于语言。这未必是由于才拙，而是因为养成撰写国别史习惯的史家们一般很容易忘记从整体上来描写非洲。《非洲史》把非洲看成一个屹立于世界文明之林中的非洲，不是从国别而是从非洲大区域来构思框架，这就使其不仅能够在纯粹的文化贡献方面，而且也在非洲与世界的交往方面，有了能打动读者心灵的思想高度。吉尔伯特和雷诺兹的著作很有魅力，是因为它是从整体非洲人的眼睛来看世界的。

　　这种大区域的历史研究，无疑需要一种特殊的英雄主义的非洲精神来做支柱。在作者的眼里，各种发生于非洲的政治事件，如果没有非洲人的魂魄为其支撑，都是不可能被理解的。从这种意义上说，大区域的非洲史就是现实主义对梦境幻象的绝对胜利：芸芸众生发出了自己的呐喊，人们以一种谦虚的精神，把曲解了的历史圣殿还原成了真实、朴素的世界。此书的作者们试图从区别很大的地域研究中提炼出相对同一的非洲精神，视其为非洲内部的凝聚力，以此来观看非洲人是如何应对各种外来挑战的。非常值得注意的是，所谓的非洲文明的同一性，经过各种历史灾变和时代演进后，不仅没有被削弱，反而是仰之弥高、钻之弥坚，铸就了一段非洲的英雄史话。有了这样一种认识，那么，古埃及和古希腊、迦太基和罗马、基督教和伊斯兰教、奴隶制与大西洋奴隶贸易，乃至于非洲人和欧洲人、殖民主义与非洲的反抗，就统统有了一种新解释。非洲被改造了吗？或许。非洲被征服了吗？

永不。至此,我们已领悟了作者们的意图:力图从非洲文明的细微之处说起,等到一缕一缕的细部描写累积成一种变革的力量时,各种大事件本身的轮廓也就显现了。从这个意义上说,《非洲史》就像一只拉开幻象帐幔的手,所到之处,费解的殖民主义征服史就被还原成清晰可见的非洲人民反抗外来压迫史,凭借这种同一的非洲精神和英雄主义,非洲民众的才能和智慧对抗住了帝王将相和殖民主义者的意志,一曲人民的颂歌和一座人民朴素智慧铸就的纪念碑拔地而起,其巍峨伟大,远远超过了那些妄图践踏非洲历史而被矗立起来的殖民主义者的纪念碑。

在作者们的特殊安排下,我们还在书中读到了非洲文明对应于世界其他文明的鲜活写照,这是此书值得重视的另一个方面。这里面临的难题是:如何一方面清晰无误地揭示各个文明特有的国民性,另一方面,又公正地论述各国人民的智慧和优秀文化是如何汇合起来,最终成为推动世界文明前进的力量的。作者在提醒我们:和谐社会是建立在多元文化合作的基础上的,因此,既要敬重每个民族的生活方式,也要敬重由各种智慧汇合起来的全球文明。这样,我们不难明白一个道理:现代社会是一个包容性极强的器具,它无时无刻不在吸收各种优秀文化元素的养分,同时又留有空间,让各个民族发展出自己的民族文化,从而推动整个世界文明的前进。换言之,如果我们用非洲历史的例证来说明问题,那么,所谓的现代全球文明,其实就是一种伟大综合的结果:其中有埃及文化,犹太文化,希腊、罗马文化的烙印,还有各个现代文明包括非洲文明的贡献。非洲文明惊人的生存能力与发展能力,通过这样的诠释,无疑就变成可以理解的。

一部如此反映非洲人民智慧又如此尊重世界各其他民族优秀文化的杰出史学作品,怎能不让读者们心动呢?《非洲史》为我们展现了世界文明发展的真实图像。我以为,对一切盼望同非洲人民进行深层交流的中国读者来说,再没有什么要比面前的这部《非洲史》,更能够满足我们的迫切愿望了。因为,从这本著作中,我们不仅感受到深藏在非洲文化中的彩虹般的辉煌,而且也真切地聆听了从现代世界舞台上飘逸出的自由、美妙的非洲之音。

第六节　谢里尔·E.马丁的《拉丁美洲史》[①]

当然,人们对于历史的认识远非一条直线般的笔直行走。其中最值得注意的就是要告诉我们永不停顿地推动历史进步才是人类发展的真正动力。例如:《拉丁美洲史》是美国历史学家谢里尔·E.马丁和马可·瓦塞尔曼的主要著作,包含了"古美洲人""接触前夕的美洲人与伊比利亚人""欧洲人征服美洲""变化中的美洲印第安人世界""新兴的拉丁美洲人和他们的世界""人民与进步"等,共15章。这部作品的独创性是无与伦比的。它反对以往流行

[①] [美]谢里尔·E.马丁、马可·瓦塞尔曼著,黄磷译:《拉丁美洲史》,海南出版社2007年版。

的由外来者缔造拉丁美洲文明的某些历史观点,它也反对拉丁美洲史只是各个单个的拉丁美洲国家历史的简单汇编。这样,这部论著就不仅代表了当今西方进步历史学家的美洲观,而且也对当今的拉丁美洲史研究产生重要影响。

马丁和瓦塞尔曼指出:写这部作品的主要目的是要"对由前哥伦布时代到21世纪初的拉丁美洲的历史进行独创的说明性论述。千千万万'普通'的拉丁美洲人是我们叙述的中心人物"。也就是说,作者是想探索这样一条道路:拉丁美洲的人民把拉丁美洲变成了一个整体,并且成为屹立于世界之林的伟大文明。作者描述拉丁美洲人的状态时说:"大多数拉丁美洲人的生活是不轻松的。不少人的生活充斥着贫穷、艰苦劳动、疾病、自然灾祸、亲人意外死亡和暴力伤害,许多人没有受教育的机会,无缘公开发表他们的政治见解。"但是,正是普通人"相继建立了这些新社会,并不断重新审视在他们生活中起支配作用的复杂而又重叠的有关阶级、种族、政治地位和性别角色的等级制度"。这样,《拉丁美洲史》就表达了对英雄的拉丁美洲人民的礼赞,同时也流露出作者本人的真情至性。

现在,拉丁美洲人民企图摆脱外来殖民者奴役的斗争成为开启拉丁美洲历史奥秘的金色钥匙。这是一种罪与罚、光明与黑暗的对抗:一方面,剥削者、欧洲殖民者因一己私利而扩大了拉丁美洲的阶级、民族和地区差异的矛盾,导致国家和人性、法律和习尚、宗教和征服之间的分离;另一方面,拉丁美洲人民因为反抗压迫而联合，从而获得了完整的人性，进而成为一种让拉丁美洲走向政治稳定的积极力量。迥然不凡的观察力，对历史变化的细致分析，生活画面的清晰和饶有诗趣，精雅而又朴素的场景勾描，展现出对拉丁美洲历史中关于人道的或正面或反面的评价。毫不夸张地说，这是人民用充满劳绩的辛苦拉响了拉丁美洲独立和解放的导火线，那缕从怒波上出现的闪烁光芒，使变幻不定的浮云透出了光亮。作者指出："我们相信读者将能够记住重要的主题，如争取主宰本地事物所做的斗争、战争的冲击、妇女角色的演变和经济发展造成的社会变革。"从这些主题中我们明显看到：人类渴望正义和进步的心灵道德是构成拉丁美洲人才华的基本力量。

这是《拉丁美洲史》的基本思想。在这里，作者与形形色色的"外来者的拉美史"形成对立。作者不再能够容忍这样的观点：拉丁美洲的历史是外来侵入者的历史，或者，是各拉丁美洲国家孤立发展起来的国别史汇编。取而代之的是，作者开始从大区域的视野来看待拉丁美洲文明的特征及其相关的世界认同问题，这样，就显现了拉丁美洲历史发展的真正脉络。本书作者认为尽管存在着拉丁美洲阶级、民族和地区差异的多样性，但是，对付欧洲人的占领、世界经济和世界格局的变化、保护拉丁美洲丰富的自然资源，却是所有拉丁美洲人面临的共同问题。拥有才华来应对这些挑战的是伟大的拉丁美洲人民，他们把美好的希望变成了现实，以自己内在的丰富性和创造力，把和着露水的草地、湿润的泥土和盛开的拉美文明之花的气息送到了跟前。这是真实的，人民本身是向分裂挑战的凝聚力量，必须欣赏它的丰富性，才能理解拉丁美洲人的共同信仰和一种在大区域里形成的文化凝聚力。既然拉丁美洲的历史就是人民创建和开拓自己文明的叙事史，那么，就应当避免学术界曾广为流传的误解：是拉丁美洲以外的因素开发和开拓了这片土地。

为了彻底澄清这个问题，《拉丁美洲史》的作者开始采用大量社会史的材料，来说明人民的作用体现在社会生活的各个细部，从而显现出了人民的意志和人民的作用。本书作者给予人民改变拉丁美洲社会结构的权限：结构是某种很难改变的东西，天下的事物，外部的都比较容易改变，但内部的改变就比较困难。经济和物质最容易改变，文化其次，而结构最难。然而，拉丁美洲的人民却改变了拉丁美洲社会发展的结构。在这样的背景中，欧洲人在拉丁美洲的探险和殖民，就只不过是在大海表面掀起的波澜。在一个浩瀚的大海，尽管由于那些事件能够把海面搅得波浪滚动，但真正决定大海命运的，却是从海底翻涌上来的力量，即浑厚海水的威势和力量。

当然，"正是日常生活的方方面面使得拉丁美洲的历史如此迷人和引人入胜"。只有从基本的民意和民众的日常生活中，才能找到历史发展的清晰脉络。作者们强调，这样做的目的是要纠正一种倾向：人们在讨论拉丁美洲历史的时候其实总是在讨论另一些与拉美历史发展不尽相同的东西，即外来殖民者如何按照他们的意愿在塑造符合他们利益的殖民地。《拉丁美洲史》的看法是一种新发展，意味着从研究外来影响转到了研究拉丁美洲历史本身。公正地说，以往的拉丁美洲史研究，并没有把注意力完全放到研究拉丁美洲的人民身上，也没有对拉丁美洲人民的声音赋予足够的重视。《拉丁美洲史》则从根本上摆正了拉丁美洲史的研究对象问题。换言之，这种强调表明了一种与传统历史观念决裂的看法，因为在全球文化的世界里，拉丁美洲是作为一个大区域参与其中的。拉丁美洲如何按照人民的意愿同世界上的其他文明互动，这不仅决定了拉丁美洲历史发展的格局，也决定了整个世界与拉丁美洲互动的格局。

值得注意的是，《拉丁美洲史》的作者们始终是怀着最热烈、最真挚的情感来讴歌拉丁美洲人民的。在他们的笔下，人民实际上就是缔造和匡正历史的原动力。任何挑战，无论它如何难以应对，一旦有了人民的介入，混乱的局面就能够得到收拾，拉丁美洲也因此成为雨后飘香的绿色田园。人民，这一拉丁美洲文明的真正创造者和呵护者，不仅能让世界净化，而且也能让自己的文明辉煌。人民，让鲜花绽放，让心灵清澈，让大地和谐。人民才是拉丁美洲天命的守护者。在人民的守护下，拉丁美洲获得了真正意义上的解放。当人民把违背人性的各种芜杂都去除后，一部真正反映人民心声的拉丁美洲史也就诞生了。

第七节　阅读霍布斯鲍姆：一个世纪的透视

郑重其事地来谈论霍布斯鲍姆对我们内心世界的重要性来说是困难和责任重大的，因为霍翁的学术研究面非常广泛，常常令人感到难以把握其思想细部的丰富内涵。不过，现在这种困难由霍翁自己解决了：他在85岁高龄（2002）时出版了《趣味横生的时光：我的20世纪人生》，不仅处处浸透着他那深沉的博爱和普遍的人性，而且还让人感到了这位思想家焦灼的渴望、坦诚的目光和被严酷无情的命运锻造成的铁锤般的坚强。当然，这个非常渊博的人是在苦难中认识到感情最强烈的可能性的。他把自己的这种感受与人分享，用的仍是他那种独一无二的方式。他以激动的口吻给自己的作品收尾："不管怎么样，我们千万别缴械投降，即便在时机不利的年代也不例外。社会的不公不义仍有待我们加以谴责与打击。世界可不会自动自发变得更好。"①

与霍翁其他历史著作不同，这部作品最重要的任务不是去描述丰富多彩的外部世界，以致把自我完全溶解于客观事物之中，直到找不到自己为止。相反，这虽是一部自我色彩非常浓郁的自传，却能够在内心深处、在灵魂的极细微处折射出整个时代知识分子的生活、理念、矛盾和选择。作者始终抱着崇高的理想，忠于自己的信仰，确立做人做事的原则。同时，以一种只有学养深

---

① ［英］霍布斯鲍姆著，周全译：《趣味横生的时光：我的20世纪人生》，中信出版社2010年版，第494页。

厚的历史学家才能领会的择善而从，揭示和诠释了发生在作者身边的一系列历史事件，建立起一种对20世纪历史事件的整体叙述，致使此书虽以自传记事，却依旧道出了社会迈进的脉络和方向。文笔的灵活，叙事的细腻，尤其是自我剖析与事物评价两者间的水乳交融，显示出作者的睿智和思想的高度。

霍翁以"趣味横生的时光"为书名，概括出作者对于20世纪的总理解。本书的译者周全先生写"译后记"，专门对"趣味横生的时光"的含义进行考证。据周全说，"Interesting Times"其实暗藏玄机。乍看之下，它的意思应该是指"有趣的年代"，但有关此书的各种英文评价都一再强调，"Interesting Times"一词源自"中文里诅咒别人的话"，是对一个中文句子的英文翻译，该句完整的讲法是"May you live in interesting times"，暗含"乱世""让你生不如死"之义。因此，几经考虑后，周全先生把书名译成"趣味横生的时光"，以突出"有趣"乃是反语的内涵。纵观全书，详加分析，我倒以为这里霍翁的"Interesting"似乎另有深意。此书英文的原标题为 Interesting Times: A Twentieth-Century Life，并无中文标题中添加的"我的"二字，其意高古深远，有在昼晦阴晴变幻中反观世人"众生相"之意。霍翁以八秩高龄反思自己生活的年代，或见风云激荡中天色大明而红日犹未高悬，或见变化万端间瑰伟庄严者有之，颓废隐退者亦有之。进而论之，霍翁的观感似乎更像那幅被黄宾虹先生所称道的意境画："笔墨精神千古不变，章法面目刻刻翻新，所谓师古人不若师造化，造化无穷，取之不尽。"① 盖江山千古如一画，世代无穷，盛衰交替，却犹存千古不变之理。此中真谛，借用霍翁对其在美国四十余年生活的一句感悟来表达，就是："美国这块大地毯的细部虽然出现了变化，而且还在不断改变中，不过其基本花色却一时之间稳定得令人吃惊。"②

因此，霍翁关于20世纪的看法就是：这是一个充满着死亡和新生的时代，邪恶的力量越是要毁灭人类，希望的冀盼也越发在罪恶行径的最狂暴处闪烁光亮。这是因为，只有经历最剧烈的痛苦，新的事物才能来到世界；一种要认识自己本质的渴望，让每个人都在全力以赴，弯腰曲背，即便是在经历最剧烈的痛苦和涅槃，也能在自觉和不自觉中促进新生，愈发接近把自己解放出来的力量。善良，即全人类的爱，必须帮助他们，而这就是最高的任务，最原始的冲动，最真实不过的世人责任。在这里，对世间万物抱着超然态度的历史学家遭遇挑战："当他或她面临一些对自身和世界具有强烈情感意义的事件时，是否能够表现得宛如报道遥远过去事物的记者一般，坦然针对那些事件提出问题和回答问题，是'假若……将会如何'之类的问题——尽管他们并非局外人，而是深陷其中者。"③霍翁坦言："我们若表示那场战争（指一战）的惨重伤亡令人无法忍受（这是大多数人的看法）；或者认为假若

---

① 黄宾虹：《致傅雷：1943年6月4日》，见《傅雷家书》，生活·读书·新知三联书店2001年版，第51页。
② ［英］霍布斯鲍姆著，周全译：《趣味横生的时光：我的20世纪人生》，中信出版社2010年版，第482页。
③ ［英］霍布斯鲍姆著，周全译：《趣味横生的时光：我的20世纪人生》，中信出版社2010年版，第493页。

德皇战胜的话，受到德国影响的欧洲可能优于《凡尔赛和约》的世界（这是我的看法），我都可以表现得'宛如报道遥远过去事物的记者'。然而，要是有人问起关于第二次世界大战的问题，纵使只是理论上的问题，我也一定无法通过考验。"①

但是霍翁是以非常客观的态度来描述和捕捉事实的。对于亲身经历的那些事件，或者对人生之中不断邂逅的那些人物，他总想去尽量靠近之，去亲自确定那深藏于事物表层之下的历史真实。作为进步论坚定不移的信仰者和训练有素的历史学家，霍翁总是能够避免把差异说成对立，或者随波逐流地去相信诸如"国家指令式的经济体制已呈现出一个可在全球替代西方'自由经济'模式"②的历史神话。当然，作为见识过各种时尚风潮大起大落的老年人，霍翁已经不再能够容忍历史的马赛克被撕裂成千万个碎片，成为完全没有秩序可循的不系之舟。这样，在霍翁笔下，我们总是能够在最令人匪夷所思的困境中看到希望，也总是能够在神经紧绷、几近断裂的社会危机之时听到祝福。在霍翁看来，与其去预言一个不信任的资本主义时代的将来，或者致力于为其寻找一种替代品，还不如坦承"全人类已经集体发射了一艘不寻常的宇宙飞船，进入当今世界所面临的社会与文化剧变轨道"。面临这种宇宙大化，霍翁用令整个心灵都为之颤动的话语道出了自己的信仰：

---

① ［英］霍布斯鲍姆著，周全译：《趣味横生的时光：我的20世纪人生》，中信出版社2010年版，第493—494页。
② ［英］霍布斯鲍姆著，周全译：《趣味横生的时光：我的20世纪人生》，中信出版社2010年版，第490页。

"北半球少数几个国家与我同样年迈的人士，就是在发射这艘宇宙飞船之前即已成年的第一代人。我们也是亲身经历过这个历史时刻的第一代人，眼睁睁看着迄今将人们维系于家庭、小区与社会的规矩和习俗如何停止运作。如果你想知道这种转变到底是怎么一回事，只有我们能够告诉你。如果你想走回头路，我们也可以告诉你'那是办不到的事情'。"[①]

霍翁用来进入他人内心深处的工具，那种拥有无限穿透力的工具，就是通过理解洞察一切。在这里，这位八秩老人不是作为一位精神导师或启蒙者出现的，他只是一位满怀深情的叙述者，感性地享受与人交流看法，表达其共鸣或遗憾。在世纪人生的穿越中他不时与人相遇，无论是在他的出生地埃及、度过童年时代的维也纳，还是在柏林、英伦岛、反法西斯主义的战场以及战后的苏联、美国和拉丁美洲。在他的笔下，一封来自汉堡的信件会勾起他对自己童年玩伴的清晰记忆。而在伦敦，当一位朋友引荐他拜见当时西德驻英国的大使时，他认出了此君正是自己在亨利亲王文科中学就读时的同班同学君特·冯·哈泽，尽管在1933年以后的漫长人生中彼此都不曾想起对方，因为"我们只是同学，根本算不上朋友"，可是，"我们曾一起待在那里，共同经历了各自生命当中以及在历史上都无法被遗忘的时代。同样的人名把那段时

---

① ［英］霍布斯鲍姆著，周全译：《趣味横生的时光：我的20世纪人生》，中信出版社2010年版，第490—491页。

光重新拉回我们眼前"。①对于 E. P. 汤普森，这位英国最著名的马克思主义史学家，霍翁所用的笔触是最多的。他这么写道："简言之，汤普森是那种一生下来就有仙女纷纷致赠各种礼物的天之骄子，只不过他短缺了两样东西：上天忘记赐给他某种'编辑助理'，以及某种'导向装置'。于是不论他再怎么亲切、迷人、幽默和狂热，总是多少会出现不安全感，并且易受伤害。"霍翁对汤普森常常忙于杂务而荒废本业颇感不满，他不无遗憾地指出：汤普森的"《英国工人阶级的形成》就像他的许多其他著作那般，起初只是一本简明教科书的第一章；该书所欲探讨的对象其实是1790—1945年之间的英国工运史，谁料到他欲罢不能。《形成》一书使得他暂时成为正统学者，但那种身份与其风格不合，几年以后他便中断自己对18世纪社会进行的惊人研究，转而长年累月与路易·阿尔都塞进行论战——那位已故法国马克思主义理论家当时曾启发了一些最杰出的左派青年，而汤普森试图削弱其影响力。到了20世纪70年代末期，他又将全部精力转向反核运动，因而成为全国性的明星级人物。等到他重返历史领域的时候，已经病得再也无法完成自己的研究计划。最后他在1993年逝世于伍都特郡的家中花园"。②

在书的末尾处，霍翁点明了他所运用的是一种透视法，不仅

---

① ［英］霍布斯鲍姆著，周全译：《趣味横生的时光：我的20世纪人生》，中信出版社2010年版，第59页。
② ［英］霍布斯鲍姆著，周全译：《趣味横生的时光：我的20世纪人生》，中信出版社2010年版，第260—261页。

是年岁促成的洞若观火的那种透视，还有作者自己职业生涯促成的另外一种透视法：冷眼旁观。霍翁指出："冷战时期的历史撰述与17世纪'三十年战争'时期历史撰述之间的最大差别，就是我们再也不必选择站在天主教徒或新教徒那一边，甚至无须那么认真看待他们的理念。"进而论之，"历史正需要冷眼旁观，不但必须与我们自己的'宗教战争'所带来的激情、非理性、意识形态与畏惧保持距离，同时还需要摆脱更加危险的'认同感'的诱惑"。①他还告诫我们："历史研究需要机动性和探勘广大疆域的能力，也就是说，必须具备活动于自己根据地以外的能力。"这是因为："我们的理想不在于要当雄伟的橡树或红杉，而是要成为以北极与热带为家、飞越半个地球的候鸟。时空错乱与本土作风就是历史研究的两大死罪，二者由于对外地的情况同样无知，纵使阅读的书籍再多、想象的能力再丰富，也很难克服管窥之见。"②语重心长的两点建议似乎在暗示：经院哲学的纸做的牢狱已经倒塌，现在的人们，可以、也必须极目远眺了。

霍翁是一位享誉全球的国际学术大师。霍翁有近二十部经典学术专著问世，其中尤以"时代四部曲"——《革命的年代》(1962)、《资本的年代》(1975)、《帝国的年代》(1987)和《极端的年代》(1994)最为著名。然而，在本书中，霍翁却以自传体畅谈家事、国事、

---

① ［英］霍布斯鲍姆著，周全译：《趣味横生的时光：我的20世纪人生》，中信出版社2010年版，第491页。
② ［英］霍布斯鲍姆著，周全译：《趣味横生的时光：我的20世纪人生》，中信出版社2010年版，第491页。

天下事，反映出他特有的社会责任和人间情怀。聪明的读者一定能够明了：如能把此书与霍氏其他的著作参照阅读，一定会相得益彰，为全面地理解霍翁的学术思想和历史方法奠定基础。恰恰是这一点——不把差异变成敌对，为所有表面上互不相容的东西寻找到了一种更加高级的统一，铸就了一种未来世界的理想类型。我以为，我们从霍翁的尝试中获得很多，他在古稀之年写成的东西仍然代表了一个学派，尽管这个学派和他本人都是在不断超越、不断发展、不断前进。

附录：

学史之道——兼论史家的"萧散简远，妙在笔画之外"[1]

世界上有历史这一行业，大体得归功于古人们的"福至心灵"。身边发生了一些重要而又难以释怀的事，怕被忘记，用笔把它记载下来，并把它当作故事去宣扬，自此也就奠定了历史学的基础。中国留美历史学会从无到有，历经坎坷，最大的收获是聚结起了一批学子。近年来其成员文采事功，并皆昭著，遂有编一小书加以检讨的兴致。学长王希嘱我撰文谈谈留美及回国教书之事，我却想起了苏轼的"萧散简远，妙在笔画之外"这句话。

苏轼在《书黄子思诗集后》中说："予尝论书，以为钟王之迹，萧散简远，妙在笔画之外。"[2]他以为钟繇、王羲之的书法萧散简远，

---

[1] 本文原刊登在王希、姚平主编的《在美国发现历史：留美历史学人反思录》一书中，这里做了多处修改，以纪念手把手将我引入史学之门的恩师程应镠先生。

[2] 本文是苏轼为《黄子思诗集》写的一篇跋文。文章以书法为喻，评论诗歌，指出于平淡朴素之中寓深远意境方为好诗。黄孝先，字子思，福建浦城人，以善治狱迁大理丞，历太常博士，卒于石州通判。著诗二十卷。参见《苏东坡全集》(中)第十五卷题跋，黄山书社，1990年。

已臻化境，这和他激赏王维的画、陶渊明的诗是一致的。苏轼在《和陶诗序》中说："吾于诗人无所甚好，独好渊明之诗。渊明作诗不多，然其诗质而实绮，癯而实腴，自曹、刘、鲍、谢、李、杜诸人，皆莫及也。"[①] 对于陶潜，苏轼可以说是钦佩之至了。

苏轼的这些话，大概是"寄托遥深"的，不能单以激赏闲适平淡论之。天下物之进化，大多都有一个"由简至繁"的开始，却有一个"从繁至简"的收场。徐梵澄《〈佛教密宗真言义释〉序》中说："以一般进化通例而言，简朴者在前，复杂者居后。如陶在瓷先，铁居铜后，皆有实物可证。由是可以略略窥见初民简单生活的情形。"[②] 不过，人最后还是会回归于简约的，乃至于对"大音希声""意在言外"情有独钟。简朴在开始，至简在事末，一头一尾，是两个大境界。

于是就去思考"妙在笔画之外"的学史之道。从20世纪70年代末到今天，也有四十多年了。四十多年前的环境及民众情绪早已成为记忆，与当今的民风、民俗也不尽相同了。举例来说，三十多年前历史学是门"显学"，不像今天"现学"风气大盛，人人崇尚立功立德，以图不朽。尽管这样，学历史的人反倒有了一颗平静的心，他们并不急着发表著作，更不想请功邀赏。正如在南加州大学（University of Southern California）比较文学系任教的

---

① 苏辙：《追和陶渊明诗引》，转引自袁行霈《论和陶诗及其文化意蕴》，载《中国社会科学》，2003年第6期，第152页。
② 徐梵澄：《〈佛教密宗真言义释〉序》，载《徐梵澄集》，中国社会科学出版社2001年版，第206页。

诗人张错对我说的话:"小的时候我们什么都要,现在,我们只要好的。"

细细想来,花四十多年时间学史,真在心中积淀起来的,却是一些零碎却又挥之不去的印象。这是我所采集的,录在心灵里的东西。因为这种东西本非卖品,只备自己在夜深人静时研玩,所以也无须用笔记下。现在因为要检讨自己,鲜活的映像也就一幕幕地浮现出来。

我们77届的大学生是78年春天正式入学的。我就读的上海师范大学历史系的课程真是好的,给我们开课的有著名的历史学家程应镠教授、陶樾教授、吴成平教授、叶书宗教授、孙仲发教授、陈昌福教授、陈有锵教授、王铁之教授,还有著名心理学家燕国材教授。我们这一届的学生共有两个班级60多人,我在班上年纪偏中间,上有年长的兄长王毅捷,年纪相仿的有思维敏捷、思想深刻的刘昶,还有严亚东、蒋迅、张立雄、吴熙雯等好友。我一直记得王毅捷学长要我学好逻辑的教诲,还记得顾明他们在操场上打篮球的可爱情景。蒋迅总是最活泼可爱的,有他在就没有干不成的事情。我记得当时沉溺于写小说,和同班好友陶柏康一起合作写一部关于司马迁的剧本,可惜既没有完成,又没能上演。我非常喜欢的一件事是学校允许我们自由地听课。二年级时,我自行插入到英文系去听课,英文系的老师也一视同仁,我就几乎就成了一个英语系的学生。在艺术系,我甚至还拥有了一间专供艺术系学生专用的琴房。每天早晨6点,我就会去那里练琴,练习音阶和克罗采尔练习曲。早晨6：30时，楼下的琴房里会传出钢琴声。那是艺术系的一个女生在练琴。我们的琴声相闻多年，却始终没有见过面。

学校的"场"真的是很大。组成一个学校的，最为重要的不是它的房子，也不是它的设备，也不是它的围墙，而是一个因特殊因缘连接起来的师生群和校园文化。学校永远是一块热土，常常出现的是一种心灵的感应。师生间的一些话语，有时会像冰块和火焰那样，激动得你心灵振荡。这里有一种磁力，吸引着所有向往学习的人们来此探索真理。当然，这里也有想象的空间，有许多爱情故事，激发起人的能量，拓宽了人的视野，无限拔高了人的精神高度。多少学子，就是通过这样的一个"场"而进入社会的。在这里，我们扬起了生命的风帆，开始了一生最美好的追求。那时师大的同学通常起得很早，清晨5：00，操场上就挤满了背诵外语单词的同学。大家就像是赶什么任务一样，要把以前失去的学习时间弥补回来。当然，我们也有玩的时候，比如去桂林公园看看桂花，去漕河泾农贸市场去品尝小吃。东校区操场的外边当时是一片农田，我们也常去那里走走。

在晚上，最快乐的时光是去坐落在东校区外边音乐新村程应镠老师家里。我们要去那里聆听老师和师母的教导。经常是几个人甚至是十几个人去老师家，常常要谈到深夜才回家。我们都忘了老师是一个工作很忙的人，我们只觉得老师的话深深吸引了我们年轻的心，开阔了我们的胸怀。程先生总是兴致极高，他谈古论今,指点江山,从那里我们知道了沈从文,了解了抗日战争,也知道了中国历史的沿革和历史的教训。每次我们临走时,先生总是亲自把我们送到门口。月色好时,先生会说:"看,又是一个多好的月亮!"夜色漫漫,天上的月亮光倾泻下来,大地变成了一片美丽银色,我们和老师、师母告别。这月光水晶似的情分,这师生用自己的灵魂结成的友谊,都是要把自己身上最好的东西,一滴一滴地注入我们的血管:把感情注入感情,把灵魂注入灵魂。正是这种情分,让我知道了自己要什么,不要什么;什么是好的,什么是坏的;什么是爱,什么是不爱。我开始懂得,什么叫作要把所有的情感都集中在有良知的人身上。

我记得程应镠先生说过的一句话:"英雄无一人有世俗幸福,他所有的只一苦字。看历史上的英雄,莫不如此。"多少年来,在遇到困难时,就会想起老师的这句话。每天起来,看见暖丽的阳光,眺望远处,也会想起这句话。大致凡矢心改良社会者,都早已置个人生死于度外。1982年程先生病重,我去探望,先生却说我的一篇论陈寿《三国志》"失在于略"的作业写得不错,他已要求学报发表云云。主要一事,即便在危难之时,先生在精神上也一刻未与教书育人分离。记得大学毕业时程先生说的话:中世纪的大学是培养教士的,毕业的学生可以去当一个神甫、主教,也可以去当一名教师,与地位显赫的前者比,后者其位也卑,其事也累,但有志者则为之。程先生抗日战争时投笔从戎,后志于学业,在魏晋南北朝、宋史研究方面负有重名。先生以一个史学家的睿智预料国事之得失，入木三分，无一不中。"文章又见流传日，议论终须不傍人。得失久谙关世运，荣枯每惧损天真。"1982年春程先生"病中答友人"的诗句，只要一读，先生的音容笑貌和"为天地立心，为生民立命，为往圣继绝学，为万世开太平"[①]的精神栩栩如生。作为教师的知识分子，原本就应当是这样的。

程先生的诗文，后经弟子虞云国、刘昶等编订，成《流金集》一书，1995年在上海古籍出版社出版。我在北大讲"史学概论"课，就选先生的《流金集》为必用教材。《流金集·国学讲演录》篇中的引言、经学举例和史学通说，字字珠玑，都是不能增一字、减一字的。程先生文集中的《诸子概论》《文学略说》《史学二题》《玄学与诗》《论历史人物的研究》《历史的真实与通变》《中国文化三题》《论林逋》等文，都是学史之人最好的教材。程先生还特别推崇清代学者章学诚提出的"史德"，认为史德即作史时的用心，这关乎到人的品德，因为研究历史的人应当是高尚的，有道德的，能够做到像孟子所说道的那样：富贵不能淫，贫贱不能移，威武不能屈。我觉得，大凡历史研究者，程先生的这些文章是一定要读的，而且必须要早读、常读。好文章给人的感觉是开卷有益，读一遍就会有一遍的收获，读两遍就会有两遍的收获。另一个好处是，读这样的文章，会把读书人引向正道。大家有兴趣，可以去看。

那天读的正是程应镠先生《流金集》中的短篇《论林逋》。林

[①] 张载语。见程应镠《流金集》前言，上海古籍出版社1995年版，第1页。

逋是北宋有名的隐士，生于乾德五年(967)，死于天圣六年(1028)，正是北宋全盛时期。对于和靖先生林逋的故事，过去在《西湖佳话》中略知一二，印象已经不是很清楚了。这次阅读真是开卷有益，不仅知道了范仲淹、梅尧臣都是林逋的朋友，而且知道在林逋死后，还得到宋仁宗的嗟悼，和靖先生的谥号就是仁宗所赐。再读下去，就愈加有趣，原来林逋这位隐士既与不食周粟的伯夷、叔齐不同，也与避世之士长沮、桀溺等人不同。程先生列出了历史上的各种隐士，仍是从同林逋交往的朋友那里，点出了林逋的不同凡响。拜访过林逋的薛映是个"廷无留事、吏不能欺"的干吏，而赞美林逋"风俗因君厚"的范仲淹，更是"先天下之忧而忧，后天下之乐而乐"以天下为己任的重臣。历史上的隐士大多是些"志有所持"者，要么是避世，要么是耻事浮利，大半都同当局的关系搞得极僵；但林逋一反常态，不仅得到众人称道，还受到皇帝粟帛之赐。如此看来，林逋乃是隐士中的另类，触景生情，就让人要忍不住地读下去。

我天生愚鲁，所以《论林逋》的真正要义，要读到第二遍时方才明了。原来北宋的官僚机构十分庞大，以至于冗官在其时已成积弊。真宗、仁宗两朝的高官厚禄者又贪恋荣利，不肯退休，以至于朝廷不断重申七十致仕之令。现在好了，一边是贪恋荣利、不肯辞官的臣僚，一边却是有大能耐却乐居山林的林逋。程先生笔锋一转，点出林逋这位隐士中的异类不忘世情的实情，以为这就是他为王随、李及、陈尧佐、范仲淹、梅尧臣、欧阳修激赏的根本原因。这哪里是在写什么避世隐士，分明是在纵论北宋吏治！善于从与常识相左的地方发掘出蕴藏于其内的深刻政治涵义，这正是先生的极高明处。

真正反映出《论林逋》文章韵味的是在其结尾处，那是我在读第三遍时才粗粗领会的。抄录如下："《和靖诗集》有山园小梅二首，梅花三首，又咏小梅一首。欧阳修极叹山园小梅之句：'疏影横斜水清浅，暗香浮动月黄昏。'他在《归田录》中说：'前世咏梅者多矣，未有此句也。'比林逋晚生一百八十余年的姜白石，用暗香、疏影为题以咏梅，被张炎叹为绝唱。(见《词源》)《疏影》中说，'昭君不惯胡沙远，但暗忆江南江北。想佩环月夜归来，化作此花幽独。'白石此词，可能是有所寄托的。但这几句却极恰当地写出了一位处士在举世沉溺于荣利中的幽独心灵。"读到这里，我才知道程先生所说的"文章又见流传日，议论终须不傍人"究竟是指什么。

有时，我会这么去想：人充满劳绩的辛劳就意味着要去缔造一个世界。但那个世界又是什么呢？当人向世界敞开的时候，人很像在"兴起"和"败落"之中被唤及。世界没有动，它也从不小心翼翼地去度测人的行为，它只考虑地和天的距离。人借着劳绩度测世界，但世界只是一颗星。星的神秘性在于它是一种可能性。人经此一问，根基就要发生动摇，但也从此被超越。思本来想呵护人，但一被把握，就知道于事无补，因为这不是面向一个单纯想象的框架。在存在的真理性中，生命的姿态变得轻重相继。人只好以这种样子向世界敞开,但世界却不把天命用尽,人因此空空如也但仍独立而不悖。确立世界,意指人确立自己。当人开始"站进去"时,他就站到了复杂的本质之中,因此,他也就能在那里适时地确立自己。

如果说程先生的毕业赠言让我毕业后成了一个教师的话,那么,与徐孝通先生的一番恳谈,却又把我重新变回了一名学生。徐先生精通哲学,是著名的逻辑学家,他在历史系的任教本身就是一个传奇。作为汤因比《历史研究》一书最早的译者,先生学贯中西,却一向热心教书,低调做人。记得1984年在上海师大历史系的办公室里我自怨自艾,说自己学问太浅,不配教书。正好徐先生进来,闻言大喜。先生说,现在世上惑众欺愚者多,有真才实学者少。与其自己消极颓唐,不如弃教从学。"不如学也"这个宗旨,就是在那一刻决定下来的。我接着给吴于廑先生写了封信,询问他的意见。吴先生过了一个月,有书面答复,也是"不如学也"的意思。不过,吴先生又说,既学欧美史,就不妨到欧美去。于是留学意向初定。

1985年秋天,我像许多同时代的人们一样,来到美国的伊利诺斯州立大学(Illinois State University)开始我的留学生涯。入学之初,我相当高兴,因为我觉得可居可游、日臻佳境,期望用一种健康、理性、坦然、大器的天性,来把生命变成一条像光一样闪烁的河流,途经的一切都被它照亮。那时,我对一切都感到新鲜,就是忙,主要是精神上的忙。每天做的不过是读书写字,但却开始感到一种不同的文化气息。同学们都很可爱，他们似对未来有一种无名的憧憬，这给人一种快乐、安宁和向上的感觉。我努力把我自己融入到一个新的环境中去，每天都写上一些勉励自己的话，目的也就是写一些个人的感受，却很反映那个时代的风貌。

20世纪80年代的美国，中国学生不是很多，所以我们和老师的关系很是亲密。我是在伊利诺斯州立大学念硕士，导师是约翰·弗里德（John Freed）教授。他是个大忙人，却花许多时间教我欧洲中世纪史。他是那种非常善于思考的学者，在对欧洲贵族的研究上独树一帜。他的反应之快，看问题之准，都是无可比拟的。我受了他几个月训练后，就开始对西方的史学有了一点兴趣，也有了一点理解。

弗里德是一个直来直去的人，有一天，他高兴地对我说，伊利诺斯州立大学香槟分校（University of Illinois at Urbana-Champaign）居然录取了我，要我去那里读博士，还给了一份不菲的奖学金，可是却被他回绝了。理由是他觉得自己是个最出色的中世纪史专家，我最好跟他好好读上几年，以后再去也不迟。现在想来，老师的话是极对的。可是当时我人心浮动，坚持要转个学校念博士。所以，当我又收到俄勒冈大学（University of Oregon）的录取通知书时，我就决定转学。弗里德老师有点迟疑，问我谁将成为我的导师。当他知道俄勒冈大学的托马斯·布雷迪（Thomas A. Brady, Jr.）愿意带我时，就欣然同意，因为弗里德知道布雷迪是个严谨的好老师。这样，我就匆匆从伊利诺斯州立大学毕业，踏上了西行之路。

关于伊利诺斯州立大学，还要说我的业师卡尔·塞申斯（Kyle C. Sessions）的故事。塞申斯教授是一位真正的人文主义者，也是美国宗教改革史学会的创办者之一，他是最早把东德历史学家关于德国宗教改革和德国农民战争的研究介绍给英语国家的著名学者。他酷爱音乐，在当地的交响乐团当中提琴手。塞申斯教授指导我学习德国宗教改革史，把我领入近代早期德国史这个领域。我在留美历史学会杂志发表的唯一文章，就是在塞申斯教授的指导下完成的。[①] 为了这篇论文定稿，塞申斯教授特别约我早上八点半去他的办公室面谈。我准时去了办公室，却看到他面色憔悴地坐在那里。他一直和我谈了两个小时的论文修改，末了才告诉我，他是从医院里赶来的，他的母亲就在当日清晨谢世。他还说：他记得要来学校指导我论文的事，说来学校正是他母亲的教导，所以他必须来。我一直记得这件事情，譬由管中窥豹，可见一斑。敬业而见道，是极向上的一种精神契合。视整个人生为求道，则其每时每刻都能够表现优秀。此种道理，中外皆通。

俄勒冈大学坐落在一个名为尤金（Eugene）的小城，四面小山环绕，很是美丽。我就读之时，正是它的鼎盛时期，一大批世界闻名的学者正在那里任教，如我的导师布雷迪，还有研究中国近代史的周锡瑞（Joseph W. Esherick）。布雷迪先生是个很勇敢的哲

[①] Zhu Xiaoyuan, "The Change of Feudalism and the Outbreak of the German Peasants' War of 1525: A Structural Analysis" *Chinese Historian*, 1988, 2.

学家，但在做历史研究时却以严谨闻名。周锡瑞老师是最有智慧的，我曾经当过他的助教。这两位教授联手，想把一个来自中国的学生教好。现在想来，他们主要的工作是启发我的灵性。

俄勒冈大学研究生的课程，有两点我实在喜欢。一是强调学习是"练电流"(Increase in current intensity)而不是"练电器"(Fiddle with all kinds of electrical appliances)，即非常注重能力训练和启发式教育。二是要求每个任课老师都对研究生的表现写评语，并且把评语做成档案，放在系办公室的一个抽兜里，由研究生秘书管着，每个学期我们都心情不安地去那里看那些写得非常严厉的话。"练电流"的意思更大些，那就是一种能量放大的训练。记得那时布雷迪老师总是要我去想整个学科应当如何发展的问题，或者，人应该如何去活，如何去做事。现在想来，这就是电流的训练。老师大概嫌我天性弱小，就要尽量放大我的能量，为此居然不忍心增加我的电阻——这相当于中国武学先要人练内功一样，在没有内功的基础上教你练功夫，必然凶险无比且无成效。我博士毕业后数年，总是觉得自己的历史常识欠缺，很多东西都不知道。1997年我一个人去了德国，在森林里仔细去想这个问题。我不是一个太笨的人，而我的老师也很聪明，为什么念完博士的我还那么不学无术呢？后来终于想通了，原来我跟着布雷迪、周锡瑞学了几年，主要是在接受练电流的训练，尽管一招一式没有教，但其实任、督两脉早已打通，内功的基础也已经具备，只是自己不会运用而已。这么一想，我突然感悟，觉得老师们教我的其实是一种极高的武功，只是自己悟性太差，要毕业七八年才能明白老师的意图。后来，俄勒冈大学的副校长来北京看我，我们在雍和宫旁的一个小茶叶店（不是茶馆，是卖茶叶的店）里喝茶聊天，我向他印证我对布雷迪教学法的理解是否正确，得到了几乎完全肯定的回答。原来事情这么简单：电流充足的话，讲一门课，写一本书，只是一个接开关和接导线的问题。电流足够强的话，其实没有开关，灯也亮。

布雷迪老师教学，严谨得令人生畏。他把自己的藏书借给我看，只见上面都有写得密密麻麻的评注，都让人拍案叫绝。他经常会在书上的某些段落写上"不通""胡说"等字样，而对有新意的章节，又会大加激赏。还有，在德国宗教改革史的研究领域，罗伯特·斯克里布纳（Robert W. Scribner，1941—1998）这个名字是同开拓者、奠基者紧密联系在一起的。一个历史学家，如果能够在某个领域有重要发现，就已经是一件非常了不起的事情了。但是，斯克里布纳却不止于此：他不仅拥有诸多的重要发现，而且还是新的文化理论的提出者和诸多新研究领域的奠基者。正因为这样，1998年，57岁的斯克里布纳逝世在世界学术界引起震动。布雷迪老师立即放下自己手中的一切工作，开始为编辑、出版斯克里布纳的遗稿而奔忙。布雷迪老师也是德国历史学家彼得·布瑞克（Peter Blickle）著作的翻译者，是他把布瑞克的论著系统地介绍到美国，从而使美国德国宗教改革史的研究与德国接轨，并始终保持在一个最前沿的水准。

跟布雷迪老师这样的老师学习有个好处，就是你能够始终了解学术的前沿动态，并且有机会接触到学科的核心。记得布雷迪老师为我们开设一门德国宗教改革的研究生课程，不过是六个人：一个来自尼日利亚的黑人学生，两个美国女孩，一个美国牛仔（因为他老是戴着草帽），一个样子有点严肃的美国好学生，还有我。尽管我们人不算多，却有机会每个星期请一位外国名家来为我们讲课。我记得来者之中有东德的歌德·福格勒（Gueter Vogler）教授，他是东德马克思主义学派的领军人物，还有以研究法律史著称的西德著名史家希林（Heinz Schilling）教授。德国教授就是严谨，我记得希林教授为了来讲课，准备了两篇文稿，先询问我们喜欢他的哪一篇。福格勒老师是个大好人，他来我们这里为我们六个学生讲课，也是作了充分准备的。他送给我的书，至今仍在我的书柜里珍藏着。作为东道主的布雷迪，当然很兴奋。每次外国教授讲完课，就会去布雷迪老师家里小聚，喝些白葡萄酒，与我们这些学生聊聊，然后大家就握手告别，而外国教授也就离开，或者回国，或者去别处走走。我们就这样心安理得地听了一学期课，并且觉得这一切都是应该的。现在想来，这完全是布雷迪老师的费心安排。为了我们六个学生，他要花大力气从国外请老师给我们讲课。用心之良苦，办事之高效，都是无法比拟的。这就是布雷迪老师的风格与职责。

既跟老师研习世界史，老师就训练我把握世界的宏观思维能力。老师说，没有整体观念，那是无法研究历史的。譬如："那个人的世界",就是指那个人的全部,包括他的性格、热情、能力、风貌和品格。"世界"可以从两个方面来把握。第一,是要理解某事某人的主要特征,其方方面面都可以用这个主要特征来概括。如"但丁的世界",就要能够穿透他的诗性美德而进入到真理和信仰,这才能够把他的方方面面包罗尽致。第二,"世界"也指与但丁有关的一切事物,即便孤身一人,他也俨然在想大事,从而能够代表一个时代、一个世界。《神曲》万世不朽,其实并非但丁凭空捏造,有识之士自然能够从中拨出可信之理,盖不失其治学严谨。推论之,一个世界涵盖范围的大小,还是要看它是否能够对周遭事物产生极大影响。由只身而推至于生命气息,至于宇宙万物,至于内在性灵,其实都是一以贯之的。是为但丁为学林所重。徐梵澄先生《希腊古典重温》中说:十三、十四世纪的意大利文艺复兴运动,其实"未尝'复'出古代文化到什么地步",但是"它的光明,至少透过了它以前一千年"。[①]

尽管世界很大,但史学的研究还是要从细部开始。在史家看来,有究天人之际的宏观眼光,必须要与脚踏实地的小学考证功底结合方有实义。究天人之际可以把握住一个结构,考证细部方能明事知理。尽管史学研究天地很大,研究者却不能随心所欲。历史文章之所以难写,是个理解问题。形神惯见熟知,方能下笔;心领神会,入木三分,方能移写于书卷。

想起一件亲身经历的小事。1992年布雷迪老师从俄勒冈大学

[①] 徐梵澄:《希腊古典重温》,载《徐梵澄集》,中国社会科学出版社2001年版,第5页。

转加州大学伯克利分校任教,读硕士的师弟也想跟随老师到伯克利继续读博士。布雷迪说:俄勒冈大学的标准与伯克利加州大学的标准并非相同,并无可能把他直接带到伯克利去读博士研究生。师弟硕士毕业,才华横溢,却在伯克利小城找了一个干体力活的工作。他一边劳动,一边在伯克利大学旁听课程,为时两年。布雷迪老师对他有所了解,觉得此士乃是可教之人,允许他正式入学。诚然,人贵知人,更贵自知。知人知己,方成为师之道。布雷迪老师作风有定,事不违理,这正是他为时人所重的道理。

1992年1月13日,老师和师弟送我至旧金山机场,我终于走上回国之路。仍然是独自一人,所携的也同样是两三本旧书,一个小箱,但一切与七年前却已很不相同了。北京机场既到,刘光临君来机场接我,他是系主任马克垚老师的硕士研究生。我非常高兴,兴致勃勃地向刘君询问马老师和北京大学历史系的情况。从刘君那里,我还知道系主任马克垚老师已经为我在勺园预定了房间,而我将来的住处,是坐落在未名湖畔红四楼(备斋)的一个十平方米的宿舍小间。光临等几位历史系的研究生已经为我粉刷一新,我去后就可以入住。我兴致勃勃直奔宿舍,想要看看那个小间,将给我的将来带来什么。那一晚居然无法安睡。清早,我方发现未名湖真的很美。即便是冬天,一塔一湖仍是把北大点缀得很美。天蒙蒙亮,就有一些同学起来打水、跑步、呼吸新鲜空气。我觉得还真不错,静固生明,动则归真,我来北大,这期间冥冥中自有因缘:换个立足点去思考,这是马克垚先生厚爱,亦属大自然之造化，兹不具论。

　　来北大后，生活没有太多变化，仍然是读书习字而已。当然，每到一个新的境地，都会遇到各种困难，有时也不免忧愤无端，英雄气短。其实，人都有轻易绕不过去的问题，也总有哀愁、叹息和悲怆。重要的是，如何让生活总是气韵生动，不至于孤明历历，或因缠绵而凄冷。人生的各种突出的不平衡性，经常让人感到难以把握情感细部全部丰富的价值。解决的办法之一是一切坦然，一切真诚，凡事商量，凡事理解。人的心情一旦走向自然之美，飘逝的瞬间就是永恒的了。因为，人一旦有了自觉的意识，那么，风度、格调、意境最终会通过一个优秀学子的善意而奔向自由。天下事，静、勤、诚、明则可，凄、乱、欲、迷则止。从犹豫到明快，从叹息到轻盈，虽只一步之遥，却并非每个人都能跨得过去。

　　北大的治史之道，不喜美丽辞藻，专以严谨、古朴、实证为善，在这点上颇合我的心意。简朴不失其美，说话要有依据，分析要到透处，此为北大人之共识。上课则以师尊口授为主，学生则有如大判官，或为英雄史诗而激动，或为虚空之言而愤青。刚来北大时，我常想以美国式幽默来调动一下学生的积极性，然匠心独运却遭冷遇。在北大讲课，看笔记念讲稿那是断然不行的。最好是口若悬河，托理想于故事，究学理于"用典"，既像是在大讲堂中作讲演，又像是在小学堂里谈辨证，还要声情并茂，把自己研究的那一点点心得，全盘托出，还要干净利落，似火花般跃出。这种追寻精神魅力的渊源在北大有传统,可惜皆非我所长。另一方面,在北大写书、出书均不难,但一旦平庸之作问世,则必遭众人白眼。所以在这里出书、写文章又最难。反之,亦是同理,是所谓"英雄识英雄"。

回国以后有时又会出国,这就有了我同在伯尔尼大学(University of Berne)任教的布瑞克(Peter Blickle)教授的短暂却又深刻的交流。1998年我去德国南部巴登—符腾堡州的杜宾根大学(University of Tubingen)访学,是乘着国际火车去伯尔尼看望布瑞克教授的。我此行有两个目的:一是来听听我的这位师叔(布雷迪是布瑞克《1525年革命》一书的英译者)的教诲,二是要征求一下布瑞克教授的意见,是否同意我把他的那本名著《1525年革命》翻译成中文,以便让占世界人口五分之一的中国人了解他的农民学研究学派的意义。

布瑞克教授是那种热情、友好、机智、幽默并且极富感染力的那种人:"你要研究农民,你就首先需要知道农民要的是什么",在一个充满阳光的下午,我们的谈话就这样无拘无束地展开了。知道我是他的好友布雷迪教授的学生,又是从北京大学来的一名教师时,布瑞克显得格外高兴。我于是告诉我对他著作的批评意见:他的《1525年的革命》写得过于理性、系统化了,似乎完美到无懈可击的地步,这恰恰是有点可疑,因为十六世纪的德国农民,是无法具有这样的理性头脑的。我接着问:"自1975年《1525年的革命》出版,至今已经十几年过去了,你是否认为你书中的有些观点需要部分修正？""不，"布瑞克说，"我的观点始终没有变，因为随着我现在研究的深入，我愈发感到自己探索的方向并没有错。"在这里，布瑞克表明了自己的旨趣：人必须不断向前走去，不断去发现去解决新的问题，而不必拘泥于过去，作茧自缚似的把精力放在修正自己以往的观点上。在布瑞克看来，一本著作不过是作者留下的一个脚印，只要前进的大方向是正确的，那就不必硬要每个脚印都标准化，因为那正恰恰是极其危险的。理性本身就是一种运动，它有时会像丁香的花瓣般地透出一阵芳香，但若无率真的态度赋予它新的生命力，它也就会枯萎，因为它难以满足人们那种要在更深刻的层面上来理解真相的迫切要求。

我记起那天的整个下午，我一直在听布瑞克教授的研究生讨论课。布瑞克的学生来自世界各地，其中有德国人、瑞士人、美国人、日本人、韩国人。布瑞克的上课是启发性和研究性的，这里常常是笑声不断——一个重要的学派，一个致力于研究现代经济和现代政治复杂关系的研究团体，就这样在伯尔尼大学讨论课的教室里产生。但是，不同的是，布瑞克特别注重民间文化和民众的需要。我们可以说，正是从这两个基本的出发点上，布瑞克学派独辟蹊径，把农民的作用提高到奠基欧洲现代化的高度，比单纯地论述农民怎样与封建主浴血奋战，来得更加妥善，也更加深刻。

那天，布瑞克教授是特别地高兴，居然把我带到了他的家里，开始讨论起瑞士、美国、德国和中国历史研究不同的风格来了。

我们是越谈越高兴，布瑞克下面对我说的那段话，比较清晰地概括了他对于我们中国学者的期望：

> 我要告诉你，你千万不要模仿我们西方作者的风格。你是从中国来到美国，又从美国来到德国，今天你又来瑞士看我，并向我请教治学之道。而我所要说的，就是你一定要用中国人的眼光去看世界、看欧洲、看西方文明。要记住，如果你单纯地模仿我们，要写出像我们这样的文章，像我们西方人那样的著作，你这一辈子注定是没有出息的——因为你并不如我们熟悉我们西方的传统，你也写不过我们的那些博士们，他们从小在西方长大，又完全熟悉我们大学的培养体制（说句实话，实际上这样的博士生在我们这里不是太少，而是太多了）。相反，你一定要去做开拓性的事情，你要用中国人的眼光，来看我们西方文明的缺点，去看我们学术研究上的缺点。那样的话，你就会发现许许多多的我们西方人看不到的东西。如果你愿意那么干，我希望马上同你合作；相反，如果你只拘泥于向我们学习，单纯地模仿我们，那么，我一定不同你合作。……你此行来的目的，是要把我的作品向伟大的中国人民开放。但是，那不过是一种介绍，介绍我们西方人目前所做的一些粗浅的研究心得。但是，你还有更加重要的事情去做，你要去为你自己祖国的现代化做出贡献，要帮助中国实现学术上、文化上的现代化；你也要为世界学术做出贡献，这就不仅仅是去翻译几本

书，而是要习惯于向我们挑战，你来挑我们的毛病，指出我们研究上的不足。那样的话，你就帮助了我们，也帮助了我们的西方人。因为，你所从事的，是一种我们西方学者无法完成的事情，是具有开拓意义的事情，是帮助和拯救我们西方文明的事情。

我相信，同我如此直白对话的师叔，实际上是一位思想家。当他在书房中沉思农民的需要的时候，当他站在世界学术巅峰上思考人类命运的时候，或者当他满怀敬爱的惊奇关注着中国的现代化的时候，他就有一首生命的诗在灵魂的深处震颤。他的农民学研究，他对我的谆谆教诲，都显示出了他那种特有的喜欢与强有力的命运进行挑战的骑士风度。这，正是人精神的最可贵之处。在伯尔尼逗留的几天里，我尚未完全理解享誉世界的布瑞克农民学派的精粹，但我却还是领悟了一些道理：经济、金融业的进步是完全离不开政治、社会和文化整体进步的；现代化是无法也不曾脱离农民的基本需求的；经济改革是同政治的、社会的、文化的改革息息相关、同步发展的；欧洲的现代民主政治是由百姓们自下而上推动的；真正意义的现代化是人民民主的现代化……

这样，我就在伯尔尼那里看到了绿色：那片春天里的草地，天空，树林，田野。我是说，我们有时竟能如此轻易地去接近一个伟大学者的内在秘密。换言之，与其说我在这里是要陈列布瑞克教授的一切头衔、荣誉称号、求学经历和学术贡献，毋宁说我是要在这里给大家一幅"普通人"布瑞克的素描。记住：这是一位用毕生精力为农民的现代化争取发言权的人。让我们翻开他亲手写下的《1525年革命》(已由广西师大出版社出版中文版)，仔细去阅读他的每一行字，以便亲眼看看曾经站在世界学术之巅上的一代思想家，是如何把经济和政治、农民和现代化、财政与社会进步有机结合，产生出一个重要学术体系的。我能把布瑞克包括在当代少数的最杰出的学者之列，不是他创作了世界上公认经典的学术著作，而是他通过逻辑上的努力，通过对农民的挚爱，即通过一种完整的有意识的学术劳动，在我们前进的路上放上了一块指示牌。当我们在自由和枷锁之间进行方向选择时，那种只为精英阶层发展服务的现代化逐渐消逝了。与此同时，普通人即人民民主的现代化进程却起步了：不仅是在美丽的莱茵河畔，而且也在中国，勇敢并且是永不停顿地起步了。

　　现在看来，许多历史事件往往要发展到高潮时才为人注意。平日之时，不过悉心读书而已。古今贤人曰："凡事皆贵专。求师不专，则受益也不入；求友不专，则博爱而不亲；心有所专宗，而博观他途，以扩其识，亦无不可"[1]；"置身万物之表，俯视一切，则理自明，气自壮，量自宏。凡死生祸福，皆所不计"[2]。担当道义，必须躬身入局。自修或能求强，无能则被人欺负，即为圣贤

---

[1] 曾国藩：《致诸弟》，《曾国藩处世家书》，群言出版社2009年版第1页。
[2] 王鑫语。转引自钱基博、李肖聃著《近百年湖南学风·湘学略》，岳麓书社1985年版，第17页。

者，欲以人事与天事争衡，莫不出于"忠勤"二字。"世多巧伪，惟忠可以革其习；俗多偷懒，唯勤可以遏其流。"[1]"人生惟有常是第一美德"，"年无分老少，事无分难易，但行之有恒，自如种树畜养，日见其大而不觉耳"。[2] 以学养身，以身养心，是以历经坎坷而沉毅之气不折。"志不足恃，气不足恃，才不足恃，惟毅力为足恃。"[3]"内尽其心以事其亲，外崇礼让以接天下。"[4] 学问纯正，然后践履成德，可以"不辱其身，不忧其亲，不亏其体"[5]，是以"士信，民敦，工璞，商悫，女憧，妇空空"[6]。

"萧散简远，妙在笔墨之外"，史家的真正精神看来就是对自己的学业有一种"人生乐在相知心"。凭这么一种眼光去看问题，就能够让人在不经意间明白了什么是爱，什么是需要。比如你喝水，那是需要，但你品茶，那是爱。又比如你步行上班，那是需要，但你在林间散步，那是爱。正如徐志摩在《我所知道的康桥》中所描绘的，读书是一种雅趣："带一卷书，走十里路，选一块清静地，看天，听鸟，读书，倦了时，和身在草绵绵处寻梦去——你能想象更适情更适性的消遣吗？"也许只有这时，你才能从书本

---

[1] 曾国藩：《笔记十二篇·忠勤》，《曾国藩文集·处事金针·修身之要》。

[2] 曾国藩：《字谕纪泽儿·事无分难易，行之有恒》，载《曾国藩书信》，四川文艺出版社2008年版。

[3] 梁启超：《新民说·论毅力》。

[4] 魏晋禅代之际，傅玄著书称颂何曾、荀为"孝子"，是天下人"事亲"的仪表。《晋书·何曾传》引述其文曰："以文王之道事其亲者，其颖昌何侯乎，其荀侯乎！古称曾、闵，今日荀、何。内尽其心以事其亲，外崇礼让以接天下。"

[5] 《大戴礼记·解诂》。

[6] 《大戴礼记·主言第三十九》。

中感受到诗人里尔克说的那种"从生命最轻妙的芬芳到它最沉重果实的厚味"。

  上述的这些老师——无论是程应镠、徐孝通、马克垚,还是弗里德、塞申斯、布雷迪、周锡瑞、布瑞克,都是手把手把我引入史学之门的良师。从他们身上,我所感到的是一种知识分子的责任感。正如人的智慧和人的品格往往是通过小事反映出来的,我在这里想谈的也就是这几件身边小事。现在,我仍然在燕园过着简单、平淡的读书生活,有时也写点文字,也在教室里发表一点议论,并非是想"小星闹若沸",只是要完成几篇明天就可以交给老师的作业,不让他们太失望。